汉字里的中国

陈璧耀◎著

上海遠東出版社

图书在版编目（CIP）数据

汉字里的中国：咬文嚼字精选一百篇 / 陈璧耀 著 .
—上海：上海远东出版社，2017
ISBN 978-7-5476-1318-4
Ⅰ . ①汉… Ⅱ . ①陈… Ⅲ . ①汉字—通俗读物
②中华文化—通俗读物 Ⅳ . ① H12-49 ② K203-49
中国版本图书馆 CIP 数据核字（2017）第 269374 号

汉字里的中国
陈璧耀 著
责任编辑 / 杨林成 装帧设计 / 张晶灵

出版：上海世纪出版股份有限公司远东出版社
地址：中国上海市钦州南路 81 号
邮编：200235
网址：www.ydbook.com
发行：新华书店 上海远东出版社
上海世纪出版股份有限公司发行中心
印刷：上海文艺大一印刷有限公司
装订：上海文艺大一印刷有限公司
开本：890 × 1240 1/32 印张：11.375 插页：2 字数：250 千字
2018 年 1 月第 1 版 2018 年 1 月第 1 次印刷
印数：1–3500 册
ISBN 978-7-5476-1318-4 / G.834
定价：45.00 元

目录 | CONTENTS

贰 词语篇（上）

叁 词语篇（下）

肆 熟语篇

序

孙正荃

多年前，陈璧耀教授有关汉语常识和传统文化的单篇文章在报刊上陆续发表且广受欢迎时，我就建议该汇总出本书。他说，那就请你作序。我随口应了。前不久，好事成真，他找上门来，我不好推辞了。

他说由我来写最是合适。我想，此话无非是因为我们在一起已有三十多年，先同事，后朋友，退休了，非但未曾疏离反而更加亲近。知无不言言无不尽的关系，如今或已不多，于是大家都倍觉温馨愈感珍惜。让我作序还有一个缘由或许是，我乃这些文章的第一读者，每有新作即复印送我，我又转寄远在边陲的一位老工人，他也极为喜爱，还写来心得笔记，我们都可谓是他最忠诚的读者了。

璧耀这些年把研究方向集中在汉字和中华文化方面，说成果累累决无夸饰。光编写的辞典就有三部，从几十万字的小词典到二百多万字的《新编成语大辞典》，他那个细心认真的劲儿，当代恐已是少见。哪怕一个标点有误，他也如骨鲠在喉，绝不放过。碰到没有把握的词或字，总是穷尽心力寻找各种释义，追根溯源，反复比较，去讹存真，优中选佳，直到满意为止。

他在这个基础上，适应读者需要，顺利转向中国传统文化研究，不同层次的读物随之陆续推出，更是大受欢迎。他这些著作，既有相当的学术深度和知识密度，又通俗易懂深入浅出。我当时就说，专家多不屑于写这样的书，没有一定学养和根柢的年轻人往往又难以入得去出得来，你是承“上”启“下”，于提升整个民族的文化素养，传承民族文化精神都极有意义。十多年间，他孜孜不倦焚膏继晷，也理所当然地有了丰硕的收获。

即将付梓的这本《汉字里的中国》就是其中的一枚硕果。粗粗浏览，觉得它是一部“四有”新书：有知识，有学术，有趣味，有文化。

这些看似不起眼的小文章，一篇一二千字，说的都是大家认识的汉字、词语、俗语和成语，可其中隐含多少知识密码，你只要翻开，那些密码便如春风一般迎面扑来，让你神清气爽，醍醐灌顶，脑洞大开。举个最简单的词语：“房东”。房子的主人，谁不懂呀？可你知道为什么叫“房东”不叫“房西”呢？这里面就有讲究了。又比如，“猴年马月”这个成语，意思大家都懂也会用，你知其然还知其所以然吗？大多数人恐未必能说出个子丑寅卯。有知识，读了长见识，此为第一个好处。

再说有学术，说的是知识的深度。一本书传道授业解惑，归结一点就是拓宽知识面，可是知识必须升华到学术层面上才能说不仅弄懂了而且弄通了。这既需要各种知识的融会贯通，又需要独立的创造性的思考。

这里需要特别提及的是，本书的学术性是融化于知识性与趣味性之中，恰如水中盐花中蜜，无痕有味。释义经得起典籍考察，典故经得起史书翻检，讲解更是有理有据，既有扎实的史料依据又有完备的逻辑说服力，可靠可信且可用。

第三讲有趣味。看看这些话题便让你爱不释手："调戏"为何说是"吃豆腐"？工资为何又叫薪水？"革命"原是"王者易姓"，"鸠占鹊巢"原是借喻新娘婚嫁。文章虽都不长，却能如洋葱剥皮、蚕茧抽丝一般，层层推进，引人入胜。比如"无事不登三宝殿"这句俗语常用常说，但"上门"何以叫"登三宝殿"？一提"三宝"：佛、法、僧，已然入味，再讲何以称"三宝"为"殿"呢？这又与建筑有关了。如此娓娓道来，寓知识和学术于趣味之中，深入浅出，易懂易记，过目再不忘。

最后特别需要讲的是第四点：有文化。何谓文化？权威的解释是一个社会所做的和所想的总和。文化有广义狭义之分，广义的文化指全人类智慧的结晶，狭义文化则专指各民族独特的文化模式，其中最具实质性价值的便是语言和文字，它是文化在思维上心理上乃至精神上的鲜明表现。可以说，中华民族的悠久历史与它在语言文字上的唯一性和独特性是相互联系的。古人那些充满哲理的形而上的词语，比如“道”“法”“气”“味”等，与汉字的特征乃至思维的特点一定是相关对应的。试想，哪个民族有如此丰富的语言模式和如此精美的书写方式？汉字形音义这种既相连又相异的特殊性，带来汉语言文字学习的困难，也造就了多门类艺术（如文学、书法、音乐、舞蹈、绘画）的精彩纷呈，更显出了文化上无比的博大精深。本书对文字、语词的多种阐释，以及对成语、俗语的细致解析，都可以也应该归结到中华文化的母题上，它植根于深厚的中华文化土壤之中，文化无处不在无时不在。

屈指算来，璧耀兄退休后出版的书就已多达七八部，数百万言，仅赠我的高已盈尺，其治学精神可以想见，至于其中的酸甜真是只有自知了吧！

二〇一七年十月

壹

汉字篇

汉 | 唐

汉

金文

漢

篆文

《汉字里的中国》是一册杂谈中国文化或者说汉文化的小书，开卷第一篇，不妨就先谈谈汉文化的这个“汉”字，探究一下“汉”字的初义及其演变脉络。

“汉”字繁体作“漢”，许慎《说文》释义为：“漾也，东为沧浪水。从水，難省声。”朱骏声《说文通训定声》解释说：“出今陕西汉中府宁羌州（即今宁强县）北嶓（bō）冢山为漾，至南郑县西为汉，今名东汉水，东流至湖北襄阳府均州（即今均县）名沧浪之水，又东南流至汉阳府汉阳县汉口合江。”

“汉”字从水，所以初义与水有关，是称为“汉水”的一条河，也叫“汉江”，为长江最大的支流，全长1532公里。其源出自今陕西宁强县的嶓冢山，向东南流经陕西南部、湖北西北部和中部，在武汉市流入长江。《尚书·禹贡》说：“嶓冢导漾，东流为汉，又东为沧浪之水。”这是说汉水的源头称漾水，东流之后称汉水，再朝东又称沧浪水了。一水而三名，犹长江之湖北段称荆江，其下游称扬子江。郦道元《水经注·夏水》引《永初山川记》说："夏水，古文以为沧浪，渔父所歌也。"沧浪水就是《楚辞》中渔父唱"沧浪之水清兮"的地方。

因为汉水是长江最大的支流，所以常与长江合称"江汉"，如《尚书·禹贡》的"江汉朝宗于海"。有时也与"云"合称"云汉"，或与"银"合称"银汉"，指的就是天河，也就是天上的银河；或单用"汉"，如《诗经·小雅·大东》"维天有汉"和曹操《步出夏门行》"星汉灿烂"之"汉"，指的也是银河。

汉水流经的地方，多有以"汉"得名的，如汉阳，以其在汉水北面得名；汉阴，以其在汉水南面得名；汉中，以其初置时在汉水中游得名；汉口，则是因为在汉水与长江交汇处而得名。此外，还有汉川和武汉等。

陕南的汉中郡原为楚怀王所置，战国末年秦打败楚之后移治南郑，秦末成了刘邦的封地，刘邦因此称汉王，后来打败项羽夺得天下，天下因此称"汉"，"汉"就成了继"秦"之后的一个朝代名。从此，"汉"的一个主要意思就是汉朝。自汉朝以来，"汉"除了指称朝代，还常用以指称汉朝的官员与百姓，因而有"汉人"和"汉民"等词出现。成语"胡言乱语"原来是由"胡言汉语"讹变而成的。胡人说汉语生硬别扭，因有"胡言汉语"之讥，又因汉人于五胡乱华时深受其害，于是就改说"胡言乱语"了。

汉朝前后历时四百年，"汉"因此又成了我们这个民族的名称——汉族，进而在许多场合，"汉"字所代表的就是中国。如形成于汉朝的一些词语“汉人”“汉字”“汉学”“汉语”等，就是“中国人”“中国字”“中国学”“中国语”的意思；又如欧洲各国称研究中国文化的学者为汉学家，日本称中国诗歌为汉诗、中国语言为汉语、中国名为汉名（与日本名为和名相对）等。这些带“汉”字的词语，所指如今早已超出了汉朝乃至汉族，在相当多的场合，“汉”所代表的就是中国。

有一个词叫“汉子”，最初是古代北方少数民族对汉族成年男子略带贬义的称呼，后来扩大范围，借以泛指一般男子，有时也借指丈夫，使用面很广，其词根“汉”便因此衍生出诸如老汉、好汉、大汉、硬汉、懒汉、蠢汉、饱汉、恶汉、庄稼汉、流浪汉、男子汉、单身汉、英雄汉等许多带“汉”字的新词来。这些词里的“汉”，所指都是成年男子，但已突破了国别的界限，不只是指汉人或中国人；另有一些如“门外汉”，更是突破了性别界限，也可用于女性。

秦

甲骨文

综上可知，“汉”字原先专指汉水，后来形成某些地名，又演变为朝代乃至民族名称，进而成为中国的代表字。可见“汉”字在其词义演变的过程中，所包含的是极其丰富的民族文化的历史。

但在汉朝之前，原来代表中国的字却是“秦”。秦帝国时期乃至以后很长一段时间直至清代，西域各国多有称中国为“秦”，称中国人为“秦人”的。清人王士禛《池北偶谈》卷二十一《谈异二·汉人唐人

唐

甲骨文

篆书

秦人》条说："谓中国人为秦人。各以通中国时为称，古今不易也。"后来佛经又以"秦"之音变别译中国为"支那"，英语 China 也是"秦"音的转译。只是因为秦王朝寿命太短，否则我们现在恐怕是要称秦人和秦族，我们的语言也要称秦语的。

汉以后直至如今，又有称中国人为唐人。如《明史·外国传五·真腊》所说："唐人者，诸番呼华人之称也，凡海外诸国尽然。"王士禛《汉人唐人秦人》也说："昔予在礼部，见四译进贡之使，或谓中国为汉人，或曰唐人。谓唐人者，如荷兰暹罗诸国。盖自唐始通中国，故相沿云尔。"所以华侨多自称唐人，外国不少华侨聚居区，就是称为"唐人街"的。大唐极盛之时，不但外国称中国为唐，广东人也自称唐人，据说"唐人街"一词就是广东人创造的。唐人所着之唐装，如今也可用于指称中式服装。

最后再说说"漢"字的结构。许慎说是"从水，難省声"，则"漢"是省声的形声字，原字当作"灘"，即今外灘、海灘、河灘之"灘"。"灘"是"漢"的本字。《说文》未收"灘"字，但有"灢"，说是"俗灢从隹"，以为"灘"是"灢"的俗字。徐铉注其音为"呼旰切（hàn）又他干切（tān）"。则"灘"原有两个读音，前者与"漢"的读音同，因为两者原是一字，"灘"就是"漢"；后来有了分工，才有了如今各自不同的意义和读音。

青 | 春

青

金文

篆书

“青”是什么颜色？青天、青丝、青衫的“青”是同一种颜色吗？

荀子《劝学》：“青取之于蓝而青于蓝。”这里的“青”是蓝色。“青天”的“青”也是蓝色，青天就是蓝天。蓝色是“青”在古代的常用义。

李白《将进酒》：“君不见高堂明镜悲白发，朝如青丝暮成雪。”这里的“青”是黑色。唐宋以后“青”多表示黑色。青布、青线的“青”就都是黑色。

但蓝和黑都不是“青”最初所表示的颜色。“青”最初所指的颜色与春天相关。

《说文解字》：“青，东方色也。”《考工记》也说“东方谓之青”。何为东方色？桂馥《义证》引杨慎说：“木色青，故青者，东方也。”原来东方色就是树木的颜色。许慎以“青”为生、丹会意，生指草木初生之态，丹表颜色，会植物初生的绿色之意。所以东方色就是绿色。刘禹锡《陋室铭》“草色入帘青”，指的就是青的本色绿。青衫就是绿衫，青草、青菜均含此绿义。

“青”指绿色，绿是富有生机的颜色，所以后来引申指年轻人，如“青年”，指人生最富有生机的一个年龄段；如“青楼”，原指青年女子居住的地方，后来转义指妓院了。

章太炎认为“青”还有红义，他在《小学答问》中说：“丹为巴越之赤石，青从丹，生声，宜本赤色之名。”但没有举例。

春

甲骨文

篆书

一年四季中，古人又以春季归属东方，因为春天万木生长，一派绿色。“春风又绿江南岸”，绿（青）是春天的颜色，所以主管春天的神就叫青帝。春天也常被称为“青春”，杜甫“青春作伴好还乡”，就强调了春天是最好的作伴还乡的季节。

“春”是个亦声字，会意兼形声。甲骨文从日、从艸、从屯，义为在太阳照耀下草木萌发生长，这就是春天的景象。屯像草木刚破土而出的子芽，寓意草木初生，同时兼表声。“艸”也有作“中”的。商承祚《古考》说：“中、艸本一字，初生为中，蔓延为艸，像草丛生形。”春回大地，草木丛生，春是生命的象征。

春不只是草木应时萌发的季节，也是万物复苏的季节，所以就有了“蠢”字。《说文》：“蠢，虫动也。”虫类于冬眠之后苏醒，又开始了蠕动。“蠢”以表示虫类总称的“蚰”（kūn）会意，以“春”表声兼表意。

不只是虫类，人类在春季也是情欲特别活跃的时期，“春心”“春情”“怀春”“偷春”等词语喻指的正是男女间富有生机的情欲。

“青”和“春”是汉字中特别富有生机和生命力的词语。

夏 | 厦

夏

金文

篆书

表示一年四季的“春”“夏”“秋”“冬”四字，从造字理据上说，“春”和“秋”的字形是与季节有关的，表示季节的特征；而“夏”与“冬”则原与季节无关，都是本义的假借或引申。

关于“夏”字，历来有种种说法。有认为是野人，有认为是一种舞姿，有认为是兽类，有认为是蛙，也有认为是水中怪虫，甚至有认为是天上飞鸟的。众说纷纭，莫衷一是。

按许慎的说法：“夏，中国之人也。从夊（suī），从页，从臼。臼，两手，夊，两足也。”从金文和篆文的字形看，“夏”字是一个身、首、手、脚俱全的人形，形象威武高大，后来就用为中国人的自称。这里的中国人指的是中原地区的人。那时，中原地区的人总以为自己是很高大的。

形象高大的人称“夏”，因而“夏”就有了大义。《尔雅·释诂上》：“夏，大也。”《方言》卷一：“夏，大也。自关而西，秦晋之间，凡物之壮大者而爱伟之，谓之夏。”“夏”由人之高大而扩展引申指物之壮大，于是植物生长最旺盛的季节就被称作“夏”。这是文字的假借现象。

但也有认为“夏”的甲骨文原是“蝉”。说甲文“夏”

的字形“状緌首翼足，与蝉逼肖。疑卜辞假蝉为夏，蝉乃最著之夏虫，闻其声即知为夏矣”（叶玉森《殷墟书契前编集释》）。

蝉是季节性的昆虫，蝉鸣是夏天的常景，用以指代夏季应该也是顺理成章的。

蝉俗称“知了”，“知了”急读就是“蜩”，所以蝉又谓之“蜩”。“蜩”与“条”音同。《说文》：“条，小枝也。”指春天树木新生的小枝条。吹生这些小枝条的立春时节的风就叫条风，于是“条”有条畅之义，形容生机畅通。而生机最条畅的就是夏季，既有听觉上“五月鸣蜩”之声，又有视觉上草木茂盛之貌，所以蝉的别名“蜩”也与夏季有着密切的关系，因而借用蝉来表示夏季也是合乎情理的。

古代高大的建筑也称“夏”。《楚辞·九章·哀郢》写屈原对楚统治集团误国的痛惜说：“曾不知夏之为丘兮。”这里的“夏”后来写成了“厦”。意谓没有料到郢都高大的楼房变成了废墟。

“厦”由“夏”发展来，但“厦”的读音不与“夏”同。除了地名“厦门”的“厦”与“夏”同音外，其余表示高楼的都音 shà，如“大厦”和“广厦”，都读 shà，不读 xià。

秋 | 愁

秋

甲骨文

籀文

篆书

隶书

“秋”是一种时令，是一年中的第三个季节。《说文解字·禾部》：“秋，谷熟也。”说明秋天是庄稼成熟的季节，所以“秋”的本义就是庄稼成熟。

在甲骨文中，“秋”是一个象形字，像蟋蟀的形象。蟋蟀出现在秋天，先民便以蟋蟀的鸣叫来表示秋天的到来，进而借以表示庄稼的成熟。庄稼成熟后，麦苗由绿变黄，所以甲文中另有在蟋蟀下加一“火”字作意符的，用火烤来表示庄稼的焦黄成熟，进而表示秋天。籀文则另加一意符“禾”字示意，“禾”下加“火”，也表示禾谷焦黄成熟的意思，但蟋蟀在这里演变成了龜，并放到了字的右面。篆文又把龜省掉，把“火”移到了“禾”的左面写成“烁”，与现在“秋”的左右位置刚好相反，成了“秋”的异体字。隶变后，“秋”字还有不省掉龜写作“龝”或“龝(按：龜下还有四点)”的，这龜下的四点就是“火”。

一年四季中，秋天是庄稼成熟的季节，所谓秋收冬藏，但同时也是草木开始凋零的时候，所以“秋”这个物候名词，从文化的角度看，就具有了双重的象征意味：喜悦和悲伤。庄稼成熟值得庆贺，当然高兴，但成熟的同时却又是衰败的开始，这是生命成长的自然规律，总不免让人滋生某种悲伤意识，给人以苍凉衰老的感慨。再加上秋天庄稼收获之后，常是战争开始之时，所以五行中又以金来与秋对应，象征兵象的肃杀之气。古代犯人的处决也多在秋天，秋就更让人感到了悲凉和凄惨。再加上秋天风雨特别多，这种悲凉感就更深重了，正所谓“秋风秋雨愁煞人”。所以说，“秋”就有了愁义。《尔雅·释诂四》：“秋，愁也。”

“愁”就是由“秋”与“心”组成的，《说文·心部》：“愁，忧也。从心，秋声。”认为“秋”是表声的。其实“秋”也表义。这从上文的叙述中已可明白，“秋”常是一种情绪状态的标志。加上一个“心”字，正表示这种状态是一种心理感受，这样，愁的意思就更明白了。

正是因为“秋”所具有的双重文化象征意味，所以在古代中国，与“秋”组合的词语中，既有表示喜庆的，也有表示悲伤的。喜庆的如“秋月”，常与“春风”“春花”并列表示美好的景色，“秋水”表示明澈的眼波，“秋期”也是“秋以为期”的婚约，等等。但从总体上说，以“秋”引发的悲伤意识似乎更浓烈些。秋月是美好的，但“秋风”“秋雨”却让人愁；秋水是美好的，但“秋颜”“秋容”却是引起悲愁的容颜；秋期是婚期，当然美好，但“秋审”和“秋决”却是审决犯人，又是让人悲愁的。

总之，古人对秋的悲愁意识常常掩盖了由秋带来的喜庆，加上文人的多愁善感，于是在诗文中，秋景便常与愁情连在一起，愁就成了秋的基调，成了秋的一种文化象征符号，因而也就成了“秋”的基本意义。

冬 | 终

冬

甲骨文

金文

篆书

说文古文

“冬”和“夏”一样，原来也与季节无关。

“冬”的“夂”（zhōng）符原是“终”的古文，像一种关闭的形状。但甲骨文里的“终”原来却并不关闭，像一根悬挂着的丝绳的两端分别画了两个圈。这圈就是结，意谓丝绳已到尽头，打个结表示终端。这是“终”最早的字形。这个打成结的“终”字的产生，似乎在说明我国那时已进入农业社会，而且似乎还有了缫丝之类的手工劳动。后来，这两个圈形的结在金文中实化为两个点，进而在小篆中，线条化为横穿悬挂着的丝绳两端的“一”形，隶变之后就成了“夂”。

“夂”后来与“仌”组合就成了“冬”，由终结的意思被用来表示一年的最终，于是才和时间有了关联，才有了冬季的意义。《说文·仌部》：“冬，四时尽也。从仌，从夂……古文冬从日。”按许慎的说法，“冬”原来是从日的，即从日从夂，“日”在“夂”中，像日被关闭的形状。寓意冬天是光照最少的季节，是最寒冷的。到了小篆，“日”又变成了“仌”。“仌”就是冰，更突出了气候的寒冷，冬的寒意更浓了。

“冬”被用于表示季节之后，就有了加意符“糸”的“终”字。“终”是糸形冬声的形声字，按古无舌上音的语音演变规律，在上古是读成舌头音“冬”的。

元 | 旦

元

甲骨文

篆书

天

甲骨文

一年的第一天为何要叫元旦？这就要从“元”和“旦”这两个字分别说起了。

“元”字本义同“兀”。“兀”字古金文像一个侧立的人形而特别强调其头部，在侧立的人形上用一个实体的圆点表示头。这是“兀”字和“人”字最明显的区别。“人”字只像臂胫之形，“兀”字比人字多了个头。这和“天”字的构形完全一样。

“天”也是在正面人形的“大”字上加了个头的。“天”字的头在甲骨文中画成一个方形，活像机器人，后来演化为一横，就是现在的天字了。

“兀”字用来表示头部的圆点，后来也同样演化成一横，但为了突出指明头部，就在上面又加了一横，这就成了甲骨文和金文中常见的“元”字。隶变之后，侧立的“人”又演变成“儿”，就成了我们现在所书写的“元”字。

《尔雅·释诂下》：“元，首也。”所释正是元的本义。《左传·僖公三十三年》“狄人归其元，面如生”句中的“元”便是“元”表示头的典型用例。

许慎《说文》释“元”为“始也”，其实“始”并不是本义，只是引申义。头处在人体的最高位置，量身高从“头”开始，人出生也是头先出来，所以“始”

是由“头”的本义衍生的引申义。

旦

甲骨文

金文

“旦”字像日出。甲骨文中的许多“旦”字，上面画一个圆形像太阳，圆形中还常有一点或一短横，下面则是象征大地的方形或长方形（这应是古人天圆地方观念在文字上的形象反映）。

金文的“旦”字在象征太阳和大地的字形中还有部分粘连，便是太阳初出但尚未离开大地时的形象描摹。后来，方形的大地简化为一横，隶变后就成了现在的“旦”。《说文·旦部》：“旦，明也。从日见（音现）一上，一，地也。”说的正是旦的本义。

所以，“元旦”的意思就是太阳最早开始升起的第一天。自有纪元之后，人类以年为一个计时单位，于是一年中太阳开始升起的第一天就被叫做元旦了。

元旦旧指夏历正月初一，就是现在所说的狭义的新年和春节。宋吴自牧《梦粱录·正月》：“正月朔日，谓之元旦，俗呼为新年。”朔日就是初一。但现在元旦指的却是阳历的1月1日，即公历的新年。

年 | 岁

年

甲骨文

金文

篆书

“年”与“岁”现在同义，表示相同的时间长度，两者还经常连用，如“年岁不饶人”“年年岁岁花相似”等，但在造字之初，“年”和“岁”却都不是时间概念，意义间也没有联系。

《说文》：“年，穀熟也。从禾，千声。《春秋传》曰：‘大有年。’”

许慎认为“年”指禾谷成熟，表示粮食丰收，“大有年”就是大丰收，所以字从禾。《穀梁传·宣公十六年》也有“五谷皆熟曰有年，五谷大熟曰大有年”的说法，说明造字之初，“年”是等同于丰收，等同于“谷”的，所以向天神祈祷丰收就叫祈年，北京天坛的祈年殿也叫祈谷殿。但许慎认为“千”表声，说“年”是上禾下千的形声字则似有不当。“千”实为字形讹变的结果。甲骨文“年”字从禾从人，人亦声，是个形声兼会意字，以人之负禾会谷物成熟丰收之意。金文中有于“人”上加一点甚至两短横以为修饰的，“人”就讹变为“千”或“壬”。后来篆书以讹传讹，于是“年”就成了“从禾千声”的形声字。我们现在写的“年”在古代却是“俗”字，是个难以分析的“俗”字。

“年”由谷熟引申为时间概念，是由于古代禾谷一年只得一熟的缘故。禾谷成熟的时间周期与年的时间长度相等，“年”就转义了。但转义后“年”与禾的联系依然存在，而且还很紧密，如“年成”“人寿年丰”等词语中的“年”，指的还是禾谷。

“岁”繁体作“歲”，原来也不是时间概念。甲骨文作“戉”，为斧钺的象形，后加一“步”字，以二止（即两足）像逾越之形，为“越”之古文。《释名·释天》：“歲，越也。”篆文误“戉”为“戌”，成了从步戌声的形声结构。

岁

甲骨文

甲骨文

篆书

“岁”后来用以指木星，称木星为岁星，是因为木星十二年运行一个周天要越过二十八宿的缘故，所以岁星其实就是越星。岁星十二年一个周天，每年越行一个星次，其时间长度等同于禾谷一年一熟的周期，所以“岁”后来也用以表时间，与“年”同义了。

古代与“年”同义的还有“祀”和“载”。《尔雅·释天》：“夏曰岁，商曰祀，周曰年，唐虞曰载。”商朝迷信鬼神，多祭祀，四季各类祭祀活动的周期与年相等，因此名年为“祀”；尧舜时用“载”，载为“才”的假借，指草木初生，取“万物终而更始”之意，其周期也与“年”等。如今，“载”有时还可用以表年，如“三年五载”，“祀”则完全不用来表年了。

周以“年”名年，是因为周以农业立国的缘故，其始祖后稷为尧舜时主管农业的官员，教民稼穑，后世尊为谷祖。我国自周以来一直是个农业国，因此以“年”表年就一直沿用至今，成了最常用的一个时间词。这是汉字反映我国文化生活的一个很典型的例子。

兄 | 祝

兄

甲骨文

篆书

“兄”是一种亲属称谓，一般用于称呼长于自己的男性同胞。《说文·兄部》：“兄，长也。从儿，从口。”许慎认为“兄”是会意字，表示同辈中年龄比自己大的人。这个意义和现在基本相同。但这并不是本义，只是“兄”的引申义。

从甲骨文的字形看，“兄”字很像一个仰面朝天张着大嘴的人。这形象就像当时祭祀中的祝祷者。因此，现在一般认为“兄”应是“祝”的初文，“兄”的本义是祝祷。

在中国古代，尤其是上古时代，生产力和认识水平相对低下，遇到问题都有向神请求指示的习俗，因此，当时对鬼神的祭祀活动便成了生活中的头等大事，人们特别重视。正因为祭祀活动在人们生活中的地位特别重要，所以主祭者也必定是重要人物。一个家族中，主祭者一般就是族长。族长总是长辈，在同辈中也必定是兄长。因此，兄在一个家族中往往具有特别重要的地位。兄的这个重要地位的确立，和我国古代的宗法制度密切相关，是由宗法社会的秩序所决定的。

按照我国宗法制度的规则，一个家族的族长位置，兄长有优先承嗣权。我国早期的继位制就是“兄终弟及”，后来又发展为“父死子继”的长子继承制。长子都是兄长，弟弟几乎没有承嗣的可能性。这种以兄长为尊为先的宗法制的确立，原是为避免因承嗣者过多而带来的家族间的争斗和流血的。因而，兄长便理所当然地成了宗法制家族族长的合法继承者，成了家族中主持祭祀的祝祷者。甲骨文“兄”字所表现的正是兄长在朝天祝祷时的形象。

祝

甲骨文

篆书

甲文“祝”字，是“兄”字的后起加旁字，以“示”“兄”会意，更清楚地表达了兄长在神台前祝祷的形象。

因此，“兄”的本义是祝，是主祭祝祷的意思。而“祝”字产生后，“兄”字就成了同辈的亲属称谓。

由于兄的地位崇高，后来就突破了亲属称谓的范围，成了对男性朋友的一种尊称，并进而突破了年龄限制，常用于称比自己年轻的朋友，甚至扩展到不计性别而用于女性，鲁迅先生称许广平为“广平兄”就是一个典型例子。

在我国传统文化观念中，“兄”已经泛化为一个男女都可以使用的敬称了。

弟 | 悌

弟

甲骨文

金文

篆书

“弟”是与“兄”相对应的另一个亲属称谓，用于称呼同辈中比自己年轻的男性同胞，有时也用于女性。但“弟”原来也并非亲属称谓的名称，而是“第”的本字。

《说文·弟部》：“弟，韦束之次第也。从古文之象。”从甲文字形看，“弟”像绳子缠绕于物上的形状，是个会意字。一般认为被缠绕的是弋，一种尾部带有绳子的短箭，“弟”就是弋不用时被缠绕着的状态（也有认为“弟”是“梯”之初文的）。绳子缠物的特点是依次缠绕，逐渐向前延伸，因此，“弟”就是缠绕的次第，也就是按次序递进的意思。所以说“弟”原是“第”的本字。毕沅注《墨子·迎敌祠》“弟之”说：“言次弟居之。古次第字只作弟。”

“弟”的亲属称谓是次第义的引申。母亲生养子女也是有次第的，总是兄在前，弟们随后依次而生。后于兄所生的子女称之为弟，取的就是这个次第的意思。妹妹也是后于兄次第而生的，所以古代也常称之为弟，《史记》就有“蔡侯怒，嫁其弟”的说法。这里的“弟”是女弟，就是妹妹，即蔡侯把他的妹妹嫁了出去。所以弟在古代常常是不分性别的。

“弟”专用于亲属称谓之后，原来表示次第的意思就由“第”来承担了。“第”从竹从弟会意，弟兼表声，原指竹的层次，替代弟的本义后，就泛指次第、等第等意思了。而作为亲属称谓的弟，在家族中，与作为族长的兄相比，则常被赋予敬爱兄长的要求，这就又引申出“悌”的意义来。《论语·学而》有“其为人也孝弟”的说法，孝是对父母，弟就是对兄长的。这里的“弟”要读成“悌”，后来也就写成了“悌”。

“悌”字从心从弟，弟亦声。《墨子·兼爱》说：“为人弟必悌。”做人的弟弟必须敬爱兄长，这在古代社会是一种具有极大约束力的道德规范。而对兄长的敬爱又总是和对父母的孝连在一起。《孟子·梁惠王上》就说过“谨庠序之教，申之以孝悌之义”的话，可见，那时的学校教育特别强调这种孝悌的道德规范。

由于弟在家族中的地位比较低下，后于兄且小于兄，所以“弟”就有了小和后的意义，因而常被用作朋友间的谦辞。尊对方为“兄”而自谦为“弟”，甚至更谦卑地自称“愚弟”等。这样，“弟”也突破了亲属的范围，成为中国传统文化观念中一个已经泛化的谦称。

男 | 女

男

甲骨文

篆书

“男”和“女”是人类社会的两大基本性别，从字形的构造看，似乎反映了社会对男女两性的不同要求以及他们各自的社会地位。

“男”字是一个合体的会意字，从田从力。有人说，这个“力”表示的就是力气。因为按当时的社会分工，男子是从事田间耕作的，所以男字从田，而田间农活相当繁重，需要较大的力气，所以男字又从力。在田里出力劳作，是当时社会对男子的要求，因此男字就由田和力会意了。

但“力”字的初义却并非力气，因为力气是抽象概念，无形可象。从甲骨文的字形看，“力”字的形状很像农具。据考证，这个“力”像一种原始农具——耒。耒是专用于耕田的，所以耕字也从耒。这耒就是现在的犁。从字形分析，下面是铁制的犁头，上面是弯曲的犁把。所以“男”字最初应是田与耒，也就是田与犁的会意。

农具的使用，是人类社会进步的一种表现。与采集和狩猎相比，犁田这类农耕活更需要力气。使用这类原始农具，没有一定的体力绝对不行。所以，表示犁的“力”，后来就引申出力气的意思来，“男”也就成了农田和力气这两个新意思的组合。

由“力”和“田”组合的“男”字是当时社会文化信息的一种表示，表明当时男子需要承担付出较大体力的农耕生产。这以后，凡与“力”组合的字也就大多与力气或力量的意思有关了，如：“劳”“动”“劲”“助”“努”“劫”“勇”“夯”等。

女

甲骨文

篆书

“女”字是一个独体的象形字，从甲文看，像一个上身伸直、两手交于胸前而屈膝下跪的人形。这就是与“男”相对的“女”字。这种下跪形象所表示的应是当时女子在男权社会中所处的屈服姿态，是当时男尊女卑社会观念的形象反映。但这种屈膝的跪姿，除了反映女子社会地位低下之外，似乎还体现了女子天性中的某种温柔与顺从。

闻一多先生认为，“女”与“奴”在古代是读音和意义都相同的两个字，只是“奴”字多了一只牵着女子的手。有人因此进一步认为，“女”就是“奴”的本字。从字形看，双手交于胸前，其实就是被缚之形。古代氏族战争，男性俘虏往往被杀，因为担心留着会有后患；女性俘虏则因体弱、容易控制而被留下来，一则可作妻妾来繁衍种族，二则也可作为奴隶使用。正是由于奴隶多由女性俘虏演变而来，所以后来就引申为男女之“女”。

“奴”是“女”的后起字，由女、又会意。“又”为手，表示这是被控制的女子。自从“奴”成为奴隶的专字后，“女”也就专用于表示性别了。

由此看来，古代女子常谦称自己为“奴”或“奴家”，应该是含有某种发生学意义在内的。

它 | 也

它

甲骨文

甲骨文

金文

篆书

蛇

甲骨文

篆书

“它”与“也”，现在前者为代词，后者为副词，意义和用法均无关联，但在古代却形体相似、关系密切，有人甚至认为它们原来就是一个字。

“它”在上古时原是名词，是“蛇”的本字。《说文·它部》：“它，虫（虺的古字）也。从虫而长，象冤曲垂尾形。上古草居患它，故相问无它乎。蛇，它或从虫。”从小篆的形体看，“它”像一条大头蛇。远古时先民穴居，穴外草深林密多蛇，所以甲文的“它”字就有加一“止”字的，“止”代表人的脚，意思是脚下要留神，不要踩到“它”。“上古草居患它，故相问无它乎”，说的就是当时的生活情景：担心害怕蛇，见面时互相问的就是有没有碰到蛇。说明上古时蛇特别多。

蛇会伤人，所以“它”有时就作动词伤害用。《殷虚书契》有“贞：祖辛它我？贞：祖辛不我它”的反复贞问，意思就是：祖辛会伤害我吗？祖辛不会伤害我吗？

“它”借作代词虚化后就有了“蛇”。段玉裁认为“蛇”是“它”的俗字。现在，俗字成了“蛇”的正字，取代了原先的“它”，成了和“它”意义完全不同的两个字。

虽说上古时蛇对人类的生命构成了巨大威胁，但

也

金文

篆书

匜

金文

金文

篆书

传说中我们的祖先伏羲和女娲是人首蛇身的形象，这又该如何解释呢？或许我们可以用“敬畏”两个字来表达先民对蛇的那种复杂感情：既害怕它，又很崇拜它。

“也”字，许慎认为是象形的女阴，虽段氏力主许说必有所自，后又有名家为之力辩，但一般不为今人所取。除女阴说外，以下两种看法是目前比较有影响的。

一说认为“也”是“匜（yí）”的古字。“匜”是古代洗手用的盛水器皿。《左传·僖公二十三年》中有“奉匜沃盥”的句子，说（怀嬴）捧着匜侍侯（重耳）洗脸。这里的“匜”就是“也”。王筠《文字蒙求·象形》：“也，古匜字，沃盥器也。”

另一说则认为“也”就是“它”，都表示蛇，是秦汉时期误析为两个字后被延续下来的。这从一些异体字中可以得到证明，如“蛇”也作“虵”、“委蛇”也作“委虵”、“佗”是“他”的异体等。所以“也”与“它”原来就是一个字。容庚《金文编》也说：“也，与它为一字。”

家 | 牢

“家”与“牢”的形体相似，构形方法也相同，意义却完全不同。“家”给人以温馨的感觉，“牢”则完全相反，给人的感觉是阴冷。

牢

甲骨文

金文

篆书

“牢”最初是关牛的地方，也就是现在所说的牛棚，这从字的构形上就能看出来。在古代，牛除了用于农耕外，另一个主要用途便是祭祀。用作祭祀的牛所关的地方就叫“牢”，古代还有“太牢”与“少牢”的不同。祭祀中有牛的称太牢，没有牛只是猪和羊的称少牢。关在牢里准备用以祭祀的牛，是被称作“牺牛”的。牺牛平时养尊处优，祭祀时一刀献祭，杀你没商量。庄子不愿接受楚威王礼聘去做官，就因为他把做官看作了牢中随时准备祭神的牺牛，虽然养得很肥，却毫无自由。他要自由，所以宁可做一头虽说孤单，却能自由自在地在泥巴里游戏的肮脏的小牛。

由牺牛关在牢中没有自由这个意思，后来就引申出监狱的新义来，只是关的已不是牛而是人了。关在里面的人同样没有自由，没有自由就要争取自由，所以监狱里的人就会动脑筋越狱。为防止越狱，牢房就必须坚固，所以牢又有了坚固的意思。牢从关牛到关人，字形未变，意思却发生了很大的变化。

与“牢”相仿的“家”字，其意义却基本未变，

家

甲骨文

篆书

一直表示人居住的地方，只是其构形为何从豕却历来众说纷纭。汉朝的许慎认为“家”是“豭”的省形字，“豭”是个表形的声符。但此说比较牵强，所以后人又有几种不同说法，兹举两说如下：其一，认为家原是猪的居处，后引申假借为人的居处，是字义转移的结果。这种说法和牢的引申演变情况相仿。其二，认为家中的“豕”是古文“亥”字，亥的意思按《说文》是二人，即一男一女两个人，因此这家就是一男一女而生子的意思。这种说法以今律古，主观臆测的成分过多。

现在比较倾向于认为“家”是畜牧业已经初步形成时的社会产物，“家”中有“豕”，说明上古时人们的畜养是从养猪开始的。当时，猪对人们的生活似乎已具有了相当重要的意义，既是主要的食用对象，也是剩余产品和财产积累的一个标志性符号，所以“豕”就成了当时“家”的一个基本象征，从而也成了“家”的构字要件。这说明，当时的家庭经济已和蓄养之类的私有财产有了相当密切的关系。

有人认为古代有一种上下两层的干栏居室，上层住人，下层圈养猪羊等牲口。干栏居室的特点就是人畜杂居，所以“家”就和“豕”连在一起了。现在农村中还常见人们在住宅附近建有猪圈之类，这种居室格局，和“家”的造字原理也是相通的。

两个字在构形上相似，古义都与饲养牲畜有关，今义却只与人相关。然就其内涵看，“牢”是关人的地方，“家”是住人的地方,同为人的居处,感觉却完全不同。

门 | 户

门

甲骨文

甲骨文

金文

篆书

“门”和“户”都是房屋的出入口，现在可连用为“门户”。单用时，两者在意义上也已很少区别，只是组词功能不太一样，如“自报家门”不能说成“自报家户”，“户口”不能说成“门口”等。但在古代，门和户不但形制和位置不同，意义和功能也不相同。

《玉篇·户部》：“一扉曰户，两扉曰门。”可见，门和户的形制是不一样的。甲文的“门”字就像一个简易的双扉柴门，“户”则单扉。不但形制不同，两者位置也不相同。《公羊传·宣公五年》有一段写晋灵公派刺客去暗杀赵盾的文字，相当准确地勾画出当时贵族宅院“门”和“户”的具体位置，先引文如下：

“于是使勇士某者往杀之。勇士入其大门，则无人门焉者；入其闺，则无人闺焉者；上其堂，则无人焉；俯而窥其户，（盾）方食鱼飧。”

那个受晋灵公差遣去暗杀赵盾的勇士，在赵盾家从大门进去到闺门到堂上，都无人阻挡，一直到室外得窥其户。从文章交代的先后顺序看，“门”是最外面的，“户”是最里面的。

先秦时期，贵族的庭院多以墙垣围住，墙垣上的出入口就是门。《说文·门部》：“门，闻也。”段注：“闻者，谓外可闻于内，内可闻于外也。”这是门的

户

甲骨文

篆书

传达功能。墙垣内外的人可以通过声音传达信息。《尔雅·释宫》说:“门谓之閍(bēng)。”閍的意思是防。这是说门有防卫功能,可以阻止外人随意进入。

进了门就是庭,也就是院子。当时,考究的贵族宅院还有内外庭之分,即大门之内还有一道二门,以分隔内庭和外庭。这道二门就叫寝门,也叫闺门。闺门之内便是俗话所说的内宅了。古代女子大门不出,这二门也轻易不迈的。内宅是古代女子的活动场所,所以后来就把女子居住的地方叫作闺房或闺阁,把未出二门的未婚女子叫作闺女。

内庭是居住的主体建筑,主要的居室就是建于高台上的堂室结构。堂前有阶梯,入堂须登阶,所以有上堂之说。堂后为室,堂室之间有户牖相通,户便是入室的通道,为单扇小门。《说文·户部》:“户,护也。”则户的主要功能就是保护,保护主人不受风寒侵袭。古代所说的户,指的就是这个单扇室门。可见,门和户的位置和功能都是不相同的。

由于门在最外面,是最先看到的第一印象,所以门就成了屋主不同社会地位和经济状况的一种象征。官僚富豪是“朱门”,是“豪门”,清贫之家则为“柴门”,为“寒门”。由此还形成了一系列带有文化色彩的语词,如:家世称作“门祚”,世系称作“门胄”,世交称作“门情”,世传的职业称“门业”,祖先的功勋称“门功”,祖先建立功勋者的家世称“门阀”,靠祖先功勋得官的称“门荫”,全家遭诛杀称“门诛”,也叫“满门抄斩”，而家里若有两件喜事就叫“双喜临门”，此外还把食客称“门客”，家风称“门风”，家法称“门法”等。总之，这些语词都是通过“门”与家庭联系在一起的，所以“门”在古代常常就是家庭状况的标志和象征。

“户”后来也逐渐演化成泛指房屋的出入口，与门的意思接近了，所以也有“农户”“猎户”“客户”等说法。

“门”和“户”这种家庭或家族的标志，后来又引申出学术派别的意思来，如“孔门”“佛门”“师门”等，并把偏袒自己学派的言论称作“门户之见”，这就多少带有贬义的色彩了。

据研究，现在表复数的“们”，原来也是写作“门”的，“我们”“你们”就是“我门”“你门”，意思是我这个门里的人和你那个门里的人，于是又和学术派别的意思似乎有着某种瓜葛了。

出 | 各

出

甲骨文

甲骨文

金文

篆书

这两个汉字如今是风马牛不相及，但在古代却是意义密切相关的一对反义词。

“出”字，有不少趣谈书分析为两山相叠，以为是与“重”字搞错意义的一对汉字。他们按照现代汉字的字形分析，认为“重”是“千”和“里”的组合。离家千里之遥，难道不是出门在外吗？所以就认为“重”的意义应该是“出”。至于“出”字，两山相叠，难道不重吗？所以“出”应该是“重”。这完全是望文生义的解说。

“出”字从楷书字形看，好像是两座山，但这是字形讹变的结果。推源到古文字，“出”与山原是完全不相干的。从甲文的形体看，“出”有两个部分组成，上面是止，下面是坎穴，是一个会意字。止就是趾，指人的脚趾，用来表示人；坎穴就是洞穴，是原始人类穴居生活信息在文字中的一种储存。脚趾在坎穴之上，而且方向是向外的，正表示一个出洞穴的动作，所以，“出”的初义就是离穴出去。

“各”字现在是一个代词，表示群体中不同个体和每一个的意思，如“各位代表”等。但在上古，“各”却是与“出”相对的反义词，表示回来或到来的意思。

《说文解字·口部》：“各，异辞也。从口、夂（音止）。夂者，有行而止之，不相听也。”许慎认为，“各”

各

甲骨文

金文

篆书

是一个表示不同个体的词（相当于现在所说的代词），是一个会意字，意思是，有人走了，有人留下了，谁也不听谁的。所以“各”的本义就是各走各的。许慎未能见到甲骨文，他是按篆文作如上分析的。这种说法今人一般不取。

从甲骨文的字形看，“各”字的组成部件与“出”相同，只是“止”的方向与“出”相反。“出”的脚趾是朝外的，“各”的脚趾却是向着洞穴的；“出”既是离穴而去，“各”不就正是回到洞穴或来到洞穴吗？这个意思在甲骨文中是有例证的。如《宰椃（sì）角》铭文：“王在东门，夕，王各。”铭文是说傍晚时王来了。这说明在上古，“各”是有来到的意思的，后来被假借作指代词，古人就另加意符造了“徭”和“格”字，用以表示原来来到的意思。

虽说“各”表示来到的意思现在已经消失了，但在某些会意字里还部分保留了这个本义。比如“客”字，这里的“各”就是来到的意思。客不就是来到你家的人吗？这也就反过来证明了“各”的初义就是来到。

最后再附带说说上文提到的那个“重”字。“重”并不是“千”和“里”的组合。《说文解字·重部》：“重，厚也。从壬（tǐng），東声。”“重”字是由“壬”得义的。“壬”由人、土会意，是人挺立于地的意思，表示厚重的样子。“東”字表声，其实也表意。在古文字中，“東”像一个竹笼，里面可装物。因此，“重”的意思就是一个人挺立于地，背负一竹笼东西，显得很沉重。这才应该是比较接近原义的说解。

重

篆文

后 | 後

后

甲骨文

甲骨文

篆书

汉字简化已近五十年，大部分人简化字也已用得很习惯了。但 20 世纪国门打开后，繁体字涌入，文字的使用便混乱起来，其中尤以简化字还原繁体字的问题最多也最严重，主要体现在同音替代和一对几的繁简关系上，如“理发”写成“理發”，“公里”写成“公裏”，“干洗”写成“幹洗”等，纠不胜纠。有人提出“汉字简化可否后退半步”，适当恢复部分一对几的繁体字，以使简繁转化能对号入座。提议很好，但操作有相当难度。目前，比较可行的还是让大家清楚繁简的对应关系以减少误用。这里试说“后”与“後”。

“后”与“後”是一对同音替代的繁简字，这两个字读音相同，意义上却无关联。一些人把“太后”写成“太後”，主要就是不清楚这两个字在意义上毫无关联的缘故。

“后”是会意字。许慎《说文解字·后部》说：“后，继体君也。象人之形。施令以告四方，故厂（yì）之。从一口，发号者，君后也。”

所谓“继体君”，就是继承王位之君。段玉裁说：“后之言後也。开创之君在先，继体之君在後也。析言之如是，浑言之则不别矣。”意思是说，“后”也是君，只是特指的时候与“君”有先后之别，泛指的时候就没有区别了。

只是从甲骨文的字形看，“后”却很像母亲生子：上部为一侧面的“人”形（有的为一“女”字），下面是一个头朝下的“子”字。王国维认为这就是母亲生孩子的情形，头朝下是正常的顺产。有的在倒“子”下还附有几个小点，以表示孩子出生时的羊水。所以妇女生子就是“后”的本义。

毓

甲骨文

金文

篆书

也有人认为这个甲骨文的“后”应是“毓”字。毓左面的“每”字是生孩子的母亲，右上是头朝下的倒“子”，右下是表示羊水三点的楷化延伸。因此，“毓”也是生孩子。在篆文中，“毓”又省改成了“育”。左面的“每”被省去了，倒“子”下的三点也被省去，改为意符“肉”，就成了现在的“育”字，“毓”成了“育”的异体。

所以，“后”“育”“毓”这三个字在古代其实是一个字，“后”也是“育”的另一种写法。在表示生育的意义上，这三个字是相通的。

育

甲骨文

金文

篆书

母系氏族时期，女性生育是先民非常重视的一件大事，因为人口增加关系到氏族的生存与发展。那时，人们对男性在妇女生育过程中的作用茫然无知，只认为妇女生孩子是“感天而生”，所以就有吃了鸟蛋或踩了脚印而生育的神话故事流传，善于生育的妇女也就顺理成章地成了人们崇拜和赞美的对象。母系氏族这个群婚制血缘社会，人们知母不知父，母亲的地位远高于父亲。而母亲的最高德行便是生育，生育的成绩常常就决定了母亲地位的高低，所以表示生育意义的“后”字

後

甲骨文

篆书

就具有了君王的意思。《尔雅·释诂上》：“后，君也。”

进入父系氏族社会之后，“后”表示君王的意思最初也没有变化。早期一些男性首领也常被冠以“后”字，如帝尧称“后唐”，殷纣王称“后辛”，周之先祖称“后稷”，此外还有“后羿”和“后益”等。至男性帝王称“王”之后，“后”才退位为王的配偶。这个意思一直沿用到封建社会的终结。

“後”的产生晚于“后”,也是会意字。《说文·彳部》：“後，迟也。从彳、幺、夂者，後也。”彳者“行”之省，谓道路；幺者“系”也，谓绳索；夂者倒“止”，指人的脚。“後”意为在路上行走时有绳索绊住脚，就落在了后面。但段玉裁的说法有所不同，他说：“幺者小也，小而行迟，後可知矣。”意为步子小因而走得慢。虽说法不同，但走在后面的意思却是相同的。这就是“後”的本义。可见“後”与“后”原来在意义上是没有关联的。

在没有“後”的时候，“前後”的“後”用“后”表示，这是同音的假借现象。“後”字产生后，两者就有了分工。虽有时也还用“后”表“先後”，但绝无以“後”代“后”表君王的用例。汉字简化之后，以同音替代的原则用“后”代“後”之后，“后”实际上就代表了两个字。因此，表示君王或皇后的“后”字是不能繁化为“後”的。成语中的“皇天后土”，《离骚》“昔三后之纯粹”，《孟子·梁惠王下》“徯我后，后来其苏”等句中的“后”字指的都是君王，都不能写成“後”。

去 | 法

去

甲骨文

篆书

“去”字甲骨文为“大”在“口”上，小篆的“口”字上部开了口，成了“凵”（音义皆为坎），《说文》释为“人相违也。从大，凵声。”段注：“违，离也。人离故从大，大者人也。”则“去”字意为人离家而去，与“出”字义近，本义即为出走、离开。后引申有去除等意义，如“除残去秽”（曹操《让县自明本志令》）。然“凵”字与“坎”同，当非表音符号。从甲骨文和篆文看，“去”都应该是会意字。今楷书“大”讹变为“土”之后就无法释义了。

“法”现在的基本意思是法律，指带有某种强制性的行为准则，而在强制执行时又必须公平公正，不能有所偏袒。“法”的古体字充分体现了法的这些基本特性。

“法”字古体作“灋”，由水、廌、去三部分组成。《说文解字·廌部》：“灋，刑也。平之如水，从水；廌，所以触不直者，去之，从去。法，今文省。”按《说文》的解释，组成“灋”的三个部分各代表了一定的意义：水表示公平，执法要能做到像水一样平，公平了才可能是公正的；廌是一种像羊一样的独角神兽，它能分辨是非，并用独角去触无理者，是断案法官秉公断案、主持正义的得力帮手；去是离开，表示无理者被驱逐，

法

金文

篆书

正义得到了伸张。

《墨子·明鬼下》有一段引自《齐春秋》的记载，说齐庄公时有两个臣子，一个叫王里国，一个叫中里徼。这两人打了三年官司还结不了案。庄公想把两人都杀了，却担心会杀了无辜；想把他们都放了，又担心放走了罪人。庄公犹豫着拿不定主意，最后决定让两人牵一头羊到神社去盟誓。他让人先挖了一条小沟，把羊击杀后使羊血渗出，然后让两人分别盟誓。王里国读完誓辞太平无事，中里徼读到一半，死羊竟跳起来用角触毙了他。神就借助这死羊点出了中里徼是罪人，是不直者。据说，当时齐国很多人都看到了这幕场景。墨子的结论是，一个人的所作所为，即使在没有人的地方，也必须谨慎，因为有神鬼在暗中监视着。

这个故事后来就被附会成"法"字的构形，那头羊被附会成神兽"廌"，也叫"獬豸"。因为獬豸专触不直者，所以古代执法官就把头上的帽子叫作"獬豸冠"，以示执法公正。现在一些公检法机关的大厅里还常常可以看到那个大大的古体字"灋"，正是用来表示法的威严与公正的。

直 | 德

直

甲骨文

金文

篆书

“直”是弯的反义词，表示物体不弯曲的一种状态。甲文从目、从丨（gǔn）会意，原为目测时的一种情状：用一只眼睛对着标杆测量事物是否端直。这丨就是标杆。我们现在测量物体是否端直时，也常常是闭上一只眼睛目测的。金文有所繁化，变为从乚（yǐn）、从十、从目会意。甲文的丨变成了十，并且另外加上了一把矩尺乚，这就更突出了测量的意思。篆文承接金文，只是把目竖了起来。许慎是根据篆文释义的，他说：“直，正见也。从乚、从十、从目。”正见即正视，就是用眼睛正对着标杆来测量材料是否端直。因此，不弯曲就是直的本义。

“直”由目测眼光的正和直，引申出容貌端直的意义来。如《礼记·玉藻》：“君子之容舒迟，足容重，手容恭，目容端，口容止，声容静，头容直。”这是说君子的举手投足要稳重文静，要恭敬端直。在这里，直的意义与“端”同，是说君子的目光和脸部表情都要端庄正直。于是由外貌再进而引申出内心的正直和品行的端正等意义来。我们常说眼睛是心灵的窗户，“看着我的眼睛”常能对罪犯起到某种威慑作用，所以目光的正直与否就是一个人内心世界的真实反映。通过对目光的观察，常能判断出心灵的曲直，目光的正邪便成了一个人道德高下的重要标志。因此，后来就由表示外部目光的正直，衍生出一个专表内心品行的“德”字来了。

德

甲骨文

《说文·彳部》：“德，升也。”“德”原来是“升”，也就是登高的意思。桂馥《义证》说：“古升、登、陟、得、德五字义皆同。”“德”字从彳，说明原与双腿行走的动作有关，而与品行无关。因此这个“德”应该不是现在的品德之“德”。

悳

篆文

《说文》中还有一个“悳”字。《说文·心部》：“悳，外得于人，内得于己也。从直从心。”段注：“内得于己，谓身心所自得也；外得于人，谓惠泽使人得之也。俗字假德为之。”这个“悳”字从“心”表意，意为正直品行的获得，既得之于外界，也得之于内心。段氏更认为好的品行在自己获得之后还要努力使别人也能获得。许慎认为“直”也是表意的，其实也兼表音。古读直如特，因此“直”与“悳”的读音原是相近的。在造字理念和思维理念上，“悳”字与“直”字也是一致的。因为悳的最主要品性就是直，孔子所说的“益者三友”（友直、友谅、友多闻）中，直就是第一位的。为人正直了，才可能有好的品行。但这个“悳”字现在已经不用了，是因为俗字常借“德”来表示的缘故，所以“德”行而“悳”亡了。但从字源学上说，“悳”是“德”的本字。

北京有个著名的餐馆“全聚德”，“德”字的“心”上少了一横。有人说，这是写字的人醉后所书，所以少写了一横；也有人说，这是故意少写的，因为当时店里老板伙计刚好十四人，少写一横正表示十四人上下一心（德字十五划，少了一横就是十四划，而心上的部件又很像是“十”和“四”的组合）。当然，这些都是附会的传说。实际情况是“德”字的异体很多，少一横是最常见的异体写法，不少古代碑帖和书法家都是故意少写一横的。但现在如果少写一横，那就不规范了。

关于德，古人还有五德之说，即五种基本的道德品质。孔子以温、良、恭、俭、让为五德，孙子则以智、信、仁、勇、严为五德。孙子的五德主要是针对军队统帅而言的，孔子的五德则所有人都适用。

册 | 典

册

甲骨文

篆书

一本书，我们有时也说成一册书；一本不厚的书，有时就说成一本小册子；而有的书，我们又尊之为经典。这里所说的“册”与“典”，和现在的纸书，原是毫无关联的，它们都是竹书时代的产物。

从我国古代书写材料发展的历史看，最早的文字是刻写在龟甲和兽骨上的，后来又有铸于钟鼎上，凿刻在石碑上。而用于阅读的，比较昂贵的是帛书，写在缣帛上；比较普遍的就是竹书，也就是写在竹简上的书。在东汉发明纸张之前，我国古代的书大部分都是竹书，那时没有纸书。

竹书和纸书在装订方法上完全不同。这从甲金文的字形上大致能看得出来。几根长短不一、多少不等的竹片用绳子或皮条串在一起，就是被称为“册”的竹书了，也叫简策。《说文·册部》：“册，符命也。诸侯进受于王也。象其札一长一短，中有二编之形。”许慎清楚地说明了“册”是一个象形文字，长短不一的竹简扎在一起，当中用两根绳子编串起来。许慎认为，“册”的作用是书写天子的符命。符命就是册命，是诸侯进见天子时接受天子册封的命令。但实际上，“册”的书写内容还要广得多，并不局限于天子的符命，如《战国策》，就是当时用“册”编串而成的一部史书。

竹简在书写之前有一道杀青工序——用火烘烤，使青竹表皮的油焦化，然后除去油焦。杀青时，竹油会像汗水一样渗出，所以竹简又被称为汗简。汗简上记载的历史就叫青史，也叫汗青。古人所说的“青史留名”“留取丹心照汗青”，这“青史”和“汗青”指的就是历史。

竹书与纸书相比，不容易翻烂，但编串的绳子受竹简磨擦会断掉，所以又有成语“韦编三绝”形容勤读，说的就是编串竹简的皮条因为经常翻动而磨断的现象。

典

甲骨文

金文

篆书

“典”字从甲骨文看，比“册”多了一双手（一般略去），又多了一个“丌”（jī，下基）字，意思是用双手把“册”恭敬地供奉在架子上。俞正燮《癸巳存稿》说：“典者，尊藏之册。”这高高地尊藏在那里的“册”就是“典”，也就是我们现在所说的经典了。到了金文和篆文时，双手都已被省去，逐渐演化成现在的“典”字。许慎对典字的释义是：“五帝之书也。从册在丌上，尊阁之也。”他认为“典”指的是五帝之书，五帝之书当然就是经典，所以要高高地搁在架子上。

经典的书在后世是被奉为典范的，所以后来就引申出典范、典型和准则、法则等意思来，还把一些重要的礼仪称作典礼或大典，并与“雅”组合成新词“典雅”，以表示文章或人物的高雅等。

我们现在早已不是竹书时代了，但在诸如“字典”“词典”“法典”“罄竹难书”“功垂竹帛”等语词中还明显地保留着竹书时代的一些痕迹，“删”字就是其中保留此类痕迹比较典型的一个动词。

现在如果写错字，一般的修正办法是用橡皮、修正液，或干脆用笔涂掉。但在规范的稿本上，有人也会很小心地用刀片刮掉，只是这种修正手法现在很少见。而在竹书时代，却是非用刀不可的。因为墨写的痕迹会渗入竹内，无法擦去，只有用刀才能刮去。“删”就是这么一个竹书时代表示修正文字的会意字：表竹简的“册”旁是一把专用于修刮错字的“刀”。虽说现在早就不用这种修改方式了，但这个“删”字却还是一直保留了下来。

最后再说一说这个“册”字。有人认为“册”原来指的不是竹书，而是栅栏。“册”原是“栅”的本字，像栅栏之形。竹书出现后，因与栅栏相似而用为竹书之册，于是另加木为“栅”，“册”的本义也因此消失了。此说聊备待考。

祭 | 登

祭

甲骨文

金文

篆书

“祭”与“登”的字头很相似，常有人写错，甚至错位组合。

“祭”是个会意字，按《说文》的解释是“祭祀也。从示，以手持肉”。“祭”的字头就是“以手持肉”：左面是“肉”的变形，右面是“手（右手）”的变形，义为祭祀。早期甲骨文多作此形，且“肉”旁还常有几个小点以示鲜血。手持血淋淋的生肉祭神，那场面很血腥，古人把这种祭神的仪式称为“血祭”或“血食”。

许慎释“祭”为“祭祀”，其实“祭”和“祀”在早期是有区别的：拜天地山川为祭，拜祖宗先人为祀。就祭品而言，又有“荐”和“祭”的不同：无牲曰荐，有牲曰祭。牲专指用于祭祀和食用的牛羊（凡饲养的牛羊叫畜），但在早期，我国却是常把活人与牛羊并用为祭品的，称为人牲。人牲的主要来源就是战俘和奴隶。甲骨文中多有以人牲为祭的记载，如：“出贞：之于唐（汤），三十羌，卯三十牛。”祭商汤用了三十个俘虏的羌人和三十头牛。商王武丁祭典中的人牲更有多至成百上千的，令人触目惊心。祭典要用牲，所以“祭”就有了杀戮义。《礼记》“獭祭鱼”之类句中的“祭”就是“杀”。后来，以人牲为祭品的现象逐渐消失，但以肉为祭品的风俗一直延续至今。

“祭”中之“示”是后来又增加的一个意符，音qí，字同“祇”，即地祇，神也。汉字意符多有指示字的类属的功能。从示之字多与神有关，“神”“祀”“祈”“社”“祖”“祝”“祥”“祸”等都是。“祭”也是与神相关的示族字之一。“祭”的意义现在并无多大变化，只是除祭神外，还包含了原来“祀”的祭祖义。但人死即为神，祭死人也是祭神，所以祭的意义古今基本还是一致的。

登

甲骨文

金文

篆书

“登”也是个会意字，《说文·癶（bō）部》：“登，上车也。从癶、豆，象登车形。”许慎此说不确。“登”的字形中难以看出车来，上车当非本义。《玉篇·癶部》：“登，进也。”进才是“登”的本义，这可由甲骨文的字形得到印证。甲骨文“登”字从廾（gǒng）、豆、癶会意：双手（廾）捧豆（一种高脚的食器），双脚（癶）进前献祭。所以“登”的本义就是进献。甲骨卜辞“其登于祖乙”，说的就是向祖乙进献食物。向祖先或统治者进献食物一般是在宗庙、祭坛或宫殿，需上台阶，所以“登”就有了升义，这才有了许慎所说的“上车”义，但这是“登”的引申义。成语有“一步登天”，也是引申的“升”义。

“登”还有异体，或省廾，或省癶，省廾之“登”为后起的篆书采用，沿用至今，于是“登”的形义来源就不清楚了。但祭字头和登字头的意义区别还是很明显的：祭字头是“以手持肉”，登字头则是进前的“双脚”。

哭 | 笑

“哭”与“笑”是一对构形理据难以分析说清却又十分传神的字。

笑

篆文

“笑”字从竹从夭，看上去就有一种高兴的笑意，但原来却是从竹从犬写作“笑”的。为何从竹从犬，却历来没有确解。

许慎《说文》未收“笑”字，见于大徐本“竹部”新附字，下有双行小字注曰：“此字本阙，臣铉等案，孙愐《唐韵》引《说文》云‘喜也，从竹从犬’，而不述其义。今俗皆从犬。”孙愐所引的解释只有“喜也”两字。

清段玉裁《说文解字注》引杨承庆《字统》解释了从竹的理由是“竹为乐器，君子乐然后笑”，并云“杨氏求从犬之故不得，是用改夭形声”。自宋以后，经籍中便没有了从犬的“笑”，都写作了“笑”。

段玉裁认为从犬的“笑”应是正字。至于为何从犬从竹，他也“不敢妄言”，只是推测可能原是犬部字，是表示狗的某种品性和动作的；从竹，则或许是个不表意的从竹的省声字。但也未能说出个究竟来。倒是唐朝李阳冰（níng）顺着从夭的“笑”字解释说：“竹得风，其体夭屈如人之笑。”风吹竹弯，竹弯曲时的形状就像人笑的样子。这种说法虽讲通了从竹从夭的理据，但总感牵强，难以信服。近日又有人顺着“竹为乐器”的思路解释说，“笑”是表乐器之名的“竹”的意义转移，就像乐（樂）原是“木”上着“丝”，“喜”原是“口”上一面“鼓”，都是由乐器而引申为高兴的，符合中国人的思维习惯。但也只解释了竹（认为“夭”只表声）。从竹之字很多，何以独独选这个“笑”呢？

到目前为止，人们对“笑”的构形理据还没有一个能让人信服的圆满解释。

哭

篆文

“哭”和“笑”一样，看上去就是一种伤心哭泣的神态。许慎的解释是“哀声也”，为形声字，从吅（xuān），从狱省声。“吅”的意思是惊呼，狱省声是说用“狱”来表读音，而字形只取其中的“犬”。这种说法后人也未能接受，“以为是强作解事者为之也”（段注五上竹部笑）。

现在一般认为“哭”是会意字，从吅从犬会意，原指狗的哀号声。这个说法也来自段玉裁。他认为“哭”和“笑”一样，应归入犬部，“本谓犬吠，而移以言人也”，是和“狡”“狂”“狠”“狎”“犯”“猛”“臭”等字一样，由原指狗的某种品性与动作移用来指称人的。

市 | 巿

市

金文

篆书

巿

甲骨文

篆书

有一本《汉字原来这么有趣》的说解汉字的书，在解析“巾”字条的附图中列了三个认为从巾的字：市、帚、帛。这三个字中其实只有帛字从巾，市、帚都不从巾。更奇怪的是，此书既为“市”注音shì，却又用了《说文》“巿”的释义，这就完全“市”冠“巿”戴，变“有趣”为“无趣”而“有误”了。

“市”和“巿”不是一个字，前者读shì，后者读fú；前者从冂（jiōng），后者才从巾。这两个字无论是字形还是字音或字义，都是风马牛不相及的。

许慎释“巿”为：“韠（bì）也。上古衣蔽前而已，巿以象之。天子朱巿，诸侯赤巿，大夫葱衡。从巾，象连带之形。凡巿之属皆从巿。篆文巿从韦，从犮。”

人类早期原和动物没有区别，都是赤身裸体的。后来有树叶或兽皮之类遮蔽下身，再后来有布帛，就有了巿的形制。巿的作用最初只在遮蔽私处与两膝，上面用一根带子系腰固定。所以巿字结构的从巾从一，像的就是这种形制，大致与现在的围裙相似。围裙只蔽前不蔽后，巿在上古也只是“衣蔽前而已”。之所以蔽前，或与人类直立行走有关。因为直立，私处便暴露无遗，巿的出现，或许主要就在遮蔽并保护私处不使受伤，尤其是男性。所以巿的作用就是遮蔽。

“韠”就是“蔽”，音义都与“蔽”同。早期先民或以兽皮为市，所以篆文“从韋（韦）”应是写实。其实，“市”最早应是从草的“芾”字，《诗经·小雅·采菽》“赤芾在股”郑笺：“芾，大古蔽膝之象也。”天子的“朱市”是大红的市，后来也作朱绂，成了高官的代名词，如杜荀鹤《再经胡城县》名句“今年县宰加朱绂，便是生灵血染成”，这“加朱绂”就是升官。“绂”原是俗字，后来成了正字，“市”“芾”“韨”就基本不用了。

从市之字，除了“芾”之外，常见的还有一个“肺”字，这个字经常有把右面错写成“市”的。“肺”字以“市”为声符，与“市”是声母相同的双声字，和“市”没有读音上的联系。此外还有“沛”“旆”等字，也从市得声。

至于“市”字，《说文》的解释是：“买卖所之也。市有垣，从冂；从乛，乛，古文及，象物相及也；之省声。”意思是说，市是买卖双方前往交易的一个地方，犹今之墟集。市在古代还有围墙，所以字从冂。但许慎根据篆文所说“从乛”的说法似有不确。从甲骨文的字形看，市字从止从冂，意思就是前往交易的地方。金文于冂下另加一兮字，更有揭示市中有叫卖喧闹声的意思。

“市”也有组字功能，如喧闹的“闹”就是一个从“市”的会意字，以市取义，取集市的嘈杂义。另有形声字“柿”与“铈”等，都是以“市”为声符的，和以“市”为声符的“肺”和“沛”等，在读音上有着明显不同。

贰

词语篇（上）

钱，原来是农具

钱就是货币，但货币为何要叫“钱”？

“钱”字从金从戋（jiān），戋亦声，是个会意兼形声字。《说文》释为：“銚（yáo）也。古田器。”前人多认为“銚”是“大锄”，张舜徽先生《说文约注》则认为“乃刬（chǎn）削之器，即今语所谓锹也”。

铲形币

“刬”字同“铲”，所以“钱”原是我们现在所说的铁铲，一种用来挖土的农具。《诗经·周颂·臣工》有“命我众人，庤（zhì，持）乃钱鎛（bó，锄）”的话，意思是要大家拿起各自的铲或锄来（干活）。这就是“钱”作为农具解释的一个例子，但后来“钱”却是作为货币讲的。农具的“钱”是怎么与货币联系起来的？这就要从我国最初的“货”与“币”说起了。

古贝

“货”字从贝，贝是我国最初通行的一种货币——齿贝。齿贝为海贝，产于南海，后来也有铸造的铜贝流通，称贝币。如今汉字中从贝之字很多，且多与财物意思有关，便是贝作为最早流通的货币在汉字中留下的印记。“币（幣）”字从巾，原是帛类丝织品，最初用作礼品，后来用于泛指礼品，再后来便特指礼品中的钱而称布币。如今从巾之字与财物有关的相对较少，除“币”之外，只有“帑”字，此外还有个“帐”字曾是“账”的异体写法。之所以如此，或与布币后来转指金属币有关。

布币所转指的金属币就是铲子形状的“钱”币。但“布”与“钱”的读音并不相同，今人多认为是借用了与“钱”同类的“鎛”——“鎛”与“布”同声（声母相同），在古代可以假借通用。于是布币就成了“鎛”声而“钱”形的金属币，后来也以“钱”形而称铲币或铲形币。早期有一种称为“空首布”的铲币，完全就是一个微型铜铲，顶端中空而凸起，仿佛真可安个木柄似的，但战国时主要流行的已是“平首布”了。

或许正是因为布币是按照“钱”的形状铸造的，是一个小型的“钱”，所以后来就称布币为钱了。《韩非子·显学》“征赋钱粟，以实仓库”中所说的“钱”就已经是布币，也就是钱币，而不是农具了。“钱”农具的本义因此消失，现在已很少有人知道钱原是由农具演变来的。

铜钱

战国币制比较混乱。铲形的布币主要流行于三晋与郑卫一带，其他地方流行的是别的货币，如齐燕一带是刀币（一种兵器形货币），楚国是自成系列的爰金、楚布和通称蚁鼻钱的楚铜贝。秦流行的是圆形方孔的圜币。这种圜币，后来袭用“钱”名而称“圜钱”，在秦统一六国之后便顺势统一了我国古代的币制。

相对于布币和刀币，圜钱是最便于携带、流通和收藏的。自秦以后，不管怎么改朝换代，也无论钱的名称如何变化，铜钱的圆形始终不变。目前，世界各国的硬币似也都为圆形，应该也是这个原因。

“钱”最初所指还只是金属币，且主要是铜钱，如韦昭注《国语·周语下》“将铸大钱”所说的“钱者，金币之名”，这“金币”就是铜钱。后来扩大范围，才用来泛指所有的货币，包括现在的纸币。

古代的铜钱，中间都有孔，最初是圆孔，后来变为方孔。据说是为了加工方便，但恐怕也与战国后期普遍流行的“天圆地方”说密切相关。晋鲁褒《钱神论》说“钱之为体，有乾有坤”，应该是当时以钱之外圆内方来寓意天圆地方的一种说法。《钱神论》还说人们对钱的感情是“亲爱如兄，字曰孔方”，不但尊钱为兄，还给它取了个名字，于是钱便有了“孔方”“孔方兄”和“方兄”的雅称。

钱上古时还有一个名称叫“泉”。司马贞索隐注《史记·平准书》说：“钱本名泉，言货之流如泉也。故周有泉府之官。”韦昭也说“古曰泉，后转为钱”。泉转称钱，应是“泉”“钱”同音（韵母相同）的缘故。现代文人也有因此称钱为“泉”的，如鲁迅日记中每年“书帐”的最后，都有平均每月买书用钱多少的记录，有时“用钱”就是写作“用泉”的。此外，日记中还有“收本月奉泉三百”和“托齐寿山换泉”之类记载；在《致许寿裳》信中，也有“近日部中俸泉”的话。“奉泉”和“俸泉”就是俸钱。

角，原为圆的计量单位

我国如今使用的货币，有三个单位名称：元（本位货币单位）和角、分（辅助单位）。其中“元”原作“圆”，如今纸币依然作“圆”，硬币改称“元”，平时也大多用“元”。

作为辅币的名称，“角”是由“圆”衍生出来的。

清朝时，我国民间流通的货币主要有三种：银子、银元（也作银圆）和铜钱。其中与角有直接关系的是银元。

银元初时以“枚”计算，因为银元都是圆的，所以后来就以“圆”作为银元的计价单位，一枚称“壹圆”。民国初期，我国自铸的银元，无论“大头袁世凯”还是“小头孙中山”，其背面都铸有“壹圆”字样。

银元

银子与银元虽说是同时流通的货币，但银子的计价方式与银元不同，是按重量计价的（一枚银元，按重量大致可折算七钱二分左右的银子）。而与银元计价方式相同的是铜钱，也按“枚”计算。

铜钱又叫制钱。制钱的名称产生于明朝。“制”原是指的制书，后来泛指朝廷的规定，所以制钱就是官方按朝廷规定铸造的钱。《明史·食货志》说：“制钱者，本朝钱也。”前朝的钱因此被称为旧钱，但都是铜钱。

铜钱的计价单位却是“文”，始于南北朝时。一枚就是一文，币值很低。铜钱之称“文”，当源自“钱文”，即铜钱正面所铸之文字，又称“面文”，如秦汉时“文曰‘半两’”（《汉书·食货志下》）的钱。早期的铜钱，背面都没有字也没有图饰，称为“幂”（mì），后来简作“幕”而称“钱幕”。晚清梁章钜《退庵随笔》中还有“我朝初年……钱幕无字”的说法。

在清朝后期，一枚银元可以兑换2000文铜钱。价差很大，使用非常不便，找零更是麻烦，于是很自然就催生了一些中间货币，即所谓小银币。小银币的重量，或为银元的十分之一，或为十分之二，还有二分之一和二十分之一的。

鲁迅先生在《而已集·拟豫言》中说：“有博士讲‘经济学精义’，只用两句，云：‘铜板换角子，角子换大洋。’全世界敬服。”那博士所说的“角子”就是小银币，民间也叫小洋（但铜板不是铜钱，下文再说）。其中为大洋十分之一的称一角，十分之二称二角，二分之一称五角，二十分之一称五分，也就是半角。有了这些称为“角子”的小洋，使用起来就比较方便了。

但小洋何以取名“角”？说起来又是一个数学问题。

从数学上讲，一个圆有360°，可以切割为90°的直角扇形，也可切割为大于90°的钝角扇形，或小于90°的锐角扇形。总之，一个圆可以切出各种不同扇形的角来，角因此就是圆的一个计量单位。

圆的十分之一是36°，在货币单位中便被称为一角，其价值就是壹圆的十分之一。这也是数学计算中十进位制的必然结果，“角”于是就借来成了“圆”以下的一个货币单位名称。但在日常生活中，“角”却又常被称为“毛”的，一角钱常说成一毛钱，又是什么缘故呢？这就要从“毫”说起了。

中间货币的小银元，最初在两广铸造时，原是称为“毫”的。有一毫、二毫等单位名称，二毫也称双毫。之所以称“毫”，是因为“毫”有小义。在动物身上，毫是比毛还要细小的毛，汉语中的基本义就是极小或极少，如“毫发无伤”“丝毫不差”等。长度单位中“米”的千分之一也是称“毫米”的。于是就移用来作小银元的单位名称。因为“毛”与“毫”同义又谐音，书写又简便，于是有的地方就开始转称“毫”为“毛”，以至后来都只称“毛”而不称“毫”了。这就是“角”又称“毛”的由来。

一角虽说已是银元的十分之一，但仍可兑换 200 文铜钱，比值还是太大。哪怕半角，也可兑换 100 文铜钱，使用时依然不便。所以后来又催生出比角更小的中间货币，这就是铜元，也就是鲁迅文章中所说的“铜板”。

铜板不是铜钱。铜钱是有方孔的制钱，铜板是没有方孔的铜元，比铜钱大而厚，价值也比铜钱高。铜板的铸造始于光绪二十六年（1900），按当时的比价，一枚铜板可兑换二十枚铜钱，铜板上因此有标明“每元当制钱二十文”字样的。这就是铜板和铜钱之间的

铜元（铜板）

比价。后来又有币值更小的“当五”和“当十”铜元出现。其中流通最多的“当二十”和“当十”铜元又分别称为“双铜元”和“单铜元”，也称“双铜板”和“单铜板”。就比值而言，一枚双铜板是一角的十分之一，一枚单铜板，是一角的二十分之一，所以“角”在当时的币值不是像现在这样很低的。鲁迅《阿Q正传》说“邹七嫂在阿Q那里买了一条蓝绸裙，旧固然是旧的，但只花了九角钱”，这“九角钱”是可以兑换180个“当十”铜板的，也就是1800文制钱。

分，原来是长度单位

我国现行的辅币是“角”和“分”，上文说了“角”的由来，这里再说说“分”。

就货币单位的量词而言，“分”最初来自银子的重量单位。

在西方银元引入之前，我国流通的主要货币是银子和铜钱。铜钱以枚计价，银子以重量计价，基本单位是“两”。两以上是“斤”，十六两为一斤；两以下原先是“锱”和“铢”，六铢为一锱，四锱为一两，一两合二十四铢。顾炎武说，这种算法比较麻烦，“近代算家不便，乃十分其两，而有‘钱’之名”（《日知录》卷十一《以钱代铢》）。因为换算不便，算家就拿“钱”替换了“铢”，并且设定为“两”的十分之一，即一两为十钱，以方便换算。

“钱”之被算家拿来用作重量单位，按顾炎武的说法，“是借用‘钱币’之钱”的。之所以“借用‘钱币’之钱”，是因为唐武德四年（621）所铸开元通宝的铜钱，其重恰为二铢四絫（lěi，或作“参”，十参为一铢），十枚刚好重二十四铢合一两，于是就以一枚铜钱二铢四絫的重量为“一钱”，从而以“钱”替代了“铢”，成为“两”以下新的一级计重单位。

与此同时，“分”也被算家们借来用作了“钱”

的下一级计重单位。

“分”原来就是量词，但不用于计重，如顾炎武所说：“古时分乃度之名，非权之名。《说文》：‘寸，十分也。’……陶隐居《名医别录》曰：‘古称惟有铢、两，而无分名。’”（《日知录·十分为钱》）可见“分”古时并不用于计重。按顾氏所引“赵氏曰”的说法，“分”用于计重单位，始于“宋太宗诏更定权衡之式”时。这以后，原先长度单位的“分”，就同时成了“十分为钱”的重量单位而用于银子的计重，从而形成十进位制的“分—钱—两”的计重系列。

据《汉语大词典·索引》附《中国历代衡制演变测算简表》所引录的出土文物看，“钱”作为银子的计重单位，唐时就已出现了，如陕西铜川出土的唐银盘上就有刻铭“六两三钱”字样的；“分”则见于四川博物馆所藏之明银铤，其上有自铭“一两三钱七分”和“叁两贰钱伍分正”等字样的。这是“分”最早与货币，也就是银子发生关系时所用的一个重量单位名称。一分为一两的百分之一，也与如今“分”是“元”的百分之一的比值完全相同。按明代一两银子可兑换一千枚铜钱的基本比价，一分银子可以兑换十枚铜钱。

西方银元引入我国之后，大致在晚清光绪年间，各地开始出现各种标明不同重量的小银元，正面铸有中文，背面是英文。如实重为“圆”十分之一的“一角”，正面的中文是“库平七分二厘”，背面是英文的“Ten Cent”（Cent是“分”，意指十分），所以一角也被叫做10分币；又如实重为“圆”二分之一的五角，中文是“库平三钱六分”，英文是“Fifty Cent”，意为五十分，即50分币。所以在银元系列中，按西方的币值系列，“分”又成了“圆”的百分之一，民间因称这种其实是“角”币的小银元为“分币”，即10分币和50分币等。这是在小银元“角”的基础上衍生出来的称为“分”的计值单位。如今，币值最低的辅币称为“分”，一般认为就是由此“分币”衍生而来的，但没有10分币和50分币等，只有5分、2分和1分三种分币。

我国第一套人民币尚无分币，自1955年3月1日发行的53年版第二套人民币才开始有了分币，当时是纸币。大概在20世纪90年代以后，“分”作为辅币的使用率已经很低了，如今则已完全退出了实际的流通领域，基本完成了它作为辅币的历史使命，“角”成了目前还在使用的唯一辅币。但是，“分”在日常生活中还是常被借来指代钱的，与钱的关系依然很密切。如“进分”就是赚钱，收进了钱；“坏分”则是破财、破费或赔了钱。有时也用来指代小钱，如二十世纪八十年代末发行百元大钞之后，原先的十元大钞，上海话中就此称为“一张分”。当时工资都还比较低，大部分人的月薪也就“几张分”。以后若真发行千元大钞的话，恐怕百元大钞也要被称为“一张分”了。届时，“角”恐怕也会顺势退出流通领域。

省，行省的简称

“省”是个多音字，有两个基本读音，一读xǐng，一读shěng。读shěng的“省”又是多义的，本文所说的“省”即其中的一个义项——特指地方行政单位名称。我国目前的地方行政单位主要为省、市、县三级，“省”为最高一级地方行政单位。如果说这就是“省”的今生，那么它的前世指的就是中央政府机关了。

“省”之初义所指原是王宫禁署，即所谓“禁中”。《篇海类编·身体类·目部》说：“省，禁署也。汉以禁中为省。”王宫禁署为何称禁中？汉·蔡邕在《独断》中解释说：“禁中者，门户有禁，非侍御者不得入，故曰禁中。”但禁中何以又称省？陈垣《史讳举例》第十六《外戚讳例》引蔡邕《独断》说：“孝元皇后父大司马阳平侯名禁，当时避之，故曰省中。”原来是避西汉孝元帝王皇后父亲王禁名讳而改称“省中”的。此类讳改在古代并不少见，但因外戚名字而讳改王宫禁署名称，却还是很罕见的。

魏晋以后就称设在宫禁附近的尚书、中书和门下等中央政府机构为省，即尚书省、中书省和门下省。这些名称为以后的历代王朝所沿用，到隋唐时就形成了中央机构的三省：以中书省为设计决策机构，以门下省为考核审议机构，以尚书省为贯彻执行机构。这就是“省”的前世，指的是与地方政区相对的中央政府机构。而“省”作为最高一级地方行政单位名称的今生，则是晚至元朝以后才逐渐形成的。

就最高一级地方行政单位名称而言，我国自秦以后屡有变化。

秦统一中国之后实行的是郡县制，分全国为三十六郡，以郡辖县，郡为最高一级地方行政单位。但郡和县的设置却是早在周室式微的春秋时就已萌芽了的，如《史记·秦本纪》：“十年，伐邽、冀戎，初县之。十一年，初县杜、郑。”又：“又攻楚汉中，取地六百里，置汉中郡。”

但秦时的三十六郡在汉朝时数目却呈逐渐增多之势，所以汉武帝就在郡之上另设十四个名为州的监察区。后来州的监察职能逐渐演变成行政职能，州就取代了郡，成为最高一级地方行政单位。州作为一级政区的名称，到东汉末年时数目也逐渐增加，至隋初竟达三百个之多，于是唐太宗贞观年间又在州之上设立了十个道，开元时增至十五道。有宋一代，又以路代道，先是十五路，后增至二十四路。蒙元平宋之际，又于路上设“行省”，行省因此成为最高一级地方政区名称。

所谓“行省”，原是中央临时的派出机构，元朝的中央机构是中书省，所以行省就是“行中书省”。但行省并非蒙元首创，早在魏晋时就有了。

魏晋时的中央政府称台省。当时，如果地方上出现什么问题需要中央政府处理，台省的中央官员就会去地方处理相关事务。这些出行在外代表中央政府的中央大员，就被称为“行台”或“行台省”。魏高贵乡公甘露二年（257）六月，司马昭讨伐诸葛诞时，逼迫魏主曹髦车驾同行，《通典》说是“以行台从”；晋永嘉四年（310），石勒作乱逼近洛阳时，太傅司马越率众去许昌，也是“以行台自随”的。意思是说，司马昭是带着整个中央政府去讨伐，而司马越则是带着整个中央政府随军迁移的。中央政府一旦离开京城就称“行”。

到了隋朝就出现了派驻地方行使中央政府职能的行省机构。当时，这些行省机构都是因事而设的临时办事处，事情解决后立即撤消。这种临时派出机构，金朝时比较多，因为面对蒙古入侵和农民起义，朝廷需要不断派出中央大员去各处镇压和防守。金朝的中央政府叫尚书省，所以中央派出的行省机构就叫行尚书省。

蒙古人建立元王朝以后，一开始就采用了金朝的这种行省制度，占领一个地区就设立一个行省，派一个中央大员。但由于灭金平宋历时太久，前后长达七十多年，因此，这种临时性的行省设置就被长期维持下来，逐渐成了正式的地方行政机构。于是“省”这个原来的中央政府机构就演变成一级地方政区的名称。这个过程大致完成于平宋之初。

元朝行省的辖境很大，《元史·地理志一》说元平宋之后："立中书省一，行中书省十有一：曰岭北，曰辽阳，曰河南，曰陕西，曰四川，曰甘肃，曰云南，曰江浙，曰江西，曰湖广，曰征东。"元朝时，全国分为十二个大行政区：一个是中书省的直辖区，十一个行中书省。行中书省简称行省，行省又简称省，于是省就成了地方一级政区，路下降为二级政区。

明初，朱元璋虽改行省为承宣布政使司（简称布政司），但民间还是习惯把一级行政区称为省，所以当时全国是十五省。清初地方行政区基本因袭明制，也是十五省，只是废掉了两京制度和布政司，直接改称省。到光绪时，全国已增至二十六个省级行政区（不包括甲午海战后割给日本的台湾省）。

综上所述，省的前世原是中央政府机构名称，中央的临时派出机构称行省，行省原来也是中央政府机构。但到了元朝，由于临时性的行省在地方上存留时间过长，就逐步演变为固定性的直属中央政府的地方一级政区，并一直沿用到了现在，这就成了"省"的今生。"省"前世的旧义，在我国早已不见踪影了，但在我们近邻，如日本和朝鲜等国，却还有沿用称中央政府机构的，如称外交部为"外务省"等，看来这"省"的前世还没有最终圆寂。

县，由悬之而定制

县

金文

篆书

“县”现在是我国地方基层行政区划单位，读xiàn，只有一个意思，专指地方行政区。

“县”繁体作“縣”。许慎《说文解字》说：“縣，系也。从系从県（jiāo）。”“県”是倒悬的首级，所以“縣”就是以绳系首悬挂，有示众的意思，是一个会意字，引申为泛指悬挂，原与行政区单位无关。

北宋徐铉注曰：“此本是县（xuán）挂之县，借为州县（xiàn）之县，今俗加心别作悬。”原来“县”作政区单位的“州县之县”是假借，所以“县”被假借之后就另造了一个加心的“悬”字。“悬”是“县”的后起本字。

段玉裁《说文解字注》又说：“别其音，县去悬平，古无二形二音也。”段注又告诉我们，古时只有一个“县”字，古读同“悬”，平声，假借专作州“县”字之后，改读为去声，于是“县”就和“悬”成了两个字。所以许慎《说文》九千字中没有“悬”字，只有“县”，但“县”的意思却是悬，这是“县”的古义。

“县”被“借为州县之县”是在秦行郡县制之后，而“县”的假借用法却早于此。如《史记·秦本纪》说：“武公十年（688），伐邽（guī）、冀戎，初县之。”又如《史记·楚世家》说：“惠王乃复位。是岁（惠王十年，公元前479年）也，灭陈而县之。”这里的“县之”，不是“以之为县”的意思，“县”不是州县之县，那时还没有这种行政区概念。唐德刚先生在《中国郡县起源考》中认为，这里的“县之”，其“义为‘悬之’”，是对那些“既经征服之地，将封予谁，尚是悬而未决”的“一时权宜之计”，“非定制也”。这是说那时还是分封制时代，对所征服的新的地方还没有确定要分封给谁，那就暂时先悬挂起来再说，所以这里的“县”就是“悬”，不是一个行政区单位。

虽说最初只是“一时权宜之计”的“悬之”，但既然是一个“既经征服之地”，那就不可能处于无政府状态，需要有人去管理，于是就有了受命管理的县长官，如县尹、县令、县公、县大夫等。虽说县长官都是临时的管理者，但后来由于“悬”的时间太长，这县和县长官也也就随之发生了变化。唐德刚先生说：“悬之终不决，县长官迭相更换而县如故，日久县乃为定制矣。”只是这种由“悬之”到“定制”的时间有多长，定制又始于何时？恐怕已经难以确考了。

春秋时期的这种县，大部分是兼灭四邻小国之后的结果，所以当时只有秦、楚、晋、齐等大国才有。顾炎武《日知录》卷二十二《郡县》条说：“则当春秋之世，灭人之国者，固已为县矣。”这灭人之国的都是大国，被灭的就是四邻小国。有人认为，春秋时出现这种性质的县可以看作中国有独立机构的地方政治的开始，虽然当时还只是封建的附庸。

春秋时后来有了郡，只是当时郡县的关系是县大而郡小，郡受县管辖。《左传·哀公二年》说：“克敌者，上大夫受县，下大夫受郡。”杜预注说：“周书作雒篇：‘千里百县，县有四郡。’春秋以前，县大于郡，战国时，则郡大于县。”县在春秋时原是郡的上级行政区，至战国以后才受辖于郡。

县在战国时期虽已逐渐变为地方行政区单位，但和郡县制的县还有不同。一是还保留着分封制的残痕，如君主可以把县赐送给臣子，县尹也可以世袭等。二是县的规模大小非常悬殊，大者灭一国置一县，如秦、楚灭陈、蔡即以之为一县；小者则仅一乡即置一县，如齐国的一些县。但是，战国时“郡大于县”的政区格局，却是直接奠定了秦汉以郡辖县的郡县制度。

秦时郡有36个，郡所辖的县有多少呢？据严耕望《中国地方行政制度史》上编一序言所说：“秦县的总数当在九百以上至一千有余，约言之，当在一千县左右也。”

我查阅了汉以后各史的《地理志》，发现这“一千有余”的数目，在古代并无多大变化。兹按各史《地理志》的记载简说如下：

《汉书·地理志》说，汉孝平帝时有郡国103个，其中郡83，国20，按郡国所辖县数统计，83郡辖县1433，20国辖县145，合计1587县；晋武帝太康元年时有州19，县1232；隋大业五年有州190，县1255；唐开元二十八年有县1573；宋宣和四年有县1255；元世祖至元二十七年有县1127；明则有县1138，另有羁縻县（特指周边少数民族地区所设之县，羁縻有笼络和控制的意思）6个；清按各省县数统计，为1346个（含台湾4县，但不含内蒙古等四省的172旗）。可见古代县的总数变化不大。现在我国有多少县呢？网上搜索的信息是2003年12月31日统计的，为1470个，变化也不大。

县的总数古今变化都不大，但县境大小的变化却相对较大。秦汉时万户以上始称大县，万户以下都是小县；西晋时却细分为五等，1500户以上就称大县了，300户以下才称小县；唐时则分三等，6000户以上称上县，3000户以上称中县（不满3000户为中下），2000户（一说1000户）以下称下县。

此外，一级行政区所管辖的县数也相差悬殊。汉时属县最多的是琅琊郡，有51个县，最少的是合浦郡和日南郡，只有5个县，相差达10倍；清朝直隶省辖县104个，四川更多至118个，少的如黑龙江只有7个，台湾只有4个；元朝似更悬殊，中书省的属县竟有346个，而有的行中书省（如辽宁）却只有10个，有的（如甘肃等）则一个也没有，只有属州5个。

县作为地方基层行政区单位在我国一直延续至今，但在日本，县却是一级行政区。日本现在除了一都（东京都）、一道（北海道）、二府（京都府、大阪府）之外，共有四十三个县，建制上相当于我国的省，这多少有点类似我国春秋县大郡小时的那种政区格局。

市，买卖所之也

“市”现在指城镇、城市，如市区、市民等；也是我国地方行政区的单位名称，世界上许多国家也大多如此。

截至 2006 年底，我国现在以“市”命名的行政区有 656 个。但“市”在行政区层级上却高下悬殊，有点纠结。我国现有一级行政区的直辖市 4 个，与省同级，二级行政区的地级市 283 个，三级行政区的县级市 369 个。其中，地级市还有层级之分，有高于一般地级市的 11 个副省级市和 4 个计划单列市。

在我国古代，“市”不像省和县那样，从来都没有被用作过地方行政区的单位名称。《说文解字》对“市”的解释是“市，买卖所之也”。“市”在古代的基本义就是集市，是买卖双方集中交易的地方。《说文》又说：“市有垣，从冂（jiōng）。”说明当时的市还有围墙。晋崔豹《古今注》又说：“阓（huì），市门也。”市还有门叫阓的。有门就会有开和闭。《周礼·地官·司市》说，市有大市、朝市和夕市三种，合称“三市”，可见那时的市不是整天开放的。

据《易经》《吕氏春秋》《淮南子》《文子》等书记载，“市”源起于神农或祝融或尧的时代。但这些只是传说，并不可靠，因为那时物质不富裕，而且

“天下为公”，应该不会有交易的商业行为。一般认为，最早的交易行为发生在“天下为家”的小康时代，只是那时的交易被称为“野市”，只在野外便地进行，尚无固定场所，也没有围墙，不成规模。成规模的有围墙的市是在有了城以后才形成的。有了城之后，市就成了城的附庸，所谓“城市”原就是“城中之市”。这应是“市”最早的意义：城里的集市。

西周王朝建立之后，大封诸侯，出现了中国历史上第一次大规模的建城高潮，从天子到诸侯到卿大夫都开始了建城工程，而且城中一般也都建有市。《周礼·考工记下·匠人》说：“匠人营国……左祖右社，面朝后市。”匠人在营造国都时就有市的规划：王宫门外左面造祖庙，右面建社，前面为朝，后面是市。这就像我们现在建造新村小区，都会规划一个相应的菜市场一样。只是相对而言，市的位置较差，环境也较嘈杂。《晏子春秋·内篇杂下》中有一个故事说齐景公要给晏子换房子，原因就是晏子之“宅近市，湫（jiǎo）隘嚣尘，不可以居”。住的地方太靠近市，环境潮湿，道路狭小，喧闹之声太大，又满是尘土，所以景公要给他换房。可见市周围的环境是不理想的。

根据现有文献资料和考古发现，战国时代已出现了封闭结构的市。市作方形或长方形，四面都有围墙，每堵墙的中间设门，称“市门”，市中以“十”字街连通四面的“市门”，其中南门最为重要。《韩非子·内储说上》写宋国太宰派少庶子（家臣）到市上去，回来问他“何见于市”，回答说：“市南门之外甚众牛车，仅可以行耳。”可见，南门是最热闹的，牛车也特别多，拥挤得只能慢走。

因为南门最热闹，所以那里就成为公布赏格的地方。《史记·商君列传》说秦孝公任用商鞅变法，商鞅于变法令未下之前，因为担心人民不信任，“乃立三丈之木于国都市南门，募民有能徙置北门者予千金”。这里的南门不是城门，是市门。吕不韦也曾把他的《吕氏春秋》“布咸阳市门，悬千金其上，延诸侯游士宾客能增损一字者予千金”（《史记·吕不韦列传》）。

西汉时，长安出现了对称的东西两市制度，《汉书·惠帝纪》谓惠帝六年夏六月“起长安西市”，此时起建西市，说明东市早已建成。这应是市制的进一步发展，是商品经济繁荣的结果。这种两市制度到唐朝长安还沿用着。《木兰诗》中有“东市买骏马，西市买鞍鞯，南市买辔头，北市买长鞭”的诗句，似乎北朝时东南西北四方都有市，市已经比较多了。

据记载，长安的西市由六个市合组而成，东市有三个市；每个市“方二百六十六步”，“凡四里为一市”。这种以“里”为基本单位的市的设施是沿袭先秦以“里”为基层单位的乡的制度的。班固《西都赋》有“九市开场，货别隧分”的说法，说东西两市的几个市各按商品的“货”来区别，又按“里”中的“隧”（小路）来分设。大体上，每个市以“十”字街为界，划分成四个里，每个里中又有许多“隧”，沿“隧”就是分设各种同

《清明上河图》所描绘的街市格局

类货品的列肆。

晚唐时曾出现过一种特别的“宫市”。《资治通鉴》卷二三五德宗贞元十三年（797）说：“比岁以宦官为使，谓之宫市，抑买人物，稍不如本估。……阅人所卖物，但称宫市，则敛手付与。”韩愈《顺宗实录》评论说：“名为宫市，其实夺之。”白居易那首《卖炭翁》就是形象描绘“苦宫市也”的诗。所以宫市不是正常的集市交易，而是强权的掠夺。

市的格局大约在北宋中期有了变化，开始由封闭式设置逐渐转向以酒楼或茶坊等为中心的新的开放式街市格局。这种格局在宋人张择端所绘之《清明上河图》中有着形象的展示，图中可见沿河多设有酒楼商铺，还有戏台等，商业区已和民居融合为一体，买卖没有时间上的限制，形成了新的城市格局。这种城与市融合的新格局，已经非常接近现代意义的城市格局。

“市”在中国古代的意思一直就是集市，直至1928年北洋军阀垮台之后，市才被用作行政区名称，它的历史还不到一百年。当时新执政的国民党政府改都南京之后，原首都北京改称北平，“市”作为新的行政区名称也在此时形成。新都南京和一些人口稠密的通商大埠都被称为“市”，那些直属行政院的则称直辖市或院辖市，最初为南京市、上海市、北平市、天津市、青岛市和西京市（西安）六个，其后续有增多，至抗战胜利后的1947年已有12个直辖市和57个省辖市了。

我国现行的行政区名称大多古已有之，如省由元朝的行省而来，县由秦时的郡县而来，只有市是古代没有的，是由城中的集市义演变而来。集市义的“市”得以演变为行政区单位，基于两者共有的一些相似特征：都是人群密集的地方，又是商业繁荣之处。正是这些相似的特点，“市”才由集市而变为城市，最后又成为政区单位的名称，只是这个演变过程未免太漫长了些。

市演变为行政区名称的过程之所以如此漫长，应该是和我国长期的封建制度密切相关的。虽说早在北宋时，市就已与城融合为一体，成为一种开放式的略具资本主义因素的街市新格局，但在封建政权重本抑末的基本国策的长期约束下，始终无法进一步发展。这种受约束的现象也很明显地体现在名称的使用上。凡城市，我国古代都只能称之为“城”（如洛阳城、龙城等），不能称之为“市”。因为“市”代表的是商业，而商业在封建时代是受抑制的，所以“市”就一直只局限于指城中的买卖之所，只是城的附庸，不能单独用来指称城市。这应该是“市”一直晚至民国才被用作行政区名称的一个重要原因。因为民国时代的基本国策已经不抑制商业了，所以商业繁荣的城就都被称为“市”，“市”因此才顺理成章地成了地方行政区的名称。

镇，最初乃军事要冲

从行政区的角度说，“镇”是介乎城乡之间的一个比较特别的单位名称。我们在说“城镇户口”这个短语时，镇的意思是接近城市的；而在说“乡镇企业”时，却又拉近了和乡村的关系。所以，镇留在我们脑海里的概念似乎既有城市的一些主要特征，又有乡村的某种田野风貌；在行政区性质上似与城市相一致，而在地理位置上却与乡村最接近，是一个亦城亦乡、兼二者而皆有之的政区单位。

《现代汉语词典》对“镇”的相关释义是：“行政区划单位，一般由县一级领导。”说明镇现在是我国县下属的基层行政区域，是和乡平级的，所以常乡镇并称。《现汉》对“镇”的另一个释义则是“较大的市集”，说明镇和纯粹的乡又有所不同，虽地处乡村却有着较多的工商业，是比较热闹的居民区，因而镇通常成为县政府机关的所在地。

然而在古代，镇最初却是军事要冲的名称，指的是驻防军队在边境重地所设置的营垒和城堡。这种设置，始于北魏的六镇而盛于唐朝的方镇。

北魏之初，鲜卑人拓跋部族为防御北方游牧民族柔然的侵扰，曾修缮加固了自赤城至五原（今河北赤城县至内蒙五原县）长达二千余里的长城，并在六个要害处设镇驻守，时称六镇。按陈寅恪先生的说法，“六镇原指怀朔、武川、抚冥、柔玄、怀荒、沃野，后来变为北方城镇的总称”（《魏晋南北朝史讲演录》），所以六镇可用来总称带有军事性质的北方城镇。《魏书·官氏志》说：“旧制，缘边皆置镇都大将，统兵备御，与刺史同。”可见，当时凡边境地区都有驻防的军队，不只是六个要害处。

北魏于统一北方建立中原王朝之后，在地方管理上，最初曾采用两套行政制度：州郡制和镇戍制。州郡制用于东南方汉人聚居的地方，镇戍制用于西北鲜卑族和其他少数民族。所谓镇戍制，就是一种军事制度，原是北魏全境普遍实行的一种以军区形式来管理军民的行政区划制度，镇将的地位与刺史或太守相当，戍主则与县令相当。北魏前期的政区体制，大致就是这种州镇并行的制度，但镇的建制似乎更广些，因为即使在实行州郡制的东南方也有镇，只是与西北的镇稍有不同而已。

镇的设置，北魏大致有两种情况：一种是不设州和郡，只设镇，主要在西北地区，镇将既管军务，也理民政；另一种是既设州或郡，也设镇，主要在东南汉人地区，镇将只管军务，民政由刺史或太守管理，但实际上刺史或太守往往由镇将兼任，所以名义上的州郡制，骨子里还是军镇制度。

但从魏孝文帝迁都洛阳之后，情况便起了变化。随着鲜卑人汉化的加速，军镇已呈废除之势；而北方柔然入寇所激发的北方镇民与镇将之间的六镇之乱，更加速了这一进程。六镇之乱后，尚书令李崇就“上表求改镇为州”（《魏书·李崇传》），所以到了北魏后期，几乎已经是完全的州郡制了（除了北边边境还保留着少数几个纯粹军事性质的镇戍之外）。

但是到了唐代初期，戍边的镇又被重新设置。《新唐书·兵志》称此为方镇之始：“夫所谓方镇者……原其始，起于边将之屯防者。唐初，兵之戍边者，大曰军，小曰守捉，曰城，曰镇。”虽说起初戍边镇将的权限很小，只管防戍守御，兵力不多，品秩也不高，但在中唐以后情况有了变化，镇的地位开始不断上升，镇将的权力逐渐增大，而且内地也开始相继设镇。那时镇将称节度使，节度使完全掌控着一方的军政大权。由于方镇节度使权限过于强大，不久就引发了促使盛唐走向衰亡的藩镇之乱。唐末五代时期，节度使更是在其境内纷纷设镇，形成了军人地方割据的局面。

这种方镇权势过强的现象，直至宋初才得到彻底改变。宋太祖以崇文抑武的国策，罢废了军事性质的镇，只保留商业繁荣的镇。虽说边境地区依然有城、堡、寨、关、镇之类，但此时的镇已纯粹是地方行政单位，或隶属于州，或隶属于县，镇将的权势已被极大地削弱了。明清时虽说又重设了军事要冲的镇，但其长官总兵的权限，也只在管理军务防守上。

所以，“镇”这个名称，是从宋以后才基本与军事无关而成为市集的意思的。宋高承《事物纪原·州郡方域·镇》说：“宋朝之制……民聚不成县而有税课者，则为镇。”可见宋朝的基本体制，就是用“镇”来泛称县以下的小商业城市。这种地方政区的基本体制一直延续到现在。

自从用“镇”来指称市集之后，我国出现了不少很著名的镇，如江西景德镇、广东佛山镇、河南朱仙镇、湖北汉口镇。这四个镇在明清时合称四大镇，都是很有特色的工商业繁盛的市镇，或以瓷器，或以铸铁纺织，或以水陆交通便利而闻名于世。此外还有以丝绸业著称的江苏盛泽镇等。

“镇”自宋朝以后的基本意思就是“市集”，和“市”的“市集”义相同，所以常“市镇”合说。但两者在古代还是略有区别的，这区别在有无“城”，也就是有无城墙这一外在形式上：有“城”之市集为“市”，所以有“城市”之说，所谓“城市”乃城中之市；无“城”之市集则为“镇”，虽然也有“城镇”之说，但所谓“城镇”，却是城外之镇。这就是“镇”与“市”的区别所在。

乡，相向共食之状

乡

甲骨文

篆书

“乡”的繁体作“鄉”，是会意字，甲文会两人相向面对食器进食之意。罗振玉《增订殷虚书契考释》中说：“（鄉）象饗食时宾主相向之状，即饗字也。”所以“鄉”的本义原是共食，由共食义借指生活在一起的氏族聚落，进而再借指乡邑之“鄉”。乡邑之“鄉”就是取义于共食的氏族聚落。这应该是“鄉”最初演变为基层组织名称的脉络。

从行政区角度说，乡现在与镇同级，同为县或区属下的农村基层行政区单位。但在古代，“乡”的内涵却比较复杂。

《说文》对“乡”的释义是：“国离邑，民所封鄉（xiàng）也。”按张舜徽《说文解字约注》所说：“国者都也，谓离都邑稍远之地为民所聚者，是之谓乡也。”意思是说，国是都邑，而乡就是离都邑稍微远些的民众聚居的地方。

虽说离都邑稍远，但乡最初所指却并非乡村。从西周所实行的“国”“野”相对的乡遂制度看，“乡”指的是国都及其近郊地区的居民组织，当时也称“郊”，范围是城郭之内与百里之内的四郊。当时“国人”的居住区就是称为“乡”或“郊”的，乡在当时属于国的范畴，所以“乡人”也叫“国人”。国人是自由民，就是城里人，有参与政治、教育和选拔的权利，有服兵役和劳役的责任。当时军队的编制也是和“国人”的乡里组织密切结合的。乡以外被称作“遂”的地方才是当时的农业地区，也叫“鄙”或“野”。这是四郊以外的广大地区，其范围大致为乡外百里至二百里地。“遂”的居民当时称庶人或野人，是那些在井田上服役的农业劳动者。这就是西周的乡遂制。因为“乡”就是“国”，“遂”就是“野”，所以乡遂制也叫国野制。

乡作为基层组织的名称，形成于西周之初。《周礼·地官·大司徒》说：“五家为比，五比为闾，四闾为族，五族为党，五党为州，五州为乡。”乡在当时是最高一级基层组织。郑玄对“乡”规模大小的注解是：“（乡）万二千五百户。”《汉书·食货志上》说西周“先王制土处民”时，也说到了当时基层组织的结构：“五家为邻，五邻为里，四里为族，五族为党，五党为州，五州为乡。乡，万二千五百户也。”虽说一些基层组织的名称略有不同，但最高一级“乡”的名称和规模大小都是相同的。所以，西周初期所确立的“乡”的名称应是我国乡制的起源，只是当时还没有行政区概念，所以“乡”在那时还不是一个地方政区的名称。

春秋战国之际，由于手工业和商业的发展，乡遂制度开始瓦解，“国人”有所分化，周王室的一统局面被打破了。但是，乡的建制却依然保留了下来，如春秋时齐国基层组织的制度就是“五家为轨，十轨为里，四里为连，十连为乡”，又如战国时的楚制“五家为伍，十伍为里，四里为扁（甸），十扁（甸）为乡”。虽说齐、楚两国“乡”的规模都只有二千家，远小于周制，但却依然都是基层组织中最高的一级组织名称。虽说基层的一些名称多有不同，但乡的名称却一直未变。即使是以后秦汉时期的“十里一亭，十亭一乡”，乃至唐代的“百户为里，五里为乡”，“乡”这个名称也一直没有被弃用过。唐以后的宋元明清，乃至现在，“乡”这个历史悠久的基层组织名称，也都一直保留着，只是其内涵有了些变化。

秦汉之前的周朝所实行的是封土建国的制度，其社会性质是全面逐级分权，所以没有行政区划概念。这一时期的地域差异只是国与野的区别。从基层组织的单位来说，乡在周代是城的最大居民编户单位，每三年定时举行的选举贤士的大比活动就是“乡饮酒礼”。这在当时是很重要的嘉礼。聚会中有时有射箭活动，又称“乡射礼”，还有当时的选官制度，也叫“乡举里选”。这一切无疑都说明乡在当时是代表了地方最高一级基层组织的。

秦汉之后实行了中央集权的郡县制，封建的分权体制被废止了，乡就此成为县以下的一级行政区单位。虽说乡在那时是很基层的农村行政区单位，但还是经常被用来借指与中央政府相对的地方概念。如唐代由州县直接推荐去应科举考试的士子称“乡贡”，却不叫“州贡”或“县贡”；元明清三代每三年举行一次的地方最高一级科举考试称“乡试”，也不叫“行省试”或“省试”。所以秦汉实行郡县制以后的“乡”就有了两个基本含义：一个是实指的县以下的农村行政区单位，如“十里一亭，十亭一乡”的“乡”；另一个则是借用西周时乡为最高一级地方组织的名称，来泛指与中央相对的地方政区或地方最高一级政区，如“乡贡”和“乡试”的“乡”。这种借用来泛指地方最高一级政区的用法一直延续到清末科举制结束。

如今，这种借指的用法已经不再存在了，乡的政区概念也就只是县或区属下的乡村基层单位，但其内涵依然很宽泛，所指也经常不只局限于乡村。一些与“乡”组合的词，如“乡亲”“乡音”“乡思”“乡愁”以及成语“背井离乡”等词语里的“乡”，都是很广义的家乡意思，不只是指乡村，也包含有城市在内。

里，有田有土而可居矣

里

金文

篆书

“里”的常用义现在是路程的长度单位，但初义所指却是居住单位。

就“里”字结构看，从田从土会意，《说文》释为“居也”，意谓“有田有土而可居矣”（段玉裁注）。这是农业社会民众基本的生活状态，本义就是居住的地方，如《诗·郑风·将仲子》“无逾我里”的“里”。后因特指居住单位，《周礼·地官·遂人》说：“五家为邻，五邻为里。”周制初时以二十五家为一里，但后来“里”的居家数多有变化，战国时为五十家，汉时为八十家，唐时为一百家，明以后则为一百一十家。这些变化，所反映的是不同时代“里”的居家数在不断增加，规模或有扩大。

“里”作为一个自然的居住单位，源起于周代的井田制度。按井田制的设计，一井的居民数是八户。《韩诗外传》卷四说：“古者八家而井田。方里为一井。广三百步，长三百步为一里，其田九百亩。……八家为邻，家得百亩。”可见“一井”就是“一里”，即一个平方里，合九百亩农田。其中每家一百亩称私田，余下一百亩为公田，由共居一井的八家共同承担。《穀梁传·宣公十五年》有“私田稼不善，则非吏；公田稼不善，则非民”的说法，意谓私田种不好要责备官员，公田种不好就要责备共居一井的八户人家了。

所以，按周朝的井田制度，共居一“井”的八户就是一个居住单位，它的名称就叫“里”。“里”作为居住单位的名称，应该就是由井田制所形成的自然的居住单位衍生出来的。“里”在这里除了作居住单位名称外，还是面积单位，但还不是长度单位。

由周朝井田制衍生出来的“里”，到了秦汉时，随着井田制的瓦解，就逐渐演变为农村居民聚居地的通称。《史记·儒林列传·公孙弘》说：“闻三代之道，乡里有教。”以“里”与“乡”并称，“里”大致就相当于现在所说的“村”，如《史记》说高祖刘邦是“沛丰邑中阳里人”，这“中阳里”就是沛县丰乡下属的一个农村居民聚居的地名。一直到晚清鸦片战争，闻名于世的广州西北郊的三元里都还是属于乡村的居住单位，如顾炎武《日知录》卷二十二所说，“以县统乡，以乡统里”。

马叙伦先生以“野字从里”而认为“里为野之初文”：“邑外谓之郊，郊外谓之野。郊邑之外，其地皆为耕田，而田者居之……故引申训居也。其后则以二十五家为里，而引申则为里闾之名。又引申为广三百步长三百步为里矣。”（《说文解字六书疏证》卷二十六）

按此说法，“里”是由野外田者之所居而引申为居，又引申为里闾，再引申为面积单位的。后来，“里”的面积单位义再引申出路程的长度单位，就成了现在的常用义。

上海步高里

“里”作为基层地方组织的名称，原是用于乡村的，现在却已转用于城市居民区。譬如上海，原先城市的特色之一就是多里弄，诸如康吉里、高福里、崇德里、步高里等，大多是以“里”命名的弄堂。旧时弄堂成了上海城市居民的居住区，弄堂的管理机构“居委会”当时也叫“里委会”。这些“里”字的含义都明显留有古义的痕迹，只是已远离了农村，由农村走向城市，由“野居”而转指“邑居”了。

但是，如今这“邑居”的里弄正在发生变化。像北京四合院一样，最富特色的上海里弄也已渐行渐远了，代之而起的是现代城市的水泥森林，没有了个性和特色，也缺乏温情，少了邻里间可以交流的空间。旧时上海的弄堂情趣已经一去不复返了，因此，作为居住单位名称的“里”在城市里也渐趋消亡。

裏

金文

篆书

除了上述诸种意义外，“里”还常用来借指故乡，如江淹《别赋》所说“割慈忍爱，离邦去里”，句中“里”就是故乡。但要注意的是，作为居住义和故乡义的“里”是没有繁写的，不能写成“裏”。“裏”的本义是衣服的裏子，简化为“里”，只是同音假借。只在含有“里面”意思的“屋里”和“里应外合”等词语中，“里”才可以繁写为“裏”。“故里”和“乡里”，以及形容长度的“千里”“万里”等都不能繁写为“裏”，因为它们是两个不同的词义系统。所以，有人把“故里”写成“故裏”，把“万里长征”写成“万裏长征”，都是不明词义的误写。

村，古之鄙野也

“村”现在是农村最基层的居住单位，是一级经济自主单位，也是城里居民居住区的名称，称之为“新村”，如曹杨新村、曲阳新村、凉城新村等。但“村”作为居住单位名称在古代却是比较后起的。周朝的基层组织中没有“村”这个单位名称，早期的经史著作也未见“村”字。

宋胡三省注《资治通鉴》卷二百八十七“张令柔杀平阴十七村民”引项安世《家说》曰：“古无村名，今之村，即古之鄙野也。凡地在国中、邑中，则名之为都。都，美也，言其人物衣制皆雅丽也。……郊外则名之为野，为鄙，言其朴拙无文也。……故古语谓美好为都，粗陋为鄙，本此为义也。隋世已有村名。《唐令》，在田野者为村，置村正一人，则村之为义明矣。”

项安世是宋朝人，淳熙年间（1174–1189）进士，著有《项氏家说》等，文中所说的“今”指的是南宋时期。按项氏所说，“村”之取义与“都”相对。“都”在国邑之中，其义为美；“村”在郊外田野，其义为鄙，“言其朴拙无文也”。所以“村”原是一个贬义词，所指是与“国”和“邑”相对的“鄙”与“野”，是地处野外的一个名称。

宋朝的两部韵书《广韵》和《集韵》都收有“村”

字。《广韵》释“村”为“墅也”。“墅”同野，指田野，郊外。《集韵》释“村”为“聚也”，则“村”应非荒野之处，而是有人聚居的地方。综合这两种说法，“村”之所指就是郊野有民众聚居的地方。

“村”之得名，或如项氏所说，至迟在隋时已经有了。但那时应该还不是居住单位名称，只是自然村落，因为“置村正一人”是《唐令》的规定。所以“村”作为基层管理单位的名称应该是唐朝以后才有的。

《旧唐书·职官志二》说：“百户为里，五里为乡。两京及州县之郭内，分为坊，郊外为村。里及坊村皆有正，以司督察。”村与坊其实就是“里”。《旧唐书·食货志上》：“在邑居者为坊，在田野者为村。”《说文·土部新附》：“坊，邑里之名。”从字形上看，“坊”字从土方，方亦声，以其居民区多呈方形或长方形而得名，所指即城中之里；“村”字从木，是郊外乡村多树的标志，所指就是郊外之里。有唐一代的“两京及州县”，其城里与郊外，始以“坊”与“村”替代了原先的“里”，其管理者也和“里正”一样称坊正和村正。

“村”字古作“邨”。《说文》有“邨”无“村”，释“邨”为“地名也”；宋人徐铉注曰“今俗作村”；段注说“本音豚，屯聚之意也”。可知“邨”原是“屯”的后起分化字，民间因读音变化又改作从木寸声的“村”字，用以通称农业地区的自然村落，如《三国志·魏书·郑浑传》“入魏郡界，村落齐整如一”，又如陶潜《桃花源记》“村中闻有此人，咸来问讯”。这些“村”应该都是自然村落。按此用例，似乎早在魏晋时代就已有了“村”字。但有学者认为这些“村”原来很可能是写作“邨”的。那么“村”字究竟始于何时，似还有待考证。

村的概念一直比较模糊。就其初始义说，就是自然村落，即农村中居住相对独立的，由一个或多个家族聚居而自然形成的居民点，如“柳暗花明又一村”和“牧童遥指杏花村”的“村”，指的应该就是这类自然村落。唐以后用于指称“两京及州县”郊外的基层管理单位之后，才成为隶属于乡的居民编户单位和基层管理单位。

解放初期，村成了一级政府，时称村政府，其性质为行政村，与上级政府是直接的领导与被领导关系。村干部属于国家干部，由上级政府任命。目前，我国村一级实行的是村民自治制度，村级管理组织称“村民委员会”，其成员由本村村民直接选举产生，与上级政府为指导与被指导关系，与解放初期的行政村概念已有所不同。现在的村不再是一级行政机构，只是农村的基层管理单位，是地方行政体系中最小的自治单位。而此类最小自治单位的村，凡经省市级国家机关批准设置的，又叫“建制村”，其管辖范围可以是一个自然村，也可以是几个自然村组成的一个区域。《人民日报》2012 年 1 月 31 日的一篇报道说，目前我国的建制村有 60 多万个。

村，就其从事农业、以农业为主要经济来源的性质说，古今并无多大差异，只是现在已开始有兼搞副业的。所以村除了是一个农村基层管理单位外，还常常是一个经济实体，可以有自己的村办企业等，如江苏的华西村。古代村的管理者称村正，后来又叫村长，现在成立了村民委员会，称村民委员会主任，简称村主任。

随着历史的变迁和经济的发展，“村”的概念如今已有扩大和泛化，不只是指郊外农民的居住点，城里新建的居民区现在大多叫新村，奥运会时运动员居住的地方叫奥运村，甚至地球也被称为地球村。似乎凡人群聚居的地方都可以叫村，完全不局限于郊外的农村地区。网络时代，人们的空间距离极大地缩小了，即使生活在地球的两面，人们也可以在网上面对面地聊天，和住在同一个村里一样方便，所以地球也小到成了一个“村”。

州，水中可居者

州

甲骨文

篆书

“州”在古代政区名称中是变化最多也是沿用时间最长的一个。从世人熟知的最早的九州到西汉作为监察区的十三州，再到曾经的一级行政区和二级行政区乃至三级行政区，以及唐以后出现的羁縻州，直至现在的自治州，其间之变化可谓繁多。以下择要简说。

州之得名与水有关,《说文》释为“水中可居曰州”，可见州原为四周有水围绕的可居之地。又说“昔尧遭洪水，民居水中高土，或曰九州”，则州之形成原是远古洪水为灾的结果，百姓所避居的水中高地就是州，且有九州之多。

九州之说历来被认为与大禹治水有关。《左传·襄公四年》引《虞人之箴》有“芒芒（茫茫）禹迹，画为九州”的记载，《汉书·地理志》也说尧“使禹治水，水土既平，更制九州”。似乎九州就是大禹治水以后所划分的九个政区单位。其实这是后人的附会，因为那时还没有行政区概念。“九”只是言其多，并非确数，“州”也不是行政区，只是“水中可居”者。因此，所谓九州原只是水患过去之后自然形成的一些可以居住的陆地而已。顾颉刚在《古史辨》第一册下编《询 < 禹贡 > 伪证书》中说：“古代对于禹的神话只有治水而无分州。”

“州”之初义后来为“洲”所替代，遂专用于指地名，于是就出现了所谓九州的区划与州名，只是“九州之说未尝统一”（顾颉刚语）。如《尚书·禹贡》以山川地形为界，划分了冀、兖、青、徐、荆、扬、豫、梁、雍九州；《尔雅·释地》以大的河流为界划分九州，以幽、营替换了青、梁；《周礼·职方》又以方位与地形划分九州，又以幽、并替换了徐、梁；《吕氏春秋·有始览》则以地理位置结合山川划分九州，又以幽替换了梁。

这四种不同的九州说，州名相同的有六，不同的也有六，于是就有了十二个州的名称。只是这九州或十二州都不是真实的历史，而是战国时人向往统一的“托古改制”，似真而实假。但其影响却十分深远，“九州”因此成了最常见的中国别称之一，如陆游“但悲不见九州同”、龚自珍“九州生气恃风雷”等，都是大家熟知的以九州别称中国的例子。

州作为地区名称，是在汉武帝设立十三个称为州的监察区之后才得以变假为真，并在以后逐渐形成州制的政区体制。

就政区体制说，汉是延续秦之郡县制的，但又兼行封建，分封了许多同姓子弟的王国，合称郡国。郡国后来不断膨胀，到汉武帝时已多达一百零二个。为加强监管，武帝就创设了监察区。《汉书·武帝纪》说，元封五年（前106）“初置刺史部十三州”。刺史部就是监察区，其长官称刺史，共设置了十三个。因为名称多采自先秦的州名，如冀州刺史部、兖州刺史部，因此也称十三州。但要注意的是，这十三州最初只是监察区，并非行政区单位。演变为行政区单位是在东汉晚期，先是改部称州，继而州刺史改称州牧。刺史只“掌奉诏条察州”（《汉书·百官公卿表上》），牧则有统治管理的意思，于是州牧就成为一方大员，州也就顺势演变为郡之上的一级政区。原先的郡县二级制演变为州郡县三级地方政区新体制。

州由监察区演变为地方一级政区之后，也像郡一样不断膨胀。西晋初年州就增至十九个，西晋末年又增至二十一，南北朝时更是加速递增。《隋书·地理志》载，梁武帝天监十年（511）时，州为五十三个，二三十年之后的武帝大同年间（535—546）已多至一百零七个。另据《魏书·地形志》所记，北周灭北齐之后，北方的州更是多达二百一十个。隋统一南北时，全国的州数已超过了三百个。所以隋建国之初，先是“罢天下诸郡”，以州直接辖县；后又简并州县，或改州为郡，重新恢复了秦时的郡县二级制。

唐建国之后又改郡为州，又因州数实在太多而行汉武之法，按交通线路设置名为“道”的监察区。初时设有十道，后增至十五道。和汉时的州一样，道后来也逐步演变为行政区，从而形成道州县三级政区体制，州因此降为二级政区。一直到清末，州再也没有重新成为地方的一级行政区。有的州被改称为府，如兖州府、青州府等，有的更是降为与县同级的三级政区。

民国时期又废州为县，州作为地方政区的名称就此消失，只保留在一些地名中，如扬州市、徐州市等。

“州”在古代除了监察区和行政区名称之外，先秦时还曾是民户编制单位。如《管子·度地》有“百家为里，里十为术，术十为州”的说法，一个州有民户一万家；《周礼·地官·大司徒》则是“五党为州”的编制，一个州有民户二千五百家。州的规模都是不小的。

有唐之后还出现了一种叫羁縻州的行政区名称，这是设置在少数民族地区的比较特殊的行政区。李世民在西北收服了一些少数民族之后，为便于管理，就任用原先各族的首领，允许他们以原有方式自治，且可以世袭，政府对他们的管理只是名义上的。这就是被称为羁縻州（也有一些称羁縻府或羁縻县）的特殊政区。“羁縻”的本义是束缚，这里的意思是笼络与控制。此类特殊政区，有唐一代先后设置了八百五十六个，数量很大。

现在，我国已无州的行政区名称，但有自治州。我国宪法规定，民族自治的地方称自治州。目前，我国有自治州三十个，隶属于自治区或省，比较著名的如西北有“塞外江南”之称的新疆维吾尔族自治区的伊犁哈萨克自治州，东北有吉林省的延边朝鲜族自治州，以及四川省的凉山彝族自治州等。

军，以战车圜围也

军，按现代辞书的释义，是指军队的一级编制单位，通常隶属于军区或方面军，下辖若干师和若干战斗、保障部队。但“军”还经常用来统称军队，似乎是更常用的意义，古今都如此。如《孙子兵法·谋攻》的“（凡用兵之法）全军为上，破军次之”，“全军”就是“保全军队”；又如今言“我军”“敌军”的“军”也是统称军队的。“军”还可用以指兵种，如海军、陆军、空军，合称三军。三兵种合称的“三军”也经常用来统称军队。

“三军”之说其实古已有之，如《论语》的“三军可夺帅也”，又如“勇冠三军”和“三军未动，粮草先行”等，只是所指略有不同，且历来有多种说法。春秋时指各大国的中军、上军、下军或中军、左军、右军，后来又有演变称前军、中军、后军的；《六韬·战军》则称步军、车军、骑军为三军；《商君书·兵守》谈到守城三军时，又以壮男作战为一军，壮女守备为一军，老弱后勤为一军；而《水浒传》六十七回“宋江赏马步三军”指的又是马军、步军和水军。可见古代称三军者屡有变化。但不管如何变化，三军都是用来统称军队的。唐宋以后，三军也就成了军队的一种固定建制。

就文献记载看，“军”始见于《周礼》，夏商和西周时应该还没有军的概念。《周礼·夏官·司马》说："凡制军，万有二千五百人为军，王六军，大国三军，次国二军，小国一军，军将皆命卿。"在这个句子中，"军"有两种含义。"制军"是组建军队，"军"用来统称军队；"万有二千五百人为军"的"军"则指军队最高一级编制单位，因为当时军以下还有师、旅、卒、两、伍等编制。这是我国春秋以来关于军队编制情况最早的文字记载。但当时各诸侯国的军队编制不尽一致，《国语·齐语》说齐军的编制序列为军、旅、卒、小戎、伍。军也是最高一级编制，但其人数却只有一万人，为周制的五分之四。

军的编制自秦汉以后屡有变化。秦汉时不设军，其编制序列大体为部、曲、官（屯）、队、什、伍；三国以后恢复了军的编制，但人数多少又有变化，三国时一军三千二百人；两晋以后，多的有五千五百人或五千人，少的仅一千五百人；南宋时最多，为一万二千三百七十五人；元明清时又没有了军的建制，除了晚清的新军。新军的基本建制单位是镇，不是军，每镇一万二千五百十二人。

民国时期，军队最大的建制单位最初是师。1926年北伐战争前夕，把1924年广州建立的国民革命军分编为八个军之后，才形成了军、师、团、营、连、排、班的"三三制"编制序列。但以后还有过变化，有时仍以师为最大编制单位，另外还有路军、集团军、军团、兵团等不同编制。这种情况一直延续到1949年。

共产党的军队，土地革命时期称中国工农红军，抗日战争时期称八路军和新四军，解放战争时期始称中国人民解放军。自 1948 年 11 月 1 日起，又改野战部队的纵队为军，军以上设兵团、野战军两级，军以下为师、团、营、连、排、班等。

军

金文

篆书

在古代，“军”还常作动词用，这就和“军”字初义有关了。《说文》：“军，圜围也。从车从包省。”所谓“圜围”就是用车自围形成一个营垒，所以“军”字从车从包省。车战时代，车既是交战时的战争工具，也是驻扎时最现成的防御材料，环围于外即可宿营，所以“军”在古代多作动词“驻扎”“驻屯”讲，如《鸿门宴》的“沛公军霸上”。

车团团围起来的地方就是驻扎的军队，也就是军营了，所以军营就是由驻扎义引申而来的。《左传·文公十二年》“请深垒固军以待之”的“军”就是军营。“军”之用于指称军队，应该又是由军营的意义转化而来的。

军一级的军事主官，按《周礼》的说法称军将，现在称军长。现代辞书对“军长”一词基本都没有释义，可能是因为义项单一不必解释的缘故。

此外，“军”在宋朝还曾是“路”下的一级政区单位。宋以前只有府和州，宋朝新增了军和监。“军”源自唐朝边区军事系统的军镇，所以“军”演变为政区名称，也是与军事有关的。据著于神宗元丰三年（1080）的《元丰九域志》所载，其时全国有 37 个称为“军”的行政区；查《宋史·地理志》，北宋南渡以前（1127）

“军”已增至51个，南渡以后又增至69个。可见两宋时期“军”作为行政区的数量是不断增加的。《水浒传》四十一回的回目“宋江智取无为军”，这“无为军”就是当时淮南西路下属的一个行政区，其级别与下州同（宋时州分上、中、下三等，军基本同下州）。军的行政长官时称“知军”，多由带职的京朝官出任，其职掌略同于知州，亦称“知军州事”。

师，军旅之通称

师，是军以下的一级编制单位，现在也是军中构成战略战役军团的基础单位，属于基本的战术兵团，一般由若干团（或旅）编制而成，通常隶属于集团军或军。

在古代，师和军一样，除了是一级编制单位外，也经常用来统称军队，而且师用于统称军队的历史还早于军，实际的使用频率甚至高于军，如“师出有名”“班师还朝”“出师未捷身先死”“王师北定中原日”等，这些“师”都是用来统称军队的，一般不宜改称为“军”。

“师”最早见于文献的时间大致在殷商时期。《殷契粹编》597片已有“王作三师，右、中、左”的记载了。“三师”就是“三军”。由此可知殷商时期的军队已经有了右师、中师和左师三个部分的编制，只是具体编伍情况目前尚不清楚。据兰书臣《兵制志》所说，其时一师为万人，三师就是三万人，这是武丁时期的军队规模。至武乙、文丁时又扩增至六师，所以商王室军队的规模最大时曾达到六万人。就殷商时期师的规模而言，当时的一个师大致与周朝一个军相当而略弱。

今本《竹书纪年》有仲康“命胤侯帅师”的记载，《尚书·胤征》也有“胤侯命掌六师”的说法。胤侯是夏朝胤国国君，时为夏王仲康的大臣，任大司马之职，接受夏王命令掌管六师。若按此记载，似乎早在夏朝就已有了师的建制。此说目前一般认为可能掺入了西周时期的军事制度，夏朝应该还没有师这种军事编制。

关于师具体的编制情况，目前所见最早的文献记载是《周礼·地官·小司徒》："五人为伍，五伍为两，四两为卒，五卒为旅，五旅为师，五师为军。"西周时期，师已是军的下属编制，人数也大为减少，只有二千五百人，仅为殷商的四分之一。以后历代兵制多有沿用师的名称的，但人数多少屡有变化。

师在春秋战国时期虽已成为军的下属编制，但依然用于统称军队，如杜预注《左传·隐公十年》"取三师焉"所说："师者，军旅之通称。"《尚书·泰誓》"王乃徇师而誓"的"师"，《论语·先进》"加之以师旅"的"师旅"，都是用来统称军队的。"徇师"就是检阅军队，"师旅"则是以"师"和"旅"的连用来统称军队。

周代传统五礼（吉礼、凶礼、军礼、宾礼、嘉礼）中军礼所包含的五项内容，第一个称"大师之礼"（见《周礼·春官·大宗伯》）。大师之礼就是天子或诸侯的征战之礼，包括出征、誓师、凯旋、献俘、受降和论功行赏等一系列仪节，"师"指的就是军队。其中，"誓师"这项仪节更是军队出征前非常重要的一个内容，主要用来声讨敌人的罪行和申明军纪等，旨在鼓舞士气。《尚书》保留有多篇天子和诸侯的誓文，如商汤伐夏桀的

《汤誓》、武王伐殷纣的《泰誓》、武王与殷纣决战前夕在牧野的《牧誓》等，都是战前鼓舞士气的誓师词。所以“师”在古代是经常用来统称军队的。

“师”之经常用于统称军队，是因为师有“众”意的缘故。《尔雅·释诂下》说：“师，众也。”《公羊传·桓公九年》说：“师者何，众也。”韦昭注《国语·鲁语》“天子作师”也说：“师谓六军之众也。”但师何以会有“众”意，这又要从师字的本义说起了。

“师”的繁体作“師”。《说文》：“師，二千五百人为師，从帀（zā），从𠂤（duī）。𠂤，四帀，众意也。”清人孔广居《说文疑疑》：“𠂤俗作堆，积聚也。聚则众，散则寡，故𠂤有众意。帀，俗作匝，周徧也。众则周，寡则不周，故匝亦有众意。众必有长以率之教之，故又为師长字。”按许慎和孔广居的说法，组成“師”的两个部件“𠂤”和“帀”都有“众”意，所以“师”也就有了“众”意。

现代军队所说的师一般认为是1873年由法国军队首先创立的，当时明确规定每个师下属两个步兵旅、一个骑兵旅和两个炮兵连，后来为各国军队仿效而成为现代意义上的师。只是师的编制现在又有三三制和五五制的不同；而作为基本战术兵团，又有重型师与轻型师的区别，还有装甲师、空降师、陆战队师和空军与海军的航空兵师等名称，人数多少也不相等，多的可达两万人以上。

师作为军队的一级编制单位，其军事主官古代称

师

甲骨文

甲骨文

金文

篆书

师帅。太平天国军制中师的统帅也称师帅，下辖五个旅帅，共二千六百二十五人，现在则称师长。只是师长这个官称，古代指的却是众官之长（如《尚书·盘庚下》“邦伯师长”），有时也指大夫（如《国语·楚语下》“自卿以下至于师长、士”），原与军队无关；现在除指称师的军事主官外，也常用于指称老师和尊长，即孔广居所说“众必有长以率之教之，故又为师长字”的“师长”，因而也是多义的。

此外，原来“大师之礼”中“誓师”一词如今也常用，其意义也逸出了军事范围，成为群众集会中用于表决心的同义词，由此形成的短语“誓师大会”更是被广泛运用于各行各业，成了为完成某项重要任务而表决心的群众集会。

营，围绕而居

营

篆书

营，在现代军队编制中处于中位，上隶属于团，下辖有几个连。此外还有不隶属于团的独立营等。

“营”用于指称军队，始于东汉。宋高承《事物纪原·武卫》：“后汉末，曹公为丞相，有分营。”这是说曹操在东汉末年为丞相时设武卫营，这应该是“营”作为军队名称的开始。其后，蜀汉中央宿卫军主力也有称虎步营和虎骑营的，长官称虎步监和虎骑监。姜维就曾统率过虎步营，麋竺的孙子麋照就是虎骑监。但“营”之初义是动词“环绕而居”的意思，与军队无关。

“营”繁体作“營”，其义从宫，其音从荧省。《说文》：“营，帀（zā）居也。”徐锴注“帀”曰“周回为营也”，段注“帀居”曰“谓围绕而居”，陆德明《经典释文》认为“营，本作“縈”（縈）”，“縈”的意思也是围绕。

据考古资料，原始公社时期，先民以氏族为聚居单位，聚居之所的布局多呈圆形，外绕以堑壕和短垣，这就是许慎所说的“帀居”了。帀居之处最初称邑，帀居的形式当时就叫“营”。后来这种帀居形式与军队发生了关系，军队也称驻扎时周围有堑壕或栅栏的寨垒为“营”，所以《字汇》对“营”的释义就成了“军垒为营”。其例如《史记·绛侯周勃世家》的“至营，将军亚夫持兵揖曰……”，此“营”即周亚夫驻扎在细柳的军营。再引申就被借来泛指军队，如诸葛亮《出师表》“愚以为营中之事，悉以谘之”，这“营中之事”就是“军中之事”，“营”就是“军”，是用来泛指军队的。

《说文》对“军”的释义是“圜围也”，则“营”之“帀居”与“军”之“圜围”，两者在围绕的意义上是一致的，只是围绕的方式略有不同：军以战车围绕，营则是堑壕或短垣。但“营”自民居转用于军队之后，两者便经常连用称“军营”。有时即便是车围之“军”也可称“营”，如《史记·李将军列传》的“李陵军居两山间，以大车为营”。“营”甚至也和“军”一样可作动词“驻扎”讲，如《三国志·后主传》的“丞相亮出屯汉中，营沔北阳平石马”。

据兰书臣《兵制志》所说，两晋时军队编制是以军、营为序列的，营始为军队的一个编制单位，但其时营的人数多少不统一：负责宫门警卫的四营，每营一千人；而积弩、积射二营，每营却有二千五百人之多。

五代和北宋时，军队的编制序列为厢、军、指挥（营）、都、队。《武经总要》说：“大凡百人为都，五都为营，五营为军，十军为厢。”营处于编制序列的中位，一营人数为五百人，与现代军队中营的序列与规模大致相当。

但至明清时，“营”的概念与规模又有较大变化，又多用以泛指军队，与“军”相当。

明朝中央军初时的三支军队即称三大营（五军营、三千营和神机营），其中五军营是中军、左掖、右掖、左哨、右哨五营的合称，负责卫戍京师；三千营为塞外降丁三千人所组成的骑兵营，负责京城巡哨；神机营则是使用火器的京营。正统十四年（1449）土木之变后的景泰年间，时任兵部尚书的于谦又从三大营中精选健壮军士，另外成立了十个团营，每营一万五千人。各营置都督一人，称坐营都督。后戚继光蓟镇练兵时又创设步营、骑营、车营、水兵营和辎重营等。营的指挥官时称将官。

有清一代的禁卫军也多称营，如虎枪营、护军营、火器营等。但清代以营命名的军队，比较有影响的是绿（lù）营和勇营。绿营建于顺治年间，由所招降的明军组建而成，组建的目的是为弥补八旗入关后兵力的不足。之所以称绿营，一是因为这支军队以绿旗为标志（区别于八旗的黄、白、红、蓝四色），二是其建制单位即称营。绿营以步兵为主，初建时战斗力很强。《清史稿》说康熙去云贵山地征三藩时，就是以“绿营兵居前，旗兵继之，所向辄捷”的。但咸丰十年（1860）之后，绿营兵逐渐和八旗兵一样不堪一战，其地位遂为勇营所替代。勇营是在地方团练的基础上发展起来的，由各地自主招募的乡勇组成，其中影响最大的是曾国藩创建的湘军和李鸿章仿湘军营制组建的淮军。淮军中最负盛名的主力是盛军（周盛波、周盛传兄弟在安徽合肥所创办的团练），也叫盛字营。

太平天国的军制，师习惯上也称营。每军各师分为前、后、左、右、中营，指挥官称前营师帅、后营师帅等；水军称水营，指挥官称典水匠；另有女军称女营，也叫姐妹营。

我国现代军队中营的建制是1926年北伐前夕形成的，一个营为四百零四人，指挥官称营长。但营长这个官称，东汉时又曾是地方武装头领的称谓，如《后汉书·第五伦传》“伦始以营长诣郡尹鲜于褒”。第五伦以清节著称于时，后拜会稽太守，且擢升司空，初时却是一个地方武装头领的“营长”。胡三省注《资治通鉴·汉光武帝建武元年》“营长遣使贡献”时说：“时三辅豪杰处处屯聚，各有营长。”可见那时营长还真不少。但这些营长和现在“营长”的意思是不同的。

班，分发瑞玉

班

金文

篆书

“班”如今是军中最基层的一级组织和战术小分队，通常隶属于排，按任务和装备等又有步兵班、工兵班、通信班、汽车班和炊事班之分。此外，班也是学校和厂矿企业中最基层的组织名称。但“班”之初义与军队和教育都无关系，而是一个与玉有关的动词。

从字形上看，“班”字古今并无多大变化，许慎析为“从刀从玨（jué）”的会意字，现在也只是“刀”变成了一点一撇而已，但其意义的变化却较大。许慎释为“分瑞玉”，这与现在的常用义看上去就是毫无关系的。

所谓“瑞玉”，就是“玨”。玨是“二玉相合”的瑞玉，而“班”就是把瑞玉中分为二。因为瑞玉在古代多作信物，中分为二即可各执其一以为凭信，书证有《尚书·尧典》的“班瑞于群后”。说舜继位之后，即召集诸侯举行“班瑞”仪式，把作为信物的五种瑞玉（时有“五瑞”之说）按不同等级分发给公侯伯子男五等诸侯。所以“班”的初义就是分发瑞玉。

由“分发”引申出“分开”义，进而又以辐射式再引申出几组新义，于是就大致形成“班”字如下三组主要的义项系列。

其一是“铺开”“铺放”义，如《左传·襄公二十六年》的“班荆道故”。楚人伍举受陷害出逃，在郑国郊外恰好与出使晋国的好友声子相遇，两人“班荆相与食，而言复故”。“班荆”就是把荆草分开铺平，然后坐在铺开的荆草上边吃东西边商量如何返回楚国。后来朋友相遇坐着谈心就叫“班荆”，如“班荆坐松下”（陶潜《饮酒》之十五）。荆是一种草，所以“班荆”也作“班草”，如“道逢友人，共班草而言”（《后汉书·逸民传》）。五代和两宋时还曾把设在京郊接待外国使臣的宾馆称为班荆馆。

其二是“分等列序”义，这是由瑞玉的不同等级（即五瑞）引申出来的。《旧唐书·穆宗纪》说穆宗之妹太和长公主远嫁回纥，穆宗亲临送行，“群臣班于章敬寺前”。这里的“班”就是分等列序，官员按品级高低排列在章敬寺前。因为不同的位置就是不同的等级，所以又引申出“次第”和“位次”义，如成语“班功行赏”的“班”，就是按次第、按位次，即按功劳大小依次给予奖赏。由次第和位次再引申出处在某一次第或位次上的一级组织或单位，这就有了现在通常意义上的班，如军队中位于排以下的班，学校中位于年级之下的班，工厂里位于车间或工段之下的班等。此外，次第和位次还引申出时间上的某一段落，于是又有了日班、夜班乃至上班和值班等以时间为划分单位的意义；由此再引申出有固定时间的交通工具，如航班、班车等。

其三是“离别”义。因为分开，所以就离别了。《左传·襄公十八年》写齐师夜遁，马阵阵鸣叫，晋国一大臣就推测说："有班马之声，齐师其遁。"杜预注："夜遁，马不相见，故鸣。班，别也。"所以"班马"就是离别之马。李白《送友人》诗"挥手自兹去，萧萧班马鸣"，写主客分手，也借马之长鸣来表现人的离别之情。离别意味着各自回归，所以又有返回和回去的引申义，如成语"班师回朝"之"班"。

综上可知，"班"之词义，古今已发生很大变化，而其初义与军队无关。现在作为军队编制中排以下最基层组织的名称是后起引申的现代新义。

古代军队中没有班的名称，与班大致相当的基层战斗单位是伍。之所以称伍，是因为古代军队编制是与户籍管理联系在一起的。伍原是编户的邻里组织，如《管子·立政》所说："十家为什，五家为伍，什伍皆有长焉。"伍就是把五个家庭联系在一起的一个户籍管理单位。战争时五家各出一人参战，就形成了军中最小的作战单位"伍"。因为原先是邻居，互相很熟悉，战时便可互相照顾配合，也有利于互保连坐（五家相保，十家相连，如《史记·商君列传》所说"令民为什伍而相收司连坐"）。另有一说认为与"五兵"（指弓、戈、殳、矛、戟五种兵器）有关，以五人为一个战斗单位，可以形成五种不同兵器互相配合的战斗体系。

伍在古代作为军队编制的存续时间很长（晚清太平军的基层战斗单位依然还称伍），所以后来就以伍作为军队的代称，如把部队说成“队伍”，参军称“入伍”，复员称“退伍”等。旧时还称军队的行列为“行（háng）伍”，当兵出身即称行伍出身。

现代军队一个班的编制大致为 8 至 10 人，一班之长称班长，还有副班长。班长和副班长在军中都是兵，不是军官，但在社会语用中还有一些特别的比喻义。

“班长”多被借来比喻领导班子中的第一把手，《汉语大词典》说是“引申为一定组织成员的领导人”，如党委书记就是“班长”。上至中央，下至地方，无论政府还是企业，都如此。其原因恐怕是领导班子的人数大致与一个班的人数相仿。而“副班长”则因其通常排在队尾的缘故，网上（纸质媒体少见）多被借喻为体育赛事，尤其是足球联赛垫底的最后一名。例如，德甲联赛第 18 轮，拜仁慕尼黑 2 ∶ 0 战胜最后一名菲尔特，体育频道的标题就是“轻取副班长拜仁不可挡”。又如，上海申花败给倒数第一名长春亚泰，网上标题也是“申花不敌副班长”。近日偶见围甲联赛也用了这个比喻义，如重庆银行队主场 4 ∶ 0 大胜垫底的广州广日队，搜狐体育的标题就是《横扫围甲副班长》。“副班长”的这种新用法，或许会逐渐流行开来。

猴，乖巧机灵

在中国文化中，可能是因为孙悟空的缘故，猴子成了很讨人喜欢的一种动物。人们对猴子的评语也以褒义居多，如《现代汉语词典》“猴”的第二个义项便是“乖巧；机灵（多指孩子）”。这是猴子在中国文化中最主要的一个形象特征，常用来比喻机灵或乖巧的人。当然，如果机灵或乖巧到极点，在汉语中另有一个词来形容，叫“猴精”。这就多少带点贬义了。猴子从外形上看，瘦的居多，故常以“瘦猴”形容干瘦之人，成语中更有以“尖嘴猴腮”来形容的。这也多含贬义。然而，瘦在当今却是众多女性追求的时尚，不免又多少有点褒义了。

虽说猴子的主要文化特征是机灵和乖巧，但在传统的中国文化中，人们赋于猴子的形象却是不怎么高明的，如“猴子捞月”“沐猴而冠”“杀鸡儆猴”等。“猴子捞月”写猴子的愚蠢，把幻象的东西当了真，结果一场空欢喜。“沐猴而冠”也是写猴子的愚蠢的，原用来形容项羽，说他像猕猴戴上帽子一样，徒有人的外表，却没有人的智慧。“杀鸡儆猴”是拿鸡开刀，以恐吓和警戒猴，希望猴能知趣，安分些，不捣乱，然而猴子并不买账。猴子似乎明白这不过是一种恐吓手段，并不会真拿自己开刀，所以并不畏惧，当然也就不会安分，该捣乱的依然捣乱。这就透现出猴子骨子里的机灵和精明。有一条字谜，谜面是“儆猴失效”，要求打一个本帮冷菜名。谜底就是“白斩鸡”，意谓白白斩杀了一只鸡，对猴子却毫无警戒作用。“杀鸡”是难以“儆猴”的。

中国成语中还有个“朝三暮四”，也和猴子有关。“三”和“四”现在是“这个或那个”“这种或那种”的意思，原先却是表示数量的。狙公给猴分芧（橡树的果实，似栗而小），朝三而暮四，众猴皆怒；改为朝四而暮三，众猴皆喜。在这个寓言里，猴子依然是被嘲笑的对象：总量不变，只是朝暮的数量对换一下，猴子们竟然一怒一喜，确实有点蠢，有点傻帽。但如果我们换个角度考虑问题，猴子们的喜怒变化就不是没有道理的了。猴子们之所以怒朝三暮四而喜朝四暮三，其实是很现实的。因为猴子顽皮（现在还常把顽皮的孩子叫作“皮猴”的），白天消耗的能量大，所以早上的饭量就要大些，这很自然；晚上休息睡觉了，能量消耗也相应减少，饭量当然就不必太大了。谁能说猴子的这种想法傻呢？狙公看上去很精明，自以为哄骗了猴子，其实不然。猴子的喜怒变化虽说真有点傻帽，但朝四暮三的分配却是符合它们的生活习性的，所以这傻帽也是很可爱的。如果真从这个角度看问题，那么傻的就是狙公。养了那么长时间的猴子，最终还是未能了解猴子。

十二生肖中，有的生肖后来成了姓，如马牛羊龙等，

［高奇峰］ 猿

但在猴子，却另外还有姓，姓孙。这在十二生肖中是唯一的。《西游记》里的金猴就叫孙悟空，姓孙名悟空。至于猴子为什么姓孙，可能也与十二地支有关。因为猴属申，“申”“孙”音近，遂以“孙”为姓。

猴类动物中还有一种叫猿的，似猴而大，长臂无尾，善攀援，能啸，啸声哀。由猿的这些外形特征也形成了不少相关词语。因为猿的形体较大，便常和熊并称以形容武夫，如“熊腰猿臂”。猿的手臂较长，又灵活，猿臂便常被用来形容善射的武将，如汉朝飞将军李广就被形容为“猿臂善射”。猿善攀援好动，猿心又成了心思不安定的象征，于是就有“心猿意马”这个成语。猿声悲哀，便又成了悲伤和忧愁的文化象征，古诗文中多有描写，如“风急天高猿啸哀”（杜甫）、“愁听清猿梦里长”（王昌龄）、“猿鸣三声泪沾裳”（《水经注·江水》）等，成语中也有“猿啼鹤唳”“猿悲鹤怨”等。

猿与鹤在成语中常常并称。鹤原是高贵的禽鸟，所以猿鹤并称，除表示悲伤义外，有时还被用来表示君子，如成语“猿鹤虫沙”。晋葛洪《抱朴子》说：“周穆王南征，一军尽化，君子为猿为鹤，小人为虫为沙。”猿在这里与鹤一起成了君子（此指贵族）的象征。可见猿在古人心目中的社会地位是很高的。

家，从游牧走向蓄养定居

家，人人都有，不管是高楼华屋还是茅舍陋室，都是温馨的港湾。但“家”中为何是猪，历来让人疑惑，众说纷纭。有人以“豕”不合情理而改写成“人”，以为家里住的是人不是猪。第二次汉字简化也曾采用这个字，但没用几年就废止了。我们现在用的依然是那个和“豕”组合的让人疑惑的“家”。

其实，对汉字部件的组合完全不必因其不合现在的情理而耿耿于怀，因为汉字的表意符号具有历史性，组合之初是符合那时的情理的。如：“牢”原来是关牛的，现在关人了；“桥”原来是木头造的，现在成了钢筋水泥；“镜”原来是青铜的，现在变成玻璃了。诸如此类是否都需要改变表意符号？如果都要改，将会改不胜改。另外，汉字在结构组合上还很注重美感，注重其建筑美。就以家字为例，若是“人”与“宀”组合，就缺少了这种建筑美，感觉不稳重，而且易与“穴”字相混淆。所以，虽说从豕的“家”让很多人感到困惑，但其字形却十分稳重而富美感，而且还在构字理念上真实地反映了当时社会演进和变化的历史。

家是上古社会由游牧走向农业定居的文化符号

东汉文字学家许慎在他所著《说文解字》中对“家”字的解释是：“居也。从宀，豭省声。”他认为家是居住的地方，“家”字由表意的“宀”和表音的“豭”组成，而“豭”省掉了表音符号“叚”，于是就成了“宀”和“豖”的组合。

许慎的这个解释，清朝文字学家段玉裁有不同看法。他认为“家”字为何如此构建实在是一大疑案，而许慎“豭省声”的说法过于迂回，因为人们只看到从豖的“家”，从未看到过从豭的“家”。

家

甲骨文

金文

说文古文

段玉裁对“家”字的看法是，家原是猪的居所，引申假借后才成了人的居所。他认为这是字义引申演变的结果，就像“牢”原是牛的居所，引申后成了关罪人的监牢一样，是没有什么不同的。因为豢养的猪能多生小猪，所以人聚居的地方就借用了这个“家”字。只是时间一长，人们就忘了本义，往往就拿引申义当作本义来解释。许慎对这类错释有过许多纠正，但在“家”这个字上也犯了同样的错误，而且还以“豭省声”的解释曲为之说。段玉裁认为许慎对“家”字的解释是千虑之一失。

确实，从甲骨文的“家”字看，都是“宀”下从一豖或二豖的，也有在豖的腹部增一表示生殖器的短横来强调公猪，却未见有从豭的。许慎的说法在甲骨文里找不到根据。

现在对“家”字的一般看法，比较倾向于认为是畜牧业已初步形成时的社会产物。家中有豖，说明上古时人们的畜养是从养猪开始的。猪在当时已和人类的生活密切相关，既是主要的食用对象，又是剩余食品和财产积累的一个标志性符号。当然，剩余食品未必一定是猪。《诗经·魏风·伐檀》中就有“悬貆”“悬鹑”“悬特”的描述，这些都是剩余食品。但是，因为猪是人类主要的肉类食品，和人类关系特别密切，所以我们的先祖就以豕为代表组成了“家”字，豕就成了家的基本象征和家的构字要件。这就像“逐”字一样，被追的未必一定是猪；也像“牢”字一样，被关的未必一定是牛。

“家”以豕为构字要件，说明当时的家庭经济已和畜养之类私有财产关系密切，说明我们先祖已由居无定所的游牧生活，走向了以农耕和畜养为主的定居生活。所以，“家”字的构建，其实就是一种象征生活方式发生变化的历史文化符号。

家在先秦还是卿大夫受封的世袭领地名称

“家”字的构建是一个历史概念。虽说现在家已基本与猪无关，城里没有养猪的人家，家里的财产除了养猪户也都与猪无关，但“家”字从豕的会意结构却延续至今。

现在，我们把家看作最小的社会细胞，是由婚姻形成的最小的社会基本单位。“家”的这个意义古今也是相同的。然而在先秦，“家”还另有一个意义，即表示一级政治区域和领地。

先秦时，我国政治体制是分封制，“普天之下，莫非王土”，周王室统治的政治区域是被叫做“天下”的。周王室搞分封，被分封的诸侯的政治领地便被叫作“国”；诸侯在“国”内再封立卿大夫，卿大夫的领地就是“家”。那时，国和家都是世袭的。“家”的这个意义在古书中屡见，如《论语·季氏》的“丘也闻有国有家者”，《孟子·滕文公上》的“恶能治国家”等。这里的“家”指的都是卿大夫统治的区域。

表示卿大夫政治领地的“家”后来还延伸出许多意义。如：诸子百家的“家”指学派；商家、作家的“家”指行业；苗家、客家的“家”指民族；大家的“家”指临时聚合的群体，也指在学派或行业中有专长有名望的人，还指世家望族等。这些“家”都含有某种族类的意义。

但是“大家”的“家”有时要读成“姑”。《正字通·宀部》：“家读姑，与姑同。大家，女之尊称。”最典型的例子就是班固的妹妹班昭。班昭嫁给曹世叔后，时人即称之为“曹大家”。《后汉书·列女传》称班昭：“博学高才。帝数召入宫，令皇后诸贵人师事焉，号曰‘大家’。”东汉蔡邕在《独断》里说：“天子身边近侍，称之为大家。”从记载看，班昭被称为“大家”不是一般的尊称，而是对一个有地位有学问的女子的尊称。

另外，“家”单用时也有读作“姑”的，如谚语“不痴不聋，不作家翁”。“家翁”就是“姑翁”，即婆婆和公公。

虎，寅年的属相

寅年出生的人属虎，所以寅年也叫虎年。说到寅年，想起了屈原，屈原就生在寅年。他在《离骚》中说自己“摄提贞于孟陬兮，惟庚寅吾以降”。“摄提”为“摄提格”的简称，是古代太岁纪年的年名，就是干支纪年的寅年；“陬”是正月，“孟陬”是孟春，夏历正月建寅，所以孟陬又是寅月；“庚寅”是纪日的干支，出生那天又适逢寅日。屈原强调自己生于寅年寅月寅日。按当时的说法，这个出生日是被认为“得人道之正”的，所以父亲给他取了个嘉名；按现在生于寅年的说法，屈原是属虎的。

寅年的属相为何是虎？

生肖纪年源于远古图腾崇拜。十二生肖中，虎位列第三。有人说“寅”字很像正面的虎头。就字形言，似有几分像，但就字义说，“寅”与虎原是不相干的。

许慎《说文解字》：“寅，髌（bìn）也。正月，阳气动，去黄泉，欲上出，阴尚强，象宀不达，髌寅于下也。”意思是说，“寅”字的基本意义是摈弃排斥，而在时间上寅代表了正月，正月是阳气发动之时，阳气试图离开地底的黄泉，想要冒到地面上去，但由于阴气还很强大，像屋宇一样覆盖着，所以暂时无法冒出，依然被覆压在地下。

寅

甲骨文

甲骨文

金文

篆书

这个说法不免牵强迂曲，与后来所见像箭矢或奉矢状的甲骨文不符，但以“寅”表示“欲上出”的前进义，应是代表了当时社会的一种基本认识。而许慎之前的王充又把“寅”与虎结合在了一起，《论衡·物势》说：“寅，其禽虎也。”看来至迟在东汉已有属相之说。

但是，虎为百兽之王，何以十二属相中却位列第三？有人曾因“虎之威猛”而“屈鼠之下”大抱不平，似可不必。因为按周历建子说，鼠列首位；若按夏历建寅的说法，虎就是首位。而且子时为午夜，阴气很重；寅时已近天亮，阳气即将升腾，与许说“阳气动”正相符合。所以以寅年属虎，古人所象征的或许正是虎威武的阳刚之气。旧时，男童戴虎头帽穿虎头鞋，端午节在孩子额头用雄黄酒写象征虎的名为虎头纹的“王”字，还有婴儿满月时舅家送布老虎的习俗等，都是寓意男孩长大后能像虎一样威武强健。

[张善孖]双虎图

中国传统文化中多有以虎命名的人和事物

正是由于虎威武的形象和兽王的威权，所以中国传统文化中，凡勇猛的将士或与权势有关的事物多以虎命名。如周朝称军中勇士为“虎贲”，用以宿卫周王，汉朝还专设虎贲中郎将。有人认为“虎贲”旧作“虎奔”，言将士之勇猛如虎之奔，后与古代勇士孟贲联系起来才称为“虎贲”。三国时，许褚还被特称为“虎侯”和“虎痴”。《三国志·魏书·许褚传》载马超在战场上问曹操“公有虎侯者安在”，曹操就回头指着许褚；而在曹军中许褚则被称为虎痴，“以褚力如虎而痴”。

甚至女子也有称“虎女”的，《三国演义》中有云长大怒的话：“吾虎女安肯嫁犬子乎！”称女子为“虎女”，是赞其有英武的阳刚之气。

这种阳刚之气与军队的关系更为密切，凡与军旅有关的事物与器具等都常以虎为名。如：勇士虎贲所用的武器戟被称为“虎戟”，武将的营帐称“虎帐”，克敌制胜的军事策略称“虎略”，帝王授予臣属兵权和调拨军队的信物称“虎符”，商议军机大事的地方称“白虎节堂”，等等。关于虎符，《史记·魏公子列传》还记载了一段窃符救赵的生动故事，说如姬为信陵君窃得虎符，从而夺了晋鄙的军权去救赵国。

虎与人类的关系

虎有威武阳刚的一面，也有凶残的一面，所以又被看作人间一大祸害，因此有了许多打虎英雄的故事。最早的打虎英雄似应首推春秋时晋人冯妇。《孟子·尽心下》说他善于打虎，后来成了善人不再打虎，但有一次众人请他帮忙时，他又重新捋袖了。后来还有李广射虎和周处打虎，《水浒传》中又有武松打虎和李逵杀虎的故事等。

虎之被打被杀，是因为它要吃人，对人类造成了祸患。在古代，虎比人强势，打虎是除害；如今，虎在与人的关系中已转为弱势，被人大量猎杀牟利，到了濒临灭绝的境地，所以会有陕西周正龙造假华南虎的“周老虎事件”。据统计，全球野生虎数量已锐减百分之九十五，虎现在已成了需要人类保护的珍稀动物。

远古时代人兽杂处，人们以虎为图腾求得佑护，虎和人原是可以和睦相处的。古代传奇小说中就有不少人虎相亲故事。《太平广记》卷四二九有一篇引自《河东记》的《申屠澄》，写一男子娶虎为妻，直可媲美《白蛇传》。

故事说一个叫申屠澄的小官，在赴任途中遇到大风雪，就借宿路旁一茅舍。茅舍内一对夫妇正与其女环火取暖，老人招呼他一起烤火。他见那女子生得雪肤花貌，举止娴静，晚上饮酒时便欲一试其才情，就提议行酒令，要求征引书中语说眼前事。他先举杯说："厌厌夜饮，不醉无归。"只见那女子低鬟微笑说："天色如此，归亦何往哉？"轮到她时又说："风雨如晦，鸡鸣不已。"申惊其明慧而请自媒，离开时就带着她一起上任了。在任上，申妻持家有方，给了他很多帮助，两人情义深厚，育有一男一女。申对其妻很是敬重，曾作《赠内诗》曰："一官惭梅福，三年愧孟光。此情何所喻？川上有鸳鸯。"申妻终日吟讽，心中似有所和。后离任回陕西老家，途经嘉陵江边，她怅然地吟了一首和诗："琴瑟情虽重，山林志自深。常忧时节变，辜负百年心。"申说："这山林不是你这样体弱之人应该去的，如果思念父母，我们现在就去看他们。不必太悲伤了。"于是去了妻子家。谁知茅舍依旧，却是人去屋空。在那里住了几天，妻子终日以泪洗面。一天，突然见到一张虎皮，申妻大笑披上，竟然变而为虎，咆哮着突门而出，不知所终。申屠澄带着两个孩子去寻找，徒然地望着山林大哭了好几天。

故事的结局未免有些悲，让人惆怅，作者似乎在传递某种人的孤独和仙凡永隔的思想。但故事中虎妻的贤惠和知书达礼给人留下了很深的印象。在我国古代寓言中，虎有时是被描写得有点傻的。如大家耳熟能详的“狐假虎威”，寓意是说狐狸狡猾，懂得利用虎的威势来吓唬其他动物；但如果换位思考，贵为百兽之王的虎被狐利用了还不自知，似乎真是很傻很天真的。

蛇，民间俗称小龙

2013年为农历癸巳年，按我国生肖习俗，“巳”所对应的生肖是蛇，所以也称蛇年，而“巳”字，许慎认为就是蛇的象形。

蛇在生肖排行中位居第六，次于龙，民间俗称小龙。龙虽为中华民族的图腾，实际却并不存在。十二生肖中，唯有龙为人们虚拟的想象之物，只是一种图腾，不见于生物界，于是蛇就被用来替代龙，如“龙凤烩”“龙虎斗”“二龙戏珠”等粤菜中的“龙”都是蛇。所以，从图腾的角度说，虚无缥缈的龙的基础就是蛇。

“龙的传人”还是“蛇的传人”？

蛇在民间有小龙的俗称，所以蛇年生人多有自称属小龙的；而闻一多先生在《伏羲考》中说，“所谓龙者只是一种大蛇，这种蛇的名字便叫作龙”。蛇俗称小龙，龙又是一种大蛇。这蛇与龙的关系，似乎有点纠缠不清。

作为一种图腾形象，龙头很像马头，所以王充在《论衡·龙虚》中说“世俗画龙之象，马首蛇尾”；但有时又像狗头，《后汉书·孔僖传》就有“所谓画龙不成反为狗者”的说法。此外，有鳞的龙像鱼，有翼的龙又像鸟，有角的龙又像鹿，还有像各种爬虫类生物的龙，因此，闻一多先生归纳说龙“是由许多不同的图腾糅合成的一种综合体”，是“因部落的兼并而产生的混合的图腾”，而这综合体的“主干部分和基本形态却是蛇”。

之所以如此，按闻先生的说法，是因为在图腾林立的时代，蛇图腾最强大，龙图腾就是“蛇图腾兼并与同化了许多弱小单位的结果”，是在蛇图腾的基础上形成的。闻先生又举例说，“金文龍字和龏（按：后作龔）字的偏旁皆从巳，而巳即蛇”，他认为“龙与蛇实在可分而又不可分。说是一种东西，它们的形状看来相差很远，说是两种，龙的基调还是蛇”。这就是龙和蛇纠缠不清的复杂关系。

《龙的传人》这首歌说我们都是龙的后代。然就神话传说而言，却不妨说我们其实是蛇的后代。因为

唐朝伏羲女娲绢画

相传为汉民族始祖的伏羲与女娲的形象，按《列子·黄帝篇》的描绘就是“蛇身人面”。这似乎正说明了蛇图腾最初是最强大的，因而蛇是最受尊奉和崇拜的神物。远古时代，我们的祖先是崇蛇的，后来的崇龙思想应该是由崇蛇衍化而来的。

蛇在中西文化中的象征和地位大不同

蛇给人的感觉总不免有点恐怖，尤其是蟒蛇和毒蛇。韩非在《五蠹》中说：“上古之世，人民少而禽兽众，人民不胜禽兽虫蛇。”说的便是上古之世蛇曾严重地威胁到人类的生存。所以那时人们见面的问候语通常就是：“无它乎（没有蛇吗）？”可见蛇对人类曾经的危害之深，以及人们极度害怕和恐惧的心理。

蛇在西方历来被认为是不祥之物，因为它曾诱使人类始祖亚当和夏娃偷食了智慧之果而被逐出伊甸园。《伊索寓言》中又有“农夫与蛇”的故事，蛇也被赋予忘恩负义的形象。所以蛇在西方是恶的象征。

在中国，人们对蛇的感情却比较复杂：最初因害怕而恐惧，继而由恐惧而敬畏，再进而逐渐转变为一种崇拜，蛇于是升格为神，所以远古时人类的始祖就都与蛇有了密切的关系。除上述伏羲女娲为人首蛇身之外，盘古之君为龙首蛇身，炎帝则牛首蛇身或龙首蛇身，黄帝也是人面而蛇身。远古时代的统治者都长着一副蛇的身躯。此类人蛇合一的神话，所反映的应是蛇在远古时代曾经很强大，曾经和人类关系非常密切，曾经有过极受尊崇的崇高地位。

因此，在中国文化中，蛇的出现便经常被看作是一种象征或一种预兆。《史记·高祖本纪》说刘邦夜行泽中，挥剑斩了当道的大蛇，便成了朝代更替的象征，预示着汉将要替代秦；《三国演义》第一回写大青蛇惊到了汉灵帝，又预示了汉之将亡；《水浒传》首回也是以洪太尉上山寻访张天师时受到大蛇惊吓的情节来预示社会之祸乱将起的。

清人屈大均《广东新语》卷六有一条描写蛇神的“蛇判”习俗，谓广东人在发生争端时多“乞蛇以决曲直。蛇所向作咬人势则曲（理屈），背则直。或以香花钱米迎蛇至家，囊蛇而探之（把蛇装进袋里，争端的双方都伸手进去），曲（理屈者）则蛇咬其指，直则已”。蛇因此成了法官，且因判案神明，民间以之为神。另据史书记载，远古时居住在今福建一带的先民就是以蛇为图腾的，所以福建简称“闽”。许慎《说文解字》：“闽，东南越，蛇神，从虫，门声。”“虫”音huǐ，字同“虺”，指的就是蛇。所以福建一带至今还有许多蛇神庙和蛇王庙，保留着不少崇蛇习俗。可见“牛鬼蛇神”之“蛇神”是神而非坏人。

民间传说，蛇活五百岁就能变为蛟，蛟活千年又可化为龙。民间又有蛇修炼成精而变为人的许多传说，其中最著名的就是妇孺皆知的白蛇故事。白蛇给人的印象也不是邪恶的。又，从五行的角度说，蛇还有金蛇、水蛇、木蛇、火蛇、土蛇之分，凡辛巳年出生的为金蛇，癸巳年出生的为水蛇。

梦，寐中所见事与形也

梦

甲骨文

篆书

自“中国梦”进入官方词汇并在媒体迅速走红后，“梦”也因此火了起来。

“梦”繁体作“夢”，读méng，《说文》释义为：“不明也。从夕，瞢省声。”“夢”何以会有“不明”的意思？以下略作分析。

“夢”字由三个部分组成。上部为“苜”（mò）之变形，直目变成了横目，其义按《说文》所释为“目不正”。“夢”字横目上的艹，原作丱（guàn），中间不相连，因为这是眉毛的象形（一说为眼屎，借以表示眼睛所见“不明”；也有认为是眼动之状），后讹变为艹，却是与草完全无关的。中间的“冖”（mì）是人形的讹变，与上部组合表示人的眼睛所见不明。这两部分就是《说文》所说的“瞢省声”，是用来表示读音的，但音中也有义，即“瞢”之“目不明”之义。下部“夕”字同“月”，意指夜晚。目已不明，又在夜晚，当然更看不清，这就是“夢”释义为“不明”的原因。只是这个“夢”（méng）不是我们现在常说的做梦之“夢”（mèng）。

做梦的“夢”原来写作“寢”，读为mèng。“寢”字历史很悠久，殷商甲骨文中已有所见。《说文》释为：“寐而（“而”作“如”字解）有觉也。从宀（mián），从臧（chuáng），夢声。《周礼》：‘以日月星辰占六㝱之吉凶：一曰正㝱，二曰噩㝱，三曰思㝱，四曰悟（寤）㝱，五曰喜㝱，六曰惧㝱。’”意思是说睡觉时好像有知觉，这就是做梦。许慎且引《周礼》六梦为证，说明梦还有吉凶之分。

这个“㝱”也是三个部分组成。“宀”是房子的象形，“爿”为“牀”之古文，是床的象形，“夢”是读音，也表义，其义即源自“瞢”。这三部分组合起来的意思就是：一个人睡在屋里的床上，入睡之后好像有所感觉，眼睛似有所见，只是朦朦胧胧不太清楚。这便是我们现在所说的做梦之“㝱”。段玉裁说：“今字叚夢为之，夢行而㝱废矣。”按此说法，“夢”是“㝱”的假借字，是替代了“㝱”而流行的。

所以，“夢”读 méng 的“不明”义是本义，读 mèng 的“梦寐”义是假借义。现在假借义流行成了常用义，本义反而很少使用，以至许多人已不太清楚“夢”的本义原是“不明”。

宋元以后，“夢”已有俗作“梦”的，始见北宋蔡襄的墨迹，元代杨朝英所编元散曲总集《朝野新声太平乐府》即以楷体收录，《康熙字典·木部》也收有这个俗字。二十世纪五十年代汉字简化，俗字“梦”便成了现在的规范字。只是简化之后的“梦”字再也无法从结构上仔细分析了。

现代辞书定义“梦”为一种表象，认为是人睡眠时大脑皮质的某些部分尚未完全停止活动所引起的一种表象。这种表象通常不是自愿的，因而带有某种神秘感。只是现代科学对梦的成因至今还见仁见智，迄无定论。

古人对梦的看法则大多认为是一种幻象，且有多种不同分类，如：东汉王符《潜夫论》有十梦之说（直梦、象梦、精梦、想梦、人梦、感梦、时梦、反梦、病梦、性梦），隋杨上善《黄帝内经太素》有三梦说（征梦、想梦、病梦），此外还有四梦、五梦、九梦等不同说法，但对后世影响比较大的还是《周礼》分为吉凶两类的六梦说。

六梦中的正梦是正常人最普遍也最自然的一种梦，一种不因什么特殊原因引发的梦，醒来也没有什么特别感觉；噩梦是恶梦，梦境可怕，多为有所惊怕而梦；思梦为有所思忆而梦；寤梦则是醒来还留有深刻记忆的梦，也有认为是梦中之梦，即梦见自己醒来而其实还在梦中；喜梦是喜悦之梦，多为有高兴之事而梦；惧梦则是恐惧之梦，多为有所惊吓或整天处于惶恐状态中引发的梦。

明人张自烈所著《正字通》，对梦的解释是“寐中所见事与形也”。古人对此“寐中所见事与形”历来非常重视，也颇有研究，还专设占梦官来占断梦象之祸福，以趋吉避凶。而古代文人则多有借虚幻的梦象来隐喻现实生活的，影响比较大的如庄子的“蝴蝶梦”、沈既济《枕中记》的“黄粱梦”、李公佐《南柯太守传》的“南柯梦”等。

其实，梦除了虚幻的特点之外，也可以是清醒状态下的一种想象或愿望，即梦想，所以现代辞书新列了“比喻愿望”这一义项。愿望若有现实基础就是可以实现的理想。人都有梦想，国家同样如此，“中国梦”就是这么一种建筑在现实基础上的复兴与强国的愿望或理想。

鸦片战争以来，我们一直就做着复兴梦和强国梦，只是长期积贫积弱、屡受欺凌的现状使这个梦一直也实现不了。如今，现状已有彻底改观，因而致力民族复兴的强国梦也就必然地成为当下顺应时代潮流的题中应有之义。

二十世纪三十年代也曾有过“美国梦”。虽说立足的基点有所不同：美国梦偏重个人的成功与致富，中国梦则旨在民族振兴、国家富强和人民幸福；但也有相同之处，那就是实现梦想所需要的实力和自信以及脚踏实地的实干和不懈努力。

黄，至尊之色

某省政协主席在政协会议上倡仪改“扫黄”为“扫秽”或“扫色”。有附议者，也有质疑者，一时也很热闹。

但“扫黄”何以要改名？“黄”字究竟怎么了？

倡议者说：“中国人最不应该将‘黄色’作为色情、低俗、淫秽的代名词。”为什么呢？因为我们有黄帝，我们有黄河；我们是炎黄子孙，我们是黄种人；我们把好日子叫黄道吉日，我们称勤奋者为“老黄牛”；以前皇帝的衣服被称为黄袍，皇帝的文告被称为黄榜，一旦黄袍加身就是做了皇帝。所以“黄”在汉语中是“高贵、尊严的象征，根本与色情、淫秽无干”，怎能沦为色情、淫秽的同类而被“扫”呢？所以要“正本清源”，要恢复“黄”所“应有的神圣与尊贵”。

这些观点有人称之为有“文化洁癖”，钻了牛角尖，但主要的恐怕还是对词的多义性缺乏了解的缘故。

我们知道，词初生时多为单义，随着社会发展，词义会逐渐增多，不只是义项增多，感情色彩也会有变化。这是很正常的词义现象。就“黄”字言，最初也是单义的，并没有什么感情色彩或象征意义。只是“黄”之初义，目前学者的看法不太一致，大致有如下说法：

其一，土地说。认为黄是“地之色”，所以“从田，从芡（古文光）”。此说以许慎为代表。《易·坤卦》也有“天玄而地黄”之说。今人周谷城更进一步解释说，“黄”之从田从光，田就是“有横直界画的土地”，光则是指原始的刀耕火种，用火烧去地里的“丛林野草之类”，那剩下的“一片光土”就是黄。

黄

甲骨文

金文

篆书

其二，玉佩说。认为“黄”不从田，也不从芡，而是象形字，像古玉佩之形，字当作“璜”，后来假借为表颜色的黄白字，以致假借义流行而本义废弃，于是另造一个“璜”字来替代“黄”。此说以郭沫若为代表。

其三，人形说。认为黄不是地之色，也不是玉佩，而是人形，“像人仰面向天，腹部膨大”，“突胸凸肚”的样子。此说以唐兰和裘锡圭为代表。但所谓“腹部膨大”，又有认为是孕妇或腹中有寄生虫而积水的不同说法。

其四，黄病说。认为黄的本义是黄病，有《尔雅·释诂》“黄，病也”为证。后来区别字作“癀”，《集韵》谓“疸病也”。黄疸便是黄病的一种，凡脸色黄者都属黄病。此说以梁东汉为代表。

以上是黄之初义的四种主要说法，此外还有兽皮说等。但不管何种说法，似乎都看不出“黄”所“应有的神圣与尊贵”的意思。

黄之被视为至尊之色而备受推崇，实为引申的象征义。据刘师培的分析，是因为中国人肤色“悉为黄种”，为黄民的缘故，而“黄民所奉之帝王”又是黄帝，所以尊黄。张光直则认为是黄民所居之黄土高原的缘故，以为黄土高原在天地的中心，黄土之神即为“中央之神”或“中央之帝”，所以尊贵，所以黄成为帝王之色，黄色文明也因此被西方认为是中国的古代文明。

其实，黄表示颜色原是假借的用法。而我国于颜色，历来又有正色与间色之别。黄与青、赤、白、黑五色被视为正色，代表正统地位；绿、红、碧、紫、骝黄（黄黑）被视为间色，也叫杂色，引申为奸色，代表的是非正统地位。正色与间色之间也因此有了许多象征意义，如正义与非正义、正直与邪恶、尊贵与卑贱等。古代一些成语对此类象征意义也有所反映，如出自《诗经》的“绿衣黄里”和“绿衣黄裳”。毛传：“绿，间色；黄，正色。”朱熹集注：“间色贱而以为衣，正色贵而以为里，言皆失其所也。”以间色作衣面而以正色作衣里的“绿衣黄里”，是里外不分，也就是贵贱不分而“失其所”；而以间色作上衣、以正色作下裳的“绿衣黄裳”则是上下颠倒，更严重于里外不分。合礼的应是“衣正色，裳间色”（《礼记·玉藻》），上衣必须是正色，下裳为间色。在这里，黄与绿与其说是衣裳的颜色，不如说是颜色所象征的贵贱和秩序。

进入现代社会之后，黄的象征意义又有变化，其中最大的一个变化就是以黄象征色情。一般认为这种象征义源于19世纪美国《世界报》与《新闻报》的竞争。当时彩色印刷机已经出现，《世界报》为与《新闻报》争销路，就定期刊登低俗趣味的彩色连环画《霍根小巷》

以招徕读者。故事的中心人物是一个印成黄色的幼童，人称“黄色幼童”。我国二十世纪三十年代出版的《国语词典》曾收有“黄色刊物”一词，释义为：“谓以低级趣味争取读者之刊物，因半世纪前美国纽约的《世界报》以黄色印版之漫画互争销路而有此称。”黄就此衍生了一个新的象征色情的意义。

虽说黄现在有此象征色情的意义，却不必因此感到匪夷所思，因为黄的意义累积至今已有三十个之多，表示色情只是其中一个义项。在一般语境中，黄与色情是无关的，大可不必闻黄色变，一见到黄就与色情发生联想。因为在我国的色彩文化中，颜色大多有象征意义，而且往往还不止一个。

譬如红，原是淡红、粉红，为间色，成语“红紫乱朱”“红紫夺朱”中，红所象征的是低贱和邪恶，朱则象征了高贵和正义，成语的喻义便是以邪乱正，以邪夺正。现在红指大红，多用来象征喜庆和革命。红在我国还经常象征女性，如红颜、红妆、红粉、红楼等；近代却也借以象征色情，如红灯区。虽说红在我国传统的象征文化中与女性关系密切，却一直与色情无关；与色情有关的是青，如青楼。早在南朝梁时就已有青楼之名，指的就是妓院。但语言是会变化的，现在“青楼”也早已变成了“红灯区”。又譬如绿是生命的象征，现在更是倡仪绿色环保，但绿帽子却不是一个好的象征。此外，红牌与黄牌在体育运动中又还另有各自不同的象征意义。

总之，色彩的象征义是非常丰富的，而不同的象征义，也只存在于各自不同的语境中，是约定俗成的，绝不会混淆，因而谁都无法也无须费力地去“正本清源”。黄虽历来表示尊贵，却也不妨在某一特定场合不尊贵一下，这完全无伤大雅。

哥，初义是歌

“哥”就是兄长，或敬称同辈男性，现在常叠称“哥哥”。然其初义却不是兄长，也不是称谓语。《说文·可部》说：“哥，声也。从二可。古文以为謌字。”

“謌”是“歌”的异体字，所以“哥”的初义就是“歌”。“声”为“发声之语”（朱骏声《说文通训定声》），就是歌声。“可”字从反丂，丂读若呵，“反丂者，气舒也”（桂馥《说文义证》），是说舒气以成声，则“二可”就是两口唱和之意。所以，“哥”原是两人唱歌的会意字，是“歌”的本字。古书中有许多实例，如《史记·燕召公世家》的“民人……哥咏之，作《甘棠》之诗”，《汉书·艺文志》的“哥咏言”，晋傅玄《节赋》的“黄钟唱哥”以及《宋书·乐志》的“前汉有虞公者，善哥”等，都是以“哥”为“歌”的。

哥

篆书

杨树达先生《积微居小学述林》卷五《文字中的加旁字》说：“哥训声，歌训咏，或作謌，按二字义同，知哥为初文，歌謌加形旁欠与言也。”所以，“哥”就是“歌”的初文，“歌”是“哥”的加旁字（以“哥”为声符，加张口出气之“欠”为形旁）。此类加旁字是汉字形声字生成的一个重要途径，是很常见的。

清翟灏《通俗编》卷十八《称谓》说：“哥本古歌字，无训兄者。《广韵》始云：‘今呼兄为哥。’则此称自唐始也。”所以，“哥”原来不是称谓词，用“哥”或“哥哥”来称呼兄长的用法是唐以后才出现的。之所以形成于唐，或与李唐王室的鲜卑血统有关。

唐以前，我国对哥的称呼只是“兄”，而鲜卑语中“兄”却是叫作“阿干”的。《晋书·西戎传》说：“吐谷（yù）浑与弟分异，弟追思之，作《阿干之歌》。”又《晋书·四夷传·吐谷浑》说：“鲜卑谓兄为阿干，（慕容）廆（wěi）追思之，作《阿干之歌》。”《魏书·吐谷浑传》也说：“若洛廆（吐谷浑弟，即慕容廆）追思吐谷浑，作《阿干之歌》，徒河（复姓，吐谷浑之姓）以兄为阿干也。”

魏晋以后鲜卑人进入中原，“阿干”就随着传了进来，只是被谐音转称为“阿哥”了。“阿哥”又简称“哥”，或叠称“哥哥”，就成了汉语的称谓语。但最初所指却并非只是兄长，还兼指父亲等，内涵比较复杂。

《旧唐书·舒王元名传》：“此我二哥家婢也，何用拜？”这是唐高祖第十八子李元名说的话，所说的“二哥”是李世民，为唐高祖第二子。所以“哥”在这里指的就是兄长，和现在用法完全相同。

《旧唐书·棣王琰传》：“臣实不知有符，恐此三人所为也。惟三哥辩其罪人。”这是唐玄宗儿子李琰回答他父亲的话，所说的“三哥”就是父亲玄宗。玄宗排行老三，所以称三哥。这是儿子对父亲的称呼。这种用法和现在完全不同。不只是唐，元朝也依然如此。白朴《墙头马上》第三折，写李千金儿子端端说“我接爹爹去来”，结果碰到了尚未谋面的爷爷。李千金的唱词是：“接不着你哥哥，正撞见你爷爷。”这“哥哥”就是“爹爹”。

“哥哥”也有写作“歌歌”的。蒋礼鸿《敦煌变文字义通释》引《搜神记》田昆仑条“其田章年始五岁，乃于家啼哭，唤歌歌孃孃”解释说：“‘歌歌孃孃’即阿耶阿娘。”并说“现在浙江武义还有管父亲叫哥哥的”。可见此类称谓在某些地方还延续着。

不只是儿子称父亲为“哥”，父亲对儿子也自称“哥哥”。《淳化阁帖》卷一《唐太宗书甘泉帖》：“省书潸然，益增感念。善自将爱。遣此不多。哥哥勅。”这是唐太宗写给儿子高宗的一封短信，自称“哥哥勅”。

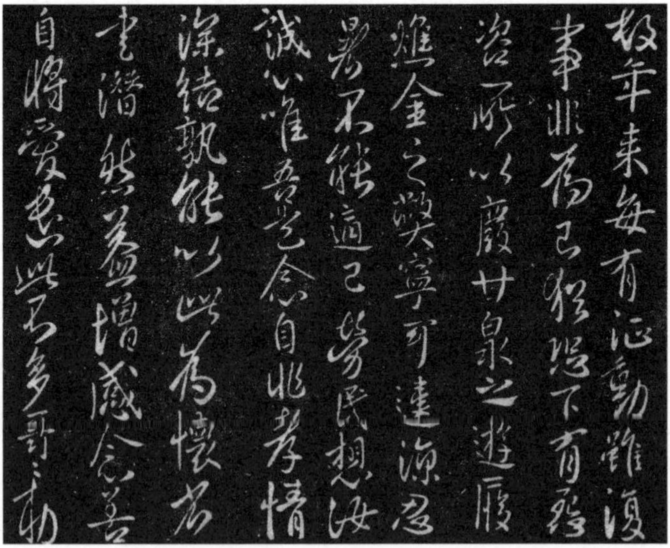

唐太宗书《甘泉帖》

清梁章钜《称谓录》卷一说：“父对子自称哥哥，盖唐代家法如是。”

还有称儿子为“哥”或“哥哥”的。顾炎武《日知录》卷二十四“哥”条引【赵氏曰】：“王荆公谓雱曰‘大哥’，赵善湘语子范曰：‘三哥甚有福。’三哥谓第三子葵。此父之称子也。”元郑光祖《伊尹耕莘》第一折也有：“我将这小的放在这空桑里面，妾身回家去。哥哥也，你活也自活，死也自死。”这是母亲称儿子为“哥哥”。明人沈榜在《宛署杂记》的《民风二》中说：“父母呼子曰哥哥，呼女曰姐姐。”

此外还有称弟为“哥”的。如上条《日知录》所引【赵氏曰】就有“宋钦宗卧太后车前，曰：‘传语九哥。’九哥谓高宗，则兄之称弟也”。还有称小孩的，如《西游记》中悟空称红孩儿为“哥哥”。还有称丈夫、情郎、主人、年龄差不多的男子为“哥哥”的。总之，“哥”或“哥哥”用作称谓语之初多为表示一种亲切或敬重的意思，至于所指对象则完全不固定。

大致在明朝以后，“哥”或“哥哥”才逐渐缩小范围，基本固定为专指兄长，替代了原先的“兄”。但也和“兄”一样，经常用作敬辞，如近来媒体所说的“托举哥”和“大衣哥”之类。只是与“兄”相比，“哥”的称呼显得既敬重又亲切。

姐，初义为母

“姐”与“姊”如今同义，“姊”就是“姐姐”，《说文》释“姊”为“女兄也”，就是如今所说的“姐姐”，称之为“兄”，是一种类比用法。但“姐”的初义，《说文》却释为“母”，说是“蜀谓母曰姐”。

除了《说文》，《广雅》也说“姐，母也”，《广韵》则说“姐，羌人呼母”。可见“姐”的初义并非“女兄”，而是“母亲”的别称。初时可能只用于方言，后来才逐渐演变为一般称谓。《广雅》为三国魏张揖所著，《广韵》则是宋陈彭年等人所编。那么，自汉至宋，“姐”似乎是一直被用来称呼“母亲”的。

如今“姐”早已不是母亲的称谓了，但在一些方言中却依然如此。马叙伦《说文解字六书疏证》（转引自《古文字诂林》）说，“今山西河东尚呼母曰姐”，“浙江江上县呼母亦曰姐”；又说“长沙人谓祖母曰唉姐”。周振鹤《逸言殊语》也说“湖南耒阳就称母为jià，写出来就是姐。福建莆田仙游人现在不叫母亲为姐了，但在唱莆仙戏时，还唱的是姐”；并且“姐在某些地方甚至是父母的合称，如湖南江永人在泛指父母时，就只用‘姐’一字。若分别父母而言之，则父为姐爷，母为姐娘”；还说“丈母娘”这个称呼“在福建县沙土呈（按：应为沙埕，周文误）话（此话保留早期泉州话的特点）中叫丈母姐”的。可见“姐”作为母亲称呼的古义，如今还在不少方言区流行着。

“姐”字从女且声，“且”为男根之形，因而“姐”有祖义，这可能就是“长沙人谓祖母曰唉姐”的一个字理上的依据（张舜徽《说文解字约注》也说“湖湘间称祖母为唉姐”）。或许正是因为“姐”有祖义的缘故，周振鹤先生就认为“黄帝的太太叫做嫘祖，大概本来也是嫘姐”，甚至认为“小姐即小祖母，小奶奶是也”，因为“中国人以老为尊，故以老人之称呼加于小孩或年轻人身上，就是尊贵他们的意思”。“小姐”为“小祖”，那就和“祖”“一体同尊”了。

姐

篆书

近读梁鸿《中国在梁庄》，该书第四章有一节写其兄毅志的爱情史与打工史，三次写到毅志骂人的粗话，一次是“日他妈”，两次是“日你姐”。这里的“姐”或许也可作“妈”或“祖母”解，因为人都有母亲和祖母，未必都有姐。梁庄位于河南西南部的邓州，则如今河南某些地方流行的詈语中，可能也有把母亲乃至祖母叫做“姐”的。

在古代，“姐”或“姐姐”有时却又用来称呼女儿，说是“（父母）呼女曰姐姐”（明沈榜《宛署杂记》）。《西游记》第十八回写高老庄孙大圣去除魔解救高老的女儿，用金箍棒捣开门扇后，他让老汉去叫女儿，于是“那老儿硬着胆叫道：‘三姐姐！’那女儿认得是他父亲的声音，才少气无力的应了一声道：‘爹爹，我在这里哩。’”这个“三姐姐”就是“名翠兰”的高老小女儿。

此外，“姐”在古代还是妇女的通称。宋吴曾《能改斋漫录》卷二说“妇女以姐为称”，并认为“妇人之称姐，汉魏已然矣”。可见这个通称的历史也不短。清翟灏《通俗编·直语补证》又说：“今人呼少艾曰姐。”“少艾”是指年轻貌美的女子，因此“姐”又有年轻漂亮的意思，所以历来女子取名就多有称“姐”的，如魏文帝时名妓謇姐，唐朝名妓宠姐，关汉卿《智斩鲁斋郎》里的玉姐，《红楼梦》里的巧姐、尤二姐、尤三姐，乃至现代戏曲中的刘三姐，以及“空姐”等现代称谓，恐怕也正是这个缘故。如今，“姐”也是妇女的通称，多用于尊称一般女性，如“张姐”“王姐”乃至“这位大姐”等。

但在古代，“姐”有时却又用来指称妓女，如俗语“姐爱俏，鸨爱钞”中所说的“姐”指的便是妓女。因此“姐夫”一词古代有时也借指嫖客，如清余怀《板桥杂记·雅游》所说“（妓家）称客曰姐夫”。

除了以上这些之外，古代还有称婢女或妻子等为姐姐的，不赘说了。总之，“姐”和“姐姐”的称谓，古代的意义内涵非常丰富。如今“姐”与“姊”同义，语义也就只是“女兄”，意义非常单一了。

“姊”今读 zǐ，古代是读为 jǐ（将几切）的，所以张舜徽《约注》说：“今称姊为姐，双声相假耳。”原来“姐”与“姊”的古音声母相同，所以“姐”的今义原是“姊”的假借义。

姊

篆书

叁

词语篇（下）

钞票，宝钞与官票的合一

“钞票”如今是钱的通称，但最初两者却各有所指，“钱”指铜钱，“钞票”指纸币。

相对于铜钱，纸币的历史较短，晚至北宋时才形成，距今不过千年，然就世界钱币史而言，我国的纸币还是最早的。

纸币的形成与经济发展密切相关。近日，有学者认为，宋朝是我国古代经济最繁荣的时代，所以纸币形成于宋朝，恐怕也是时代的必然。只是纸币当时还不叫“钞票”，而叫“交子”，也叫“会子”或“钱引”。

北宋交子

“交子”的形成，按《宋史·食货志下三》所说，是在真宗朝（998–1022）张詠镇守四川时。张是因为“患蜀人铁钱重，不便贸易”，才试行称为“会子、交子之法”的纸币的。

四川在唐宋时期和扬州一样属于经济发达地区，但自北宋灭后蜀之后，那里却被强制推行了铁钱。铁钱比铜钱重（每贯重二十五斤），币值又低，这就给贸易造成了极大不便。力气再大，能拿得动几贯铁钱？矛盾一旦走向极点，就引发了变革。所以交子的产生，正可看作是这种矛盾（经济的发展与笨重的铁钱）冲撞的结果。

《文献通考·钱币二》说：“（宋）初，蜀人以铁钱重，私为券，谓之交子，以便贸易，富人十六户主之。”所以，交子最初是在民间富户中自发形成的，由商人自制印发的一种纸质凭证。据李攸《宋朝事实·财用》说，十六户富人自制发行的交子是用同一种纸印制的，上面还印有各自隐秘的题号以为私记。“交”是交换的意思，持有交子者可于异地交换取得铜钱（所取钱数为临时填写）。但这还不是纸币，大致与现在的支票或汇票类似，只用于异地交易，且面额较大。后来转为官办的“官交子”，可用以替代现钱缴纳赋税，这才有了纸币的含义。但官交子也还不是纸币，真正的纸币，其实是从南宋绍兴三十年（1160）政府发行“会子”开始的。会子的面额较小，规定可与铜钱同时使用，这才具备了货币最主要的流通功能。所以，我国官方发行的真正意义上的纸币应该是会子。“会”或为付款之意，意指可与铜钱一样用于会钞。

交子和会子的前身是唐朝的“飞钱”。《宋史·食货志》：“会子、交子之法，盖有取于唐之飞钱。”《新唐书·食货志四》载，唐朝曾因铜的开采量不足而严重影响经济发展，宪宗时一度下令禁止用铜生产生活用具。与此同时，又准许中央和地方政府向商人发行一种有价证券，这就是“飞钱”。飞钱取义轻便快捷，所谓“以轻装趋四方，合券乃取之”。飞钱在当时也只是一纸凭证，还不是货币，但可用于大额贸易的异地结算，这就部分解决了流通货币不足的困境，所以当时也称之为“便换”。到了宋朝的官交子和会子，这一纸凭证才逐渐成了流通的纸币。

但纸币的名称最终与“钞”连在一起的却是金朝。《金史·食货志三》有“遂制交钞，与钱并用”的说法，纸币是在金朝以后才开始被称为“交钞”的。

“钞”字也作“抄”，《说文》释为“叉取也”，意思是用手指（或用金属夹子之类）夹取东西。所以夹笔写字也是“钞”，如鲁迅《致史济行》“钞‘旧’的《语丝》”之“钞”就是“抄”的意思。旧时经抄录印刷出版的集子也有称“钞”的，如《云麓漫钞》《北堂书钞》《小说旧闻钞》。由抄录再引申，“钞”就有了票据的意思，如南宋范成大《催租行》的“输租得钞（缴租后收到票据）”。所以“钞”字虽从金，却是与金无关而与纸相关的，用作货币之后，就专指纸币了。金朝所发行的纸币“交钞”分为大小两类，其中大钞以“贯”为单位，有一、二、三、五、十等五种，小钞以“文”为单位，有一百、二百、三百、五百和七百，也是五种。

元代宝钞

宋金两朝，纸币还是和铜钱一起流通使用的。到了元朝，纸币才成为普遍使用的主要货币，当时发行的交钞就有“中统交钞”和“至正交钞”等。《明史·食货志五》说“元世始终用钞，钱几废矣”。元朝是我国纸币最盛行的时代，除银元宝之外，通行的全是纸

大清宝钞

币，时称“交钞”“丝钞”或“宝钞”。之所以如此，恐怕与元朝连年用兵征战，军费负担极其沉重有关，于是就只能靠增发纸币来弥补财政亏空而“始终用钞”了。

有明一代，为适应商业发展的需要，初时也曾禁用金银交易而实行纸币本位制度，后来稍有放宽，改为以钞为主、钱为辅的钱钞并行制度，但那时还未见有称钱或钞为“票”的。用“票”指称纸币，是在晚清的咸丰年间。

户部官票

咸丰三年（1853），当时为镇压太平天国的需要，政府发行了两种纸币来筹措军饷。一种称“户部官票”，简称官票。官票以银两为单位（少者一两，多者五十两），所以也叫银票。另一种称“大清宝钞”，以铜钱为单位，所以又叫钱票或钱钞。后来“宝钞”和“官票”合一，这才有了现在常说的“钞票”。

钞票的发行，从历史上看，大多是为济国运之不足，或只为筹措军饷。但钞票不是钱币，钱币或金或银或铜，本身都是有价的；钞票却只是一张纸，本身毫无价值可言。所以，如果没有相应的发行准备金，即所谓“钞本”作后备的话，钞票就很有可能大幅贬值，乃至最终沦为一张废纸。元朝就曾因为“钞本”不足的缘故，多次引发币值暴跌和通货膨胀。民国时期，这种现象也不少见。

薪水，何以用来指称工资？

“薪”的意思是柴，“薪水”就是柴与水，这是“薪水”的初义；作动词用时可表示打柴汲水，如《南史·隐逸传·陶潜》的“今遣此力助汝薪水之劳（派一个仆人来帮你打柴汲水）”。但如今却只用于指称工资，《现汉》就只列“工资”一个义项。一些合成词中，除了“薪尽火传”“薪桂米珠”等少数几个词语外，“薪”也基本只是“薪水”（即工资）这一个意思，如“薪酬”“加薪”“减薪”“欠薪”“年薪”“工薪阶层”等。

“薪水”为何会用来指称工资？这就要从古代官员的俸禄说起了。

俸字原作“奉”，初义为献，是祭献神祖的意思，现在还常“奉”“献”连用。《说文》没有“俸”字，只有“奉”，释为“承也”，表示承受或接受，如“奉命”。作名词用时，也特指俸禄，如“奉厚而无劳”（《战国策·赵策四》）。这个意思后来加“亻”旁就成了“俸”字，《玉篇》释为“俸禄也”，专指官俸。“禄”之初义为福，春秋时也多用以指官俸，如“介子推不言禄”（《左传·僖公二十四年》），又如“高官厚禄”“无功不受禄”。按《周礼·天官·大宰》郑玄注“禄，若今月俸也”的说法，“俸禄”原似专指官员月俸的。

月俸是官员按月收入的官俸，形成于春秋战国时。

这以前是封邑，也叫采邑。颜师古释“采”为“官也”，说是“因官食地，故曰采邑”。采邑是那时官员收入的主要来源，而所收主要是粮食，所以又叫食邑。官俸有常俸与赏赐两种，赏赐为非常规的帝王的赏功之赐，常俸便是常规的月俸，最初也都以粮食计算，如《管子·小匡》的“请仕上官，授禄千锺”，《史记·魏世家》的“魏成子以食禄千锺”。

以粮食为俸禄计阶单位的做法一直延续到西汉。据《汉书·百官公卿表》颜师古注：“汉制，三公号称万石，其俸月各三百五十斛谷。”三公称“万石”，其下是“中（zhòng）二千石”“二千石”“比二千石”“千石”等，最少的称“百石”，都是以粮食为计阶单位的。

以粮食为俸禄的主要收入，自是我国古代农耕社会的一大特色。虽说东汉以后已有变化，“凡诸受俸皆钱谷各半”（《后汉书·百官志》），也开始发钱了，但粮食还是占了一半，如“中二千石”月俸钱 9000，米 72 斛。之后的历朝历代，基本都延续了东汉“钱谷各半”的做法，只是比例有所变化，实物也不只是谷，还有其他，如职田、绢帛、盐和厨料，还有按品秩高下提供给官员的种类繁多的力役等。但其中谷都是最基本的，每个朝代都如此，或称禄谷，或称禄米，或称粟米。

古代官俸最丰厚的是宋朝，据《宋史·职官十一》所载，那时有“奉禄匹帛、职钱、禄粟、傔人（随从的佐吏和差役）衣粮、厨料、薪炭诸物”，而且量还不少。其中就“薪”而言，如宰相每月所发薪（柴）就有一千二百束。这是古代以薪（柴）为官俸之始。柴薪的价值虽低，却是粟米的有效补充，因为米若无薪，就做不成饭（当然还需要有水）。宋代官员的俸禄之丰，由此可见一斑。

官俸相对最薄的是明朝，据《明史·食货志六》，“洪武时，官俸全给米，间以钱钞兼给”，“正一品月俸米八十七石”。按当时米价一两银子可买4石米计算，尚不足22两银子。而一个七品知县的月俸仅7.5石，还不到2两银子。“自古官俸之薄，未有若此者”。时人因此喻之为“柴薪银”，抱怨俸禄太低，只够解决日常柴米油盐之需。这是古代以“薪”来表示俸禄的一种比喻用法。

到了清朝开始出现“薪俸”和“薪水”的说法，但意思已有变化。据俞樾《茶香室丛钞》引查慎行《入海记》所云：“本朝初年，满洲官员支俸不支薪，汉官则薪俸并支，薪侈于俸，如四品官，季给薪三十金，俸才二十金。顺治甲午，停秋冬二季俸。明年，汉官但给俸不给薪。”这里所说的“薪”不是柴薪，也不是比喻，而是俸禄之外的津贴。这是满清建国之初对汉官很特别的一种优厚待遇。满洲官员“支俸不支薪”，只有俸禄没有津贴，汉官却“薪俸并支”，有俸禄又有津贴，而且还“薪侈于俸”，津贴比俸禄多。这是为稳定政权的需要，是一种笼络汉官的权宜之策。所以后来政权一旦稳定，汉官也都“但给俸不给薪”，不再有额外津贴了。

俞樾接着说："按此，知国初官员有给薪之例，故至今薪俸之名犹在人口，而近来各局委员有薪水之给，亦本此也。""给薪之例"是指满清建国之初给汉官发津贴一事，所以"薪俸"指的就是津贴和俸禄，而如今所说的"薪水"，按俞樾的说法，便是由"薪俸"之"薪"而来的，其初义也就是津贴。所谓"近来各局委员有薪水之给"，说的就是这些人在工资之外还都有津贴（诸如车马费之类）。此类"薪水之给"的现象如今也并不鲜见。

"薪水"之"水"，旧时也用于指银子的成色，称"银水"，而银水又可指一种收入，即银元在兑换辅币时的贴补金，也称"贴水"。所以"水"也因此有了某种收入的意思，如银行或邮局在办理汇款时所收取的汇费就叫"汇水"，某些不正当的物质收益或额外好处也叫"油水"。因此，"水"就与同样用来表示某种收入的"薪"组成了"薪水"一词，专指工资之外的某些津贴。只是不知何时，"薪水"却与工资等同了起来，以致如今的辞书也都只释为"工资"一个义项了。

司令，主持发令者

司令，按现代辞书的释义，就是军队高级建制单位的军事主官，也称司令官。

“司”的词义是主持、掌管，是动词。《广雅·释诂三》：“司，主也。”“主”就是主持、掌管，如司机、司仪等。“令”的词义是发令，指上级对下级发出指令，也是动词。《说文》：“令，发号也。”发号就是发令。所以，现代意义的司令就是指在所属部队中负责发令指挥的最高军事长官。一般来说，部队建制在师级以上的指挥官才可以称司令，其军衔最低为上校。

司令在我国军队中的正式称谓是“司令员”。各大军区、省军区、卫戍区、警备区、军分区、海军舰队、军区空军和武警部队等军事主官多有称司令员的。据说，这个称呼是二十世纪三十年代时由刘伯承从苏联回国后为中国红军确立的（司令员称谓首创于苏联红军，其他国家如日本、朝鲜等称司令官或司令长官）。这个称谓的确立体现了我军军官和士兵人人平等的思想。司令虽为军中最高军事指挥官，也是普通一“员”，是和司号员、警卫员、卫生员、炊事员一样的普通一员，他们的区别只是分工不同。

司令之上现在还可以有总司令。总司令有时指一个国家军队的最高军事指挥官，如朱德曾是我人民解放军的总司令（现在我国已无总司令之职）；某军种的最高军事主官也有称总司令的，如海军总司令、陆军总司令、空军总司令等。民国时期，国民党军队也用“总司令”来指称集团军的军事主官，如国民革命军第十八集团军总司令之类；此外还有名目繁多的各色总司令，如“剿匪”总司令、警备总司令、卫戍总司令等。

古代也有司令，也是官，但却不是军队的最高指挥官，其词义更是完全不同。

从正史的记载看，司令的官称始于隋朝。《北史》和《隋书》的《后妃序》都说，隋文帝时曾经采纳汉朝和晋朝的旧仪，在宫廷中设置了“六尚”（尚宫、尚仪、尚服、尚食、尚寝、尚工）等内官来“掌宫掖之政”。其一之“尚宫”就设有“司令三人”，职“掌图籍法式，纠察宣奏”。这是有文献记载的“司令”的最早出处。但最早的那些司令都是些宫廷女官。

这以后在金朝和元朝也都曾设置有司令之职。

据史书记载，金朝时在典卫司、宫苑司、侍仪司和惠民司等机构都设有司令一员，职衔为从六品和正七品。史书还记载了宫苑司、侍仪司和惠民司各司令的职掌，分别是“掌宫廷修饬洒扫、启闭门户、铺设氈席之事”，“掌侍奉朝仪，率捧案、擎执、奉辇各给其事”和“掌修合发卖汤药”（《金史·百官二》）。那些司令所执掌的内容各有不同，其品级也都不高，大致相当于县令。

元朝时所设置的司令更多。《元史·百官一》记载礼部所属掌薪司，有“司令一员，正七品”；《百官三》记载各营膳司，皆“定置达鲁花赤、司令、大使、副使、都目各一员”；《百官四》记载供膳司、御香局、上都惠民司等，也都设有“司令一员”；《百官七》又有两淮“盐场二十九所，每场司令一员，从七品”；两浙“盐场三十四所，每所司令一员，从七品”；福建等处“盐场七所，每所司令一员，从七品”等记载。从这些记载看，元朝的司令比金朝多得多，而品级似较金朝略低，为正七品与从七品。

所以，古代那些司令的品级都不高，而且都与军事无关，和现在“司令”的意思是完全不同的。

“司”字的初文和本义，历来有多种说法。按马叙伦《说文解字六书疏证》卷十七的说法，司字从倒匕从口，所谓“到（倒）匕于口，即饲小儿饭之义”，所以“司”是“饲”的初文，本义是喂小儿吃饭。后来引申出主持和掌管的意思来，再引申就特指主持和掌管之人，也就是官吏了。《说文》释“司”为“臣司事于外者（在外办事的官吏）”，但这是“司”的引申义。所谓官吏，就是在外面为君王办事的人（官吏之在外是相对于君王之在内而言的）。由官吏的意义再引申，就是官吏办公的场所，也就是官署和官府的意思。这便是古代司令的“司”的意思，词性是名词。至于“令”，古代多用以指称政府某些部门和机构的长官，如尚书令、郎中令和县令等，也是名词。“令”

在这里也不是发令的意思，而是官称。

所以，“司令”的古义指的是一个大致相当于县令级别的司级官署长官。从语义结构说，今义的“司令”是动宾结构，意思是主持发令；古义的“司令”却是偏正结构，意为一司之令，即被称为司的官署中的长官，犹言一司之长。现在中央机关部以下一级的行政部门也称“司”，如外交部有欧洲司、亚洲司和礼宾司等，司的长官现在就叫司长。这“司长”的意思倒是和古代“司令”的意思基本相同的。

因此，我们现在所说的“司令”，和古代曾经有过的一司之长的“司令”，是两个完全不同的概念。

现代意义上的“司令”，如果溯源的话，很可能是来自十八九世纪时的欧洲。拿破仑在成为法兰西共和国第一执政之前，就曾担任过法国内防军司令、法兰西共和国意大利方面军总司令和远征埃及的东方远征军总司令。日本在1900年前后的甲午海战和日俄战争期间，也设置有司令官和总司令官的官称。这些司令和司令官，和我们现在所说的司令的意思，才是完全一致的。

元帅，古代不是军衔

“元帅”这个称谓，现在多用于指军衔，一般指高于将军的最高一级军衔。有的国家在元帅之上还设大元帅，那么元帅就不是最高一级军衔了，如苏联；有的除大元帅之外，于元帅之下又设次帅，则元帅军衔也被分成了几级，如朝鲜；也有只在陆军中设元帅，海军和空军不设元帅，如法国；还有海陆空三军全都不设元帅的，如美国，他们只有五星上将。其实，五星上将就是元帅，因为上将只有三星。我国现在也没有元帅。以前曾有过十大将和十元帅，现在我国军队最高的军衔是上将。

元帅在古代不是军衔，是统率全军的主帅；最初也不是官名，只是战时军中最高指挥官的一种称谓。

从“元”的词义看，初义是人头，引申有“首”和“大”等意思；“帅”则同“率”，意思是统帅和率领。所以元帅最初就是最高统帅的意思，是军中最大的头。隋唐以前，元帅基本都是这个意思。

就现有文献看，《左传·僖公二十七年》关于晋文公“作三军，谋元帅”的记载，是“元帅”称谓的最早出处。鲁僖公二十七年为公元前633年，那么“元帅”作称谓的历史，已经有二千六百多年了。

晋国于献公时（鲁闵公元年，公元前661年）始作上、下二军，鲁僖公二十七年，楚围宋，宋告急于晋，晋文公正想称霸中原，于是扩充原有上、下二军为上、中、下三军，且以新增的中军置于上、下二军之上。杜预因注“元帅”为“中军帅”，是为三军的最高统帅。孔颖达疏《左传·成公十八年》“祁奚为中军尉”，引《晋语七》称“中军尉”为“元尉”注：“元，大也；中军尊，故称大也。”可知中军的地位最高，所以统帅三军的元帅有时也叫中军元帅。一说元尉即元帅，似非。

因为“谋元帅”兹事体大，所以晋文公去征询大臣赵衰的意见。赵推荐了郤縠（xì hú），理由是：年龄正合适，刚好五十岁，而且“守学弥惇（dūn）”（恪守礼乐之学，为人愈加敦厚），“不忘百姓”（《晋语四》）。晋文公采纳了他的意见，郤縠就此成为我国历史上第一位元帅。韦昭对“元帅”的注释是“上卿”。上卿即正卿，是文官，则元帅似还未成为军职专名。

隋唐之前，凡称元帅的，都还不是官称。如东汉末年的皇甫嵩，灵帝时受命拜为左将军，督率前将军董卓破灭凉州叛贼后，董卓受命拜为并州牧，灵帝下诏让董卓把军队交给皇甫，董逆命不从，皇甫的从子郦就劝皇甫趁机除掉董卓，说：“大人今为元帅，杖国威以讨之，上显忠义，下除凶害，此桓文之事也。”（《后汉书·皇甫嵩传》）这里所说的“元帅”，也就只是一个战役的最高指挥官的意思，并非军职官称，他当时的官称是“左将军”。

元帅用作官称始于隋唐。南宋人赵与时《宾退录》

卷二说：

“（后）唐明宗时，加秦王从荣天下兵马大元帅。有司言：‘元帅或统诸道，或专一面，自前世无天下大元帅之名，其礼无所考按。’余按：唐至德（756—758）初，以广平王为天下兵马元帅；天复三年（903）三月，以辉王祚为诸道元帅……至德距长兴（后唐明宗年号，930—933）尚远，若天复则耳目相接，而有司皆不之知，何其陋邪？元帅之名，肇（始）见于《左氏》，晋谋元帅是也。然是时所谓元帅者，中军之将尔，未以名官也。至隋始有行军元帅，唐初有左右元帅，太原道行军元帅，西讨元帅，自此寖（qīn，渐）多。然天下兵马元帅，则始于广平；大元帅，则始于从荣。”

可见元帅是隋唐时才成为军职专名的。但“大元帅则始于从荣”之说似有可商，因为《旧唐书·郭子仪传》就有“建中三年冬，舒王谊为淮西、山南诸道大元帅”的记载。建中是唐德宗李适的年号，建中三年为公元782年，则大元帅官称的出现，至少比后唐明宗的长兴年间，要早差不多150年。

据史书记载，唐李渊入关之初，曾设左右元帅、天下兵马元帅、副元帅和行军元帅，凡兵事出征，初皆以皇子和亲王临时充任，如高祖世子李建成曾任东讨元帅。重臣初时也有任副元帅的，安史之乱时始有充任元帅的，如唐肃宗时（756—761）汾阳王郭子仪就曾做过副元帅和元帅。《唐会要》卷七十八“元帅”条说：“元帅之号，自武德（618—626）以来，唯王始拜。

至天宝十五载（756）正月，哥舒翰除诸道兵马元帅，始臣下为之。”当时元帅的名号繁多，除诸道兵马元帅之外，还有诸道行营元帅（如郭子仪曾任东都畿、山南东道、河南诸道行营元帅）、某道行军元帅、诸军行营兵马都元帅、天下兵马元帅等。后世多因袭唐制，遇重大军事行动，辄以亲王任元帅总领。宋钦宗靖康时（1126—1127），就是以康王赵构为天下兵马大元帅来抗击金兵的。金兵攻宋时也同样以亲王任都元帅、左右副元帅来统领大军。蒙元时元帅较多，其制略有变化，边地各行省都设有都元帅府、元帅府或分元帅府，府中的元帅已经不是亲王了。因此，元末农民起义时，地主武装的首领多自称元帅。近代同样如此，一些地方军阀也常以元帅或大帅自称。

以上所说种种元帅和大元帅，就其职权看，大致与现在某一方面军司令或总司令相仿，而与现在只表军衔的元帅和大元帅有所不同。

将军，“将某军”之简省

相对于“元帅”来说，“将”或“将军”的使用频率要高得多。

单音词“将”，从词性上说是兼类词，既可以作动词统率或指挥讲，如“使关羽将三万兵至益阳”（《三国志·吴主传》）；也可作名词将领或将帅用，如“王侯将相宁有种乎”、“将在外君令有所不受”，都是大家耳熟能详的。

双音词“将军”现在是名词，最初却是短语“统率军队”的意思，是“将某军”的简省，“将”是动词。这里要注意“将”字读音的变化。作名词用的“将军”，“将”读平声 jiāng，而短语“将军”中“将”读去声 jiàng。“将”读去声的情况相对比较多，单用或在“军将”“将帅”“将官”等词语中，都读为去声。

“将军”作为一个称谓，历来多用以泛指高级将领，或用于对军官的尊称，现在则多用来简称校级之上的将（jiàng）级军官。如今在不设元帅的国家，将军就是最高一级军衔，可细分为大将、上将、中将、少将和准将五级。现在有不少国家不设大将，上将就是军中最高的军衔。我国目前不设大将，也没有准将。

殷商时期和西周早期，我国还没有将军的称说，当时掌管军队和国防事务的最高武官称大司马。作为专职武官称谓的“将军”，大致是在春秋至战国初才逐渐形成的。

春秋初期，文武尚未分职。杜佑《通典·将军总叙》说：“三代之制，天子六军，其将皆命卿。”那时高级卿士兼理文武，“出将入相”——平时治政为相，战时治军即成为带兵出征的将军（主将或佐将），所以还未出现专职武官，“将军”只是“将某军”的简省。

以“将军”为军队统帅的专职武官，一般认为萌芽于春秋中期的晋国。《左传·闵公元年》：“晋侯（献公）作二军，公将上军，大（太）子申生将下军。”顾炎武认为“是已有将军之文，而未以为名也”（《日知录》卷二四）。鲁闵公元年是晋献公十六年，为公元前661年，“将军”在那时虽已出现，但还没有成为官名。

《史记·司马穰苴（ráng jū）列传》有“景公召穰苴，与语兵事，大说（悦）之，以为将军”的记载，是“将军”作为官名的开始。时在齐景公十七年（前531）。唐司马贞《索隐》对“将军”的解释是：“谓命之为将，以将军也。将音即匠反（jiàng）。遂以将军为官名。”这以后就以将军为专职武官的官名了。

将军作为官名之后，文武不分职的现象就发生了变化，开始产生分管行政的“相”和执掌军权的专职武官“将”，将军逐渐成为统兵将领的专称，于是就有了“将相和”的故事。秦统一六国前后，还出现了大将军、上将军和裨将军等名号。汉时高级武官的名称则有大将军、骠骑将军、车骑将军、卫将军和前、后、左、右将军等，《通典》谓之“重（zhòng）号将军”；此外还有许多临时设置的“杂号将军”。

“重号将军”为中朝将军（汉武帝之后朝官分中朝外朝，中朝即内朝），是常设的高级武将，于掌管军务之外也参预朝政，或开府理事、自置幕僚，权势很大。其中尤以大将军与骠骑将军地位最高，位同三公。武帝小舅子卫青就曾拜为大将军，卫青外甥霍去病也官至骠骑将军。三国时还曾有“上大将军”官号，魏国的曹真和吴国的陆逊都曾是上大将军。

“杂号将军”低于“重号将军”，也称列将军或别将，多因事而设，数量很多，《通典》说“历代杂号将军凡有数百”。此类将军或以兵种为号，如楼船（水军）将军；或以征伐地与任务为号，如贰师（至贰师城取善马）将军；也有炫耀武力的伏波（船涉江海欲使波浪平伏）将军等。三国时，赵云就是杂号将军。《三国演义》说他是蜀国五虎上将之一，实际并非如此。按《三国志》记载，蜀只有四虎上将：前将军关羽、右将军张飞、左将军马超、后将军黄忠。赵云只是翊军将军，“翊”是辅佐、护卫的意思。即如诸葛孔明，赤壁之战后封为军师中郎将，刘备夺取成都后又加封军师将军，也是杂号将军。

将军到了宋朝就不是官名了，那时高级武官称“都统制”（全称为某州或某府驻扎御前诸军都统制，“都”义为大）。《宋史·职官七》说：“旧制，出师征讨，诸将不相统一，则拔一人为都统制以总之。”但“都统制”

在北宋时还不是官名，至南宋建炎初（1127–1130）才成为官称。都统制下辖副都统制、统制和统领等。

明清时，“将军”又重新成为最高统兵武官的称谓，但不常置。清晚期的宣统元年（1909），“将军”成了新军的最高军衔。当时军谘处向朝廷奏准，仿效日本武官最高级别特加元帅称号的办法，对“正都统”中功勋卓著者，赐以大将军或将军名号，并赐封号。这和现在以将军为军衔的做法已基本相同了。

我国实施军衔的时间，一般认为是晚清陆军颁布《新军官制》时的光绪三十年（1904）。那时所定的军衔为都统、参领、军校，分上、中、初三等，每等又分正、副、协三级；以都统为上等，参领中等，军校初等；一级称正，二级称副，三级称协。例如，上等一级为陆军正都统，中等二级为陆军副参领，初等三级为陆军协军校。民国以后更名将、校、尉三等，每等改分上、中、少三级，另增准尉一级。现在基本延续了这个新军衔，只是增加了一级“大”：大将、大校、大尉；又另增准将一级。所以，现代军衔，自大将至准尉，最多的可有十四级。

我人民解放军在1955年曾一度实行军衔制（1965年后取消），其中将级军官分为四级：大将、上将、中将、少将。1988年重新实行新的军衔制后，将级军官中就不设大将了。

中尉，最初是文职高官

古代没有上校和上尉之类的校级军官和尉级军官，只有校尉、国尉和太尉，唯一例外的是有中尉，但和现在的中尉也只是名称相同，实际却是两个完全不同的官称。

现在的中尉，是军官的低级军衔，高于少尉而低于上尉。古代的中尉，最初却是文职高官，不是武官，后来成了武官，其地位也远比现在的中尉高。

《周礼》所制定的官制中还没有中尉这个官职。就现有文献看，中尉之职最初出现的时间是战国时代。《史记·赵世家》说，赵烈侯的相国公仲连，为引导烈侯多用心国事，引荐了三个贤士，其中一个叫荀欣的，在陪侍烈侯时以“选练举贤，任官使能”（选择提拔练达贤明之士委以官职使发挥其才能）游说烈侯，烈侯很感兴趣，就任命他“为中尉”，掌选官吏。这是最早见于记载的有关中尉的文字。就此记载看，中尉原是文职官员，职责是选任官员，大致与现在中央组织部或人事部的官员相当。

秦汉时，中尉成了武官，为列卿之一，“掌徼循京师”（负责巡查京城，维持京师治安），是卫戍京师的高级武官，犹如现在首都公安武警部队的最高主官。

中尉之演变为武职，可能与“尉”字初义有关。

按《说文》的说法，“尉”原是“熨斗”的“熨”字，左下的“小”原作“火”，右面的“寸”原作“又”（手），许慎释其义为：“从上案下……持火以尉申缯也。”意思是说，用手拿熨斗按压来烫平缯帛。所以，“尉”之初义就有“压而使平”的意思。应劭说：“自上安下曰尉，武官悉以为称。”（《汉书·百官公卿表》注）所以武官古代多有称尉的，如太尉、廷尉、卫尉、校尉、都尉、县尉等。杜预注《左传·襄公二十一年》“尉氏”，称尉氏为“讨奸之官”。所谓“讨奸”，就是消灭奸宄（guǐ，坏人），而要消灭奸宄，就必须借助武力。所以，尉官就是以武力维持社会安定的官，中尉就是这样的武官。

太初元年（前104），汉武帝以执金吾替代了原来的中尉，除掌京师治安外，兼领京师驻军中的北军，且与卫尉分工负责宫外警戒，权势很大。至于为何称执金吾，历来大致有三种说法。晋崔豹《古今注上》说，金吾是一种铜制棒状兵器，“以铜为之，黄金涂两末”，御史大夫和司隶校尉也可执此金吾，其他御史、校尉、郡守之类则只能“皆以木为吾焉”。“吾”就是“棒”，能执“金吾”者都是地位比较高的官。应劭则认为“吾者御也”，“执金吾”就是“执金御”，是“执金革以御非常”的意思。而唐颜师古的看法却是：“金吾，鸟名也，主（主管）辟（避）不祥。天子出行，职主先导，以御非常，故执此鸟之象，因以名官。”（《汉书·百官公卿表》注）

据文献记载，汉时凡銮舆出行，皆以执金吾为前导，仪仗非常威严。崔豹说执金吾手“持角弓”，“使人导引传呼，使行者止，坐者起”，“违者皆射之”，甚至高处偷看的“亦射之”。《汉官》则极言其出行的壮观景象：“舆服导从，光满道路，群僚之中，斯最壮矣。”光武帝刘秀因此在未做皇帝之前就曾“叹曰：‘仕宦当作执金吾。’”（《后汉书·百官四》注）。可以想见执金吾当时在人们心目中的地位之高。

除了改名执金吾的中尉之外，古代称中尉的官还有主爵中尉、御史中尉和护军中尉等，这些也都是政府高官。主爵中尉主管封爵之事，也是秦时所设，景帝时改称主爵都尉。御史中尉是御史中丞在北魏时的改名，负责监察百官。护军中尉则是秦护军都尉的改名，掌监统军队，刘邦曾以陈平为护军中尉，“尽护诸将”；唐后期宦官专权，得以典领禁军，充任左右神策军的护军中尉，防守京师，中尉成了中央武装力量的统帅，也因此成为宦官统领禁军的专职。

以上这些中尉都是政府高官。至于为何称中尉而不称上尉，可能与战国时中军之尉称元尉有关。如今，中尉成了低级军衔，略高于少尉，与古代中尉相比，其地位之高下，已不可同日而语了。

马桶，清器虎子之属

“马桶”这个词完全不登大雅，却是日常生活中不可一日或缺之物，吃喝拉撒的一半都与此君有密切关系，然而几乎在所有文化史著作中都难觅其踪迹，少有记载。

马桶为便溺之器尽人皆知，词典的释义是“大小便所用的有盖的桶”。今天的都市里，马桶已经越来越少见了，但在20世纪80年代之前很普遍，几乎随时都能在马路和弄堂里见到。每天傍晚或清晨，马桶排着队等待粪车来倾倒，粪车走后，清洗完的马桶又一字排开，在墙边斜放着晾吹。这情景如今或许在一些旧城区还偶有所见，新城区都使用抽水马桶了，不需要倾倒，水一抽就冲洗干净，省了许多事，又干净卫生，可见社会物质文明已有长足的进步。

便溺之器何时被称为马桶的？据文字记载，至迟大约在宋朝。南宋吴自牧《梦粱录》卷十三《诸色杂货》载：“杭城户口繁夥，街巷小民之家多无坑厕，只用马桶，每日自有出粪人瀽（jiǎn，倾倒）去，谓之‘倾脚头’，各有主顾，不敢侵夺；或有侵夺，粪主必与之争，甚者经府大讼，胜而后已。”可见宋时已用马桶，但似乎只为小民之家所用，大户人家自有茅房“坑厕”。小民之家用马桶，所以每天都要“出粪”，所谓“倾脚头”，用现代话说就是倒马桶。粪是最好的有机肥料，所以“各有主顾，不敢侵夺”，但有时仍有侵夺，相持不下时也会闹到官府去。吴自牧大约生活在公元1270年前后，所以马桶的名称至今至少已有七八百年了，可见历史之悠久。

然而千年之前，这马桶又叫什么呢？据《周礼·天官》所载：“（玉府）掌王之燕衣服、衽席、床笫，凡亵器。”由这段文字可知，千年之前的周朝，马桶是叫“亵器”的。

但亵器这个名称可能只在春秋战国时流行，秦汉时人已不太清楚是什么玩意儿了，所以汉朝的郑玄就对“亵器”作了解释，说是“清器、虎子之属”。由郑注可知，“清器”和“虎子”就是汉时马桶通行的名称。

虎子

但便溺之器何以曰“清”？许慎说是“厕清也”，徐锴解释说“厕古谓之清者，言污秽常当清除也”。原来如此。孙诒让正义解释“清器”说：“盖汉时名厕为清，故谓受粪之器为清器。”所以“清器”就是像厕所一样的受粪之器。至于“虎子”，孙诒让也有一个解释：“虎子，盛溺器，亦汉时俗语。”由孙注又可知，清器与虎子略有区别，一用于“受粪”，一用于“盛溺”。

清器之“清”也作“圊”，《释名·释宫室》：“厕，或曰圊。”圊也是厕所，是加了围墙的厕所，囗（wéi）就是围墙。所以“清器”后来也叫“圊桶”。明人李实《蜀语》说："便溺器曰圊桶。"但圊桶既"受粪"也"盛溺"，与清器略有区别。

虎子不"受粪"只"盛溺"，是一个溺壶。但溺壶为何要叫虎子？明人所作《芸窗私志》给出了一个解释："客问瑶卿曰：'溺器而曰虎子何也？'答曰：'神鸟之山，去中国二十五万里，有兽焉，名曰麟主，服众兽而却百邪。此兽欲溺，则虎伏地仰首，麟主于是垂其背而溺其口，故中国制溺器名虎子也。'"此说虽似山海经一样为神话，但其中对虎子名称的由来及其形状的叙说应该大致可信。溺器之称虎子，就是因其外形作"虎伏地仰首"状的缘故，所以《汉语大词典》对"虎子"的释义也是"便壶。因形作伏虎状，故名"。

虎子的制作材料历来多为陶、瓷、漆或铜之类，汉时王室也有用玉制作的。晋人葛洪《西京杂记》卷四："汉朝以玉为虎子，以为便器，使侍中执之，行幸以从。"天子出行时，这玉虎子就由侍中带着随行，以备天子内急的不时之需。章炳麟在《官制索隐》中也说："汉初侍中，非奉唾壶，即执虎子。"拿着虎子随行是侍中的职责。生前随行，死后也随葬。近年发掘出土的汉魏南北朝古墓中常见有虎子随葬的。

虎子这个名称自汉至隋沿用了将近千年之久，但在唐朝时也起了变化。《汉书·张骞传》"以其头为饮器"晋灼注："饮器，虎子属也。"晋灼是晋朝人，他说饮器就是虎子一类便器，但到唐朝颜师古为"虎子"

作注时，却改说“兽子”，说“兽子亵器，所以溲便者也”。陈垣《史讳举例》第七十六《唐讳例》说，唐时避高祖之祖李虎讳而“虎改为兽”。所以虎子由于避李虎名讳的缘故在唐朝被说成了“兽子”。

当时也有改称“马子”的。宋人赵彦卫《云麓漫钞》卷四说：“马子，溲便之器也。本名虎子，唐人讳虎，始改为马。”马子流行之后，多有改用木制，称“木马子”。欧阳修《归田录》卷二有“燕王好坐木马子”的说法。木马子可坐，其形制应该已有所变化，可能就像现在的马桶了。

马子原先为男性专用的溺壶，所以男子中有“以溺壶当妻妾”的。袁枚《续子不语》卷九有一篇“溺壶失节”故事，说西人张某与幕友同舟出行，幕友夜间借用其溺壶，张大怒道：“我西人俗例，以溺壶当妻妾。此口含何物，而可许他人乱用耶？”随即命手下责打溺壶三十，以其失节而投之水中。这是男权社会男尊女卑的典型反映，视女子为溺壶。古代民间也确实多有把女人叫作“马子”的，近代以来有些地方依然如此。

马桶的名称或许就是因“马子”而来。这个名称一直沿用到现在没有再变化，尽管形制已大不同了，我们也只是加个定语，称之为“抽水马桶”。

东西，乃货物替身

“东西”有两个读音，意义不同，这里所说的是“西”读轻声的那个“东西”。这个“东西”有两个意思：一是泛指所有事物，具体的或抽象的都可以，如“这是什么东西”和“语言这东西”；二是特指人或动物，带有厌恶情感或喜欢意思的也都可以，如“这老东西真可恶”和“这小东西太可爱了”。因此，“东西”的使用面非常宽，差不多可以涵盖一切，使用频率也非常高。只是人们一直都有一个疑问：为什么不用“南北”而要用“东西”？有什么讲究吗？前人也多有此疑问，并各从不同角度给予解释，大致有如下几种说法。

其一，从五行的角度加以解释。清人龚炜《巢林笔谈续编》卷上和翟灏《通俗编》第二十六卷都引录了崇祯年间大学士周延儒的五行说。明代崇祯年间，崇祯皇帝有一次问朝臣，为什么集市交易只说“买东西”而不说“买南北”。朝臣们都回答不了，唯有周延儒从五行角度作了分析。他说：“南方属火，北方属水，晚上敲门向人要口水喝或借个火用，没有谁会不给他的，因为这是不需要用钱来交易的。所以人们只说买东西，不说买南北。”这是文献中所见最早的一种解释。周延儒从传统文化“木火土金水”与“东南中西北”的对应关系认为，东、西所对应的木、金是用于交易买卖的，南、北所对应的火、水不用于买卖，因此只说“买东西”而不说“买南北”。

其二，从约言的角度加以解释。翟灏认为周延儒的五行说只是即时的敏捷应对，“未见确凿”，因而提出了自己的看法。他认为“东西”的说法其实很早就有，如古代有一种酒器就叫“玉东西”。他同时又举《齐书·豫章王嶷传》“上谓嶷曰：‘百年亦何可得，止得东西一百，于事亦济’”，说明南北朝时已经称物为东西了。他因此认为“东西”就是物产东南西北四方的一种“约言”现象，就像史书纪春夏秋冬四时却只说“春秋”一样。翟灏的这个“约言”说比较可取，只是所引《齐书》的“东西”却不是“谓物”的东西。据《南齐书》记载，豫章王萧嶷与其兄武帝萧赜（zé）有一次聊到长寿问题时说，那些“愿陛下寿偕南山，或称万岁”的，都是些“貌言（假话）”，我只“愿陛下极寿百年亦足矣”。于是就有了齐世祖“止得东西一百，于事亦济”的回答。但这“东西一百”指的却是东钱和西钱的“钱陌”（按：钱串百文为陌，千文称贯）。当时钱陌通常不足，东钱一陌八十，西钱仅七十。萧赜只是借钱陌短缺为喻，说自己能活到七八十岁“于事亦济”，也就满足了。所以，这只是一种数字的借喻用法，并非称“物”的“东西”。

其三，从东汉的东西两京角度加以解释。龚炜同样认为周说“太穿凿”，因而也提出自己的看法。他认为“买东西”之说当源自东汉，因为那时都市繁荣

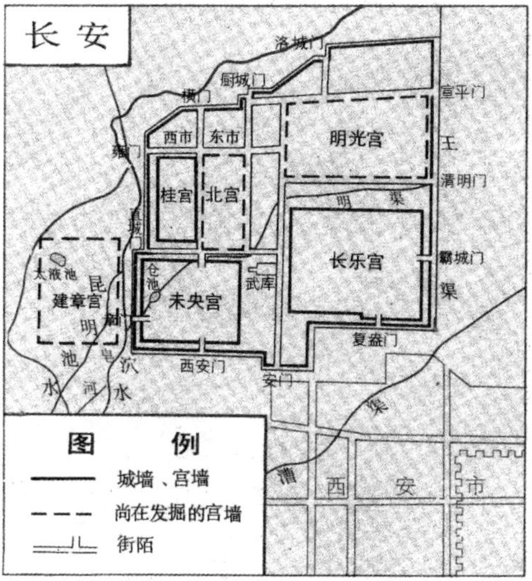

两汉长安的两市图

商品丰富，东西两京陈列的货物很多，民间不是去东京洛阳买商品就是去西京长安买，因此就有“买东”“买西”之说，时间长了“遂以东西为货物替身”，就像方言中用方位词“贵东”“敝东”称呼主人一样。龚炜的这个说法似最合情理，只是“东汉”当为“西汉”，“两京”应是“两市”。西汉于惠帝六年在长安新造一个西市后，与原有的东市形成了“东西两市”格局，民间于是有了“买东”“买西”的说法，进而合称“买东西”，“东西”因此成了“货物替身”。

其四，从不定之词的角度加以解释。这是今本《通俗编》所附引近代学者黄侃的说法。黄侃认为，“东西”如同‘左右、上下、出入、往来’一样，都是些“不定之词”的“通名”，只表示一种宽泛的概念，而非原有的词义。比如用以指时间的“早晚”，只是泛说或早或晚，并不确指是早上或晚上；又如指数量的“多少”，也只是一个表示不定量的通名。所以，“东西”在用来指物之后也就成了不定之词的通名，和原来东或西的意思都无关了。

综上四说可知，就“东西”的源头说，似当源自西汉的“东西两市”，但“西”却由此读成了轻声；而从词的形成看，则“约言”和“不定之词”的“通名”说，应是语言约定俗成的结果。

左右，孰尊孰卑

左

金文

篆书

右

甲骨文

金文

篆书

我们现在有“左派”和“右派”的说法，“左”所代表的是进步或革命，“右”则代表保守或反动，因而“左”尊于“右”；但成语又有“无出其右”的说法，却是“右”尊于“左”的。左和右，究竟是左尊，还是右尊呢？

“左”“右”就字形说，最初是“佐”和“佑”的本字，后来用作左手和右手的意思，引申表示方位，并借以表示尊卑。只是孰尊孰卑却历来说法不一。

《辞海》认为“左为尊位之称”，但又说“古时亦尚右，而以左为下位”。既“为尊位”，怎么又“为下位”呢？《辞源》和《现汉》则明确说“古人以右为尊”。历代学者也有说左尊的，也有认为右尊的。孰是孰非，学界迄今似无定论。

其实，左尊或右尊，古代在不同场合、不同时代或同一时代的不同地方，甚至从不同视角看，都会有变化，难以一概而论。

一、表示礼貌和敬意时，左尊而右卑

一般地说，如果与权势财富无关，只用来表示礼貌和敬意，古代基本是左尊右卑。典型的就是“虚左”，以左为尊位。《史记·魏公子列传》写信陵君去迎请一个看门的老军吏侯嬴时说：“公子从车骑，虚左，自迎夷门侯生。”空着左面位置去迎接，就是用来表明对侯生的礼敬的。

虚左习俗的形成，或与古人崇阳心理有关。《礼记·杂记》“升其乘车之左毂”，孔颖达疏：“此车以南面为正，则左在东也。”东就是太阳升起的地方。按我国居室多坐北朝南的格局，自室内朝大门外看，左也是东，此即古人所谓“天道尚左”的宇宙观在人事上的体现。左昭右穆、左尧右舜、男左女右等都是以左为尊的。《老子》三十一章也说“君子居则贵左”，以左席为上座和尊位；路上避让也以让出路的左面表示礼貌和友好，如《诗经·魏风·葛屦》所描写的“宛然左辟”（有礼貌地让出路的左边）。我们今天相向而行也“交相左”朝右走，或许也可视为虚左习俗的一种延续。

二、如果与官秩、权势或财富有关，则右尊而左卑

如果与官秩、权势或财富有关，便多为右尊而左卑了，所以《老子》三十一章又说“用兵则贵右”。何以平居贵左，用兵却贵右呢？原因是右臂比左臂有力，便于持剑戟出击，而力就是强者的标志，所以权势便与右发生了关联，最典型的就是官秩。

《史记》说蔺相如完璧归赵和渑池之会后“位在廉颇之右”，说明“右”的官秩高。《史记》还记载了一个武将灌夫，说他对位“在己之右”的权贵很没礼貌，而对位“在己之左”的士人却十分敬重。一“左”一“右”的并列对比，其地位之高下尊卑显而易见。

所以在官秩上，一般以右为尊而以左为卑。官职高的称右秩，官职低的称左秩。古代宰相也常有左右之分，一般情况下也是右相高于左相，如《汉书·陈平传》："太尉（周勃）为右丞相，位第一；（陈）平徙为左丞相，位第二。"官秩之尊右可能也与我国古代从右到左的书写习惯有关。因为名册登录是按品级高低从右往左写的，位高者先写，自然在右，位卑者就在左了。升官称"右迁"，意思是名字朝右迁升，贬官就是"左迁"。春秋时又称仕于诸侯之官为"左官"，也是因其官秩低于天子之官的缘故。

除了官秩之外，凡与权势或地位有关的，大多也以右为尊。《史记·大宛列传》载乌孙王昆莫娶妻，以汉女为右夫人而以匈奴女为左夫人。右夫人即第一夫人，左夫人是第二夫人。元朝科举考试行两榜制，右榜取蒙古人和色目人，左榜取汉人和南人。此外，如与财富有关，也大多右尊左卑。《史记·陈涉世家》载秦二世时拉壮丁，"发闾左适戍渔阳"。"闾左"就是贫民区。秦代以贫富划界编户，贫者居左，称"闾左"；富者居右，称"闾右"，也称"豪右"。

三、左右之尊卑，不同地区和不同时代又略有变化

先秦时中原地区，如齐、晋、郑、赵等都尚右，而秦与楚却尊左。《史记·樗里子甘茂列传》写秦国左右两丞相樗里子和甘茂，先是说"以樗里子、甘茂为左右丞相"，而在甘茂定蜀回来之后便说"以甘茂为左丞相，以樗里子为右丞相"，意谓甘茂平定蜀乱有功，与樗里子换了个位置升为左丞相。说明左丞相高于右丞相。所以，秦一统中国之后，就以左丞相为正丞相，而以右丞相为副。但汉以后又恢复了先秦时中原地区尊右的官秩。《汉书·诸侯王表序》“作左官之律”颜师古注：“汉时依上古法，朝廷之列以右为尊。”汉以后的历代王朝基本都是“依上古法”尊右的。

明朝时朱元璋曾下令“百官礼仪俱尚左”，所以又变为尊左了。《明史·胡惟庸传》：“洪武六年七月拜右丞相，久之，进左丞相。”就是一个典型的例子。

官秩之左右尊卑，不同时代不同地区是有变化的。但总体上以右为尊，因为右是力的象征，力就是权势。

四、尊左或尊右，其实质就是尊东

如果换一个视角，尊右其实也可以说就是尊左。

古代臣子上朝时背南朝北而立，君王则坐北朝南，君臣上下是相向而对的，则臣之右即君之左，所以臣之尊右，就是君之尊左。这就像看照片一样，照片中人的左右位置和实际是相反的。即如虚左礼节，所谓“左”也是在主人的左面，如果从对面看来，那也是在右面的。

所以，尊左尊右之变或也与视角不同有关：尊左是就君王或主人之位说的，尊右则是臣下的视角。如《淮南子·缪称训》所说，“凡高者贵其左”而“下者贵其右”。但无论右还是左，它的方位都是东。或许正是因为崇阳的缘故，以东为尊是绝对不变的。因此，尊左或尊右，就其实质说，就是尊东。

盘缠，路费何以“盘”且“缠”？

“盘缠”的现代释义是“路费”，名词性词语，但其内部结构却是动词性的“盘”和“缠”。路费为何既要盘又要缠呢？这就和我国古代的货币形式有关了。

我们现在使用的货币主要是纸币，俗称钞票，分量很轻，携带方便，更有随处可取的银联卡之类。古代的货币主要是方孔圆形的铜钱，分量较重，为方便携带，常在孔里穿上绳子，把它“盘”起来“缠”在身上，这就是后来称路费为“盘缠”的原因。成语有“腰缠万贯”，极言随身携带的钱财之多，就很形象地用了这个“缠”字（“贯”是那根穿铜钱的绳子，一贯为一千枚铜钱）。尽管我们如今不再需要把随身携带的钱缠在身上，但用“盘缠”表示路费的意思却还是沿用了下来，只是今人大多已不太清楚其间的缘由了。

我国古代的货币制度，按《管子·国蓄》所说，秦以前是三币制，即以珠玉为上币，黄金为中币，刀布为下币（即刀币和布币，布是镈的同音假借，由小农具演变而来，也有形似铲而称铲币的）；秦兼并六国之后，按《史记·平准书》所说是二币制，即以黄金为上币（以镒为名），以半两铜钱为下币（径一寸二分，重十二铢），珠玉已“不为币”了。

三币制也好，二币制也好，铜钱都是在市面上流通的主要钱币，因而“盘缠”所指的路费就是针对铜钱说的。但在古代，除了铜钱之外，还曾有过铁钱、金钱和银钱。

据《后汉书·公孙述传》所载，在王莽新朝走向灭亡和东汉王朝建立之前有过一段混乱时期，其时自称蜀王的四川割据政权公孙述曾“废铜钱，置铁官钱”。这是有文献记载的关于铁钱的最早记录。晋皇甫谧《高士传》也记有东汉郭泰“铁钱也，故以二当一”的说法，则东汉也有过铁钱，其价值是铜钱的一半。

金钱和银钱的记载相对较晚。《南史·吕僧珍传》载，有一个叫宋季雅的罢职官员，在吕家附近以一千一百万高价买了住宅，说是“百万买宅，千万买邻”。他在吕家生儿子时前去祝贺，礼单上写贺礼“钱一千”。看门的嫌少不去通报，后来打开礼盒才知这一千钱“乃金钱也”。这是关于金钱的最早记载。然从 1980 年咸阳塬下曾出土汉代“金五铢”（径 2.6 厘米，重 9 克，含金量为 95%）的考古报道看，早在汉代就已经有孔方形的金钱了。至于银钱，据《北齐书·王昕（xīn）传》中“散银钱”的记载，至迟在南北朝时也已经有了。

唐宋以后，有关金银钱的记载就比较多了。如《旧唐书·玄宗本纪》载先天二年（713）“宴王公百僚于承天门，令左右于楼下撒金银钱”；《资治通鉴》卷二百一十六又有玄宗天宝十年（751），“赐贵妃洗儿金银钱”的记载。而《东京梦华录》和《梦粱录》等书，又多记载宋时京城民间结婚时散掷金钱的“撒帐”习俗，以及小孩过满月送金银钱“添盆”的习俗等。原来多流行于上层社会的金银钱，宋朝时已很普遍地流行到了民间，如《京本通俗小说》之《志诚张主管》中，就有店主小夫人赏张主管十文金钱和赏李主管十文银钱的情节。

但金银钱的流行大多只是用于馈赠之类，一般不用于日常消费，古代市面上流通的主要还是铜钱。一枚铜钱大约重 4 克左右，一贯差不多有 8 斤重。《醒世恒言》卷三十三《十五贯戏言成巧祸》，写一个女婿刘君荐受丈人资助十五贯钱去做本钱，小说写他是“驮了钱一径出门”的。“驮”就是用肩背负载。钱少可以盘起来缠在身上，钱多就难以又盘又缠只能驮了，因为十五贯铜钱差不多有一百二十斤重。

所以，从这个角度说，称路费为“盘缠”，其实也只是一种形象的说法，就像成语“腰缠万贯”，这万贯铜钱是无论如何都不可能缠在腰上的。

名堂，源于王者之明堂

汉语在词与词义的关系之间，有的可以直接望文生义，如“卧榻”“茅屋”“高楼”“洗衣机”；有的则须了解语源后才能有较深入的理解，如“二竖”“匹夫”“东西”“模范”。“名堂”就属于后者。

“名堂”的现代义项有几个，如：“搞什么名堂”就是“搞什么花样”，“名堂真多”就是“名目真多”，“没看出什么名堂来”就是“没看出什么结果（或道理）”的意思。在不同的语境里，“名堂”的意思有所不同。为什么会如此呢？这就需要了解其语源了。

从词语意义演变的角度说，“名堂”应该是由“明堂”衍变而来的。

明堂是古代的一种建筑。《孟子·梁惠王下》说：“夫明堂者，王者之堂也。”《玉台新咏》的《木兰辞》也有“归来见天子，天子坐明堂”的句子，说明“明堂”是属于王和天子的一种“堂”式建筑。《汉语大词典》释“明堂”为：“古代帝王宣明政教的地方。凡朝会、祭祀、庆赏、选士、养老、教学等大典，都在此举行。”可见在明堂举行的各式名目的大典不少。

说明堂是王者之堂，但创于何时，却“未得而详也”（《大戴礼记》卢辩注）。《淮南子》认为在“神农之世”，汉武帝时有人献《黄帝明堂图》，又以为是黄帝时代。

明堂的建造结构也有不同说法，《大戴礼记》说是“以茅盖屋，上圆下方”，《淮南子》说是“有盖，四方”，《黄帝明堂图》说是“四面无壁，中有一殿”。所说各有不同。《旧唐书·礼仪志二》说，隋文帝时负责营造宫室的将作大匠曾“依《月令》造明堂木样以献”，最终因“诸儒争议不定”而“罢之”；唐太宗贞观年间，又“命儒官议其制”，儒官们“各造明堂图”，又有“五室”与“九室”之异而“诸儒纷争”，也是“终高宗之世，未能创立”。可见古人对明堂结构的理解始终不一致。

神农氏明堂推测图

明堂最终的建成是在武则天时代。垂拱三年(687)，武氏按高宗遗意，拆了东都的乾元殿兴建，于“四年正月五日，明堂成。凡高二百九十四尺，东西南北各三百尺”，规模很大。当时有大臣刘允济曾“奏上《明堂赋》以讽”（《旧唐书·文苑中》），可能是劳民伤财而致民怨沸腾的缘故吧。但天授二年（691），武氏却“又于明堂后造天堂，以安佛像，高百余尺”。谁知三年后的证圣元年（694），“佛堂灾，延烧明堂，至曙，二堂并尽”。这明堂建成不过七年就被烧毁了。但两年后武氏又下令“依旧规制重造明堂”，于是在天册万岁二年（696）三月，“重建明堂成”。由此可见，历代帝王尤其是武则天对明堂建造的重视。

据蔡邕《明堂月令论》所说，明堂还有各种不同花样的别称，如“夏后氏曰世室，殷人曰重屋，周人曰明堂”；其五室之名称又分别是“东曰青阳，南曰明堂，西曰总章，北曰玄堂，中央曰太室”；而在功用上，又有清庙、太庙、太室、明堂、太学、辟雍等不同命名。蔡邕说这些是“异名而同事，其实一也”。可见，明堂就名称而言，确实花样很多。

或许正是因为“明堂”有这么多不同花样的异名，加上所举行的各式大典也名目繁多，以及对其结构又有不同说法等缘故，因此就衍生出“花样”和“名目”等意思吧。《汉语大词典》所引蹇先艾《在贵州道上》的例子：“我一年四季都在外头，晓得她在家搞些啥明堂。”这里所说的“明堂”，就是“花样”的意思。后来同音替换，就成了现在约定俗成的“名堂”，在吴方言里还常被说成“名堂经”的。

博士，掌通古今的博学者

博士，现在是一种学位，特指高等学校和科研机构毕业的研究生。二十世纪八十年代，我国博士还凤毛麟角，现在已多如牛毛了。这十几年里，博士的生产真可谓是大跃进速度。

博士在古代不是学位，而是官职，但最初所指是博学者的意思，用来形容知识广博之人。如《战国策·赵策三》中，赵王说郑同是“南方之博士也”；又如《史记·循吏列传》说公仪休是“鲁博士也”。这里所说的“博士”就是博学之人，还不是官职。

秦及汉初，博士成了官职，但也含博学之意。《汉书·百官公卿表上》：“博士，秦官，掌通古今。”博士官是必须通古知今的。

汉画像石（五经博士讲说图）

汉武帝时独重儒学，采用公孙弘的建议，于建元五年（前136）初“置五经博士”。《后汉书·百官志二》说，博士的职责是“掌教弟子，国有疑问，掌承问对”。那时的博士官既要承担以儒家经典教授弟子（所教授的弟子称博士弟子，最初只有五十人）的任务，又要充当国君的参谋与顾问，与汉初“掌通古今”的博士职责已经有了一些变化。自此以后，博士就逐渐成为专门传授儒家经学的学官。

作为学官，博士最初每经只设一家，《易》《书》《诗》《礼》《春秋》五经各置一博士，各以家法教授弟子，因称五经博士。但到宣帝时，研究五经的学者增至十二家，西汉末年又增至十四家，因而后来又有五经十四博士的称说。博士中的长者，秦与西汉时称博士仆射（yè），东汉时称博士祭酒。

汉以后，博士的名目又有增多，不只局限于五经。魏晋时增设了太常博士，为专掌礼仪的官员；晋时又设国子博士；唐时也设太学、国子学博士，都是教授专门学问的官员，但太学博士教习的是太学生，国子学博士则掌教文武三品以上高官和国公的子孙；北魏至隋唐时还曾设四门博士，掌教七品以上侯伯子男的子弟以及有才干的庶民子弟；明清时也设有国子监博士和太常寺博士等。

对某些专精一艺之人，古代也授以博士名称。如西晋时设律学博士，北魏时设医学博士，隋唐时又增设算学博士、书学博士等；宋神宗建武学时初设教授，后也改称武学博士。这些都是专家性质的教授官，专精一门技艺或学问。

古代还有以博士称劳动者的。宋孟元老《东京梦华录》卷二《饮食果子》说：“凡店内卖下酒厨子，谓之‘茶饭量酒博士’。”清赵翼《陔余丛考》卷三十七说：“今江南俗，椎油卖茶者尚称博士。”可见自宋朝以来，民间对一些专门从事某种职业的下层劳动者也是尊之以博士的。这在通俗话本小说里都有所反映。如《警世通言·万秀娘仇报山亭儿》说：“家里一个茶博士，姓陶，小名叫做铁僧。”又如《京本通俗小说·志诚张主管》说：“张胜回头看时，是一个酒博士。”称卖茶人为茶博士，卖酒人为酒博士。这些博士就像后世所说的师傅一样，是对下层劳动者的一种尊称。

博

金文

篆书

“博”字从“十”会意，《说文》对“十”的解释是“数之具也。一为东西，丨为南北，则四方中央备矣”。王筠《说文句读》认为“博”的意思就是“四方中央无不尃（布）也”。所以“博”有大、广、多等意思。“博士”原就是知识多见闻广的人，四方中央无所不知，这是“博士”的初义，与早期“博学者”的意思差堪近之。但自从博士成为官职之后，其意义就逐渐窄化和专门化，乃至现在的博士，只有深度，没有了广度；专家或可称之，博则未必。从这个角度说，博士这个学位名称不免有点名不副实。

博士的学位制度一般认为源起于欧洲的中世纪大

学。据说，意大利的波伦亚大学在1130年首次把博士授予一位研究古罗马法的学者（一说最早是1180年后法国巴黎大学所授予的第一批神学方面的博士）。但这时的博士还不是现代意义上的学位，只是一种从事大学教育的资格证明。现代意义上的三级学位制度起源于英国大学，后来被移植到美国。随着美国19世纪以后对世界影响的增大，世界各国大多按美国模式建立了学位制度。日本明治维新时借用汉语旧词“博士”“硕士”“学士”对译了doctor、master和bachelor这三个西方的学位名称。后来，这三个被赋予新义的汉语旧词又被我们从日本再引进回来。

我国1935年南京国民政府时，曾制定并颁布过《学位授予法》，但因战争等原因中断。新中国建立后也曾有过几次设想，也因种种原因未付诸实施。直至1980年2月12日，五届人大十三次会议审议通过了《中华人民共和国学位条例》之后，从1981年1月1日开始，我国的学位制度才算正式建立并得以实施。

据史料记载，我国最早的博士获得者是曾任李鸿章医务顾问的医生黄宽，他1850年由美国转学英国后，于1855年在英国爱丁堡大学获医学博士学位。而我国拥有博士头衔最多的则是胡适，据说他拥有的博士和荣誉博士头衔多达35个。

学士，求学的读书人

“学士”与“博士”如今都是学位名称，与博士相比，学士是学位结构中的基础学位，授予本科毕业生。与博士不同的是，“学士”有时也泛指读书人，如“文人学士”之类。而在古代，“学士”和“博士”也都曾是一种官名，学士的官位远比博士要高。

“学士”一词最早出现的时间是西周，初义是指求学的士人，如《仪礼·丧服》“大夫及学士则知尊祖矣”孔颖达疏：“此学士谓乡庠、序及国之大学、小学之学士。”学士就是在各级学校读书的士人，也就是如今所说的在校学生。后来扩大使用范围，“学士”就用来泛指读书人，如《庄子·盗跖》“使天下学士不反（返）其本”，《史记·儒林列传序》“天下之学士靡然乡（向）风”等。所以现在也可泛指读书人。

读书人书读多了就有可能成为学者，如《颜氏家训·文章》“但成学士，自足为人”和韩愈《答殷侍御书》“每逢学士真儒”中的“学士”，指的就是学者了。大致在南北朝时，学士逐渐成为一种官名，用来主管典礼、编纂和撰述等事务。当时有各式名目的学士，如北齐有文林馆学士，北周有麟趾殿学士，南朝宋有总明观学士，齐有东观学士，梁有士林馆学士，陈有西省学士和寿光殿学士等，但无一例外都是文学之士。

而且王府也可拥有自己的学士，如隋杨广为晋王时就有学士一百多名，唐李世民为秦王时也有闻名于世的杜如晦、房玄龄、陆德明等十八学士。只是唐初之前的那些学士还不是正式官名，都是以本官兼的。

“学士”成为正式官名是在唐贞观以后。那时，学士成了文学侍从官，有弘文馆学士、丽正殿学士、集贤殿学士和翰林学士等。唐开元时新置学士院，翰林学士遂成为众学士之首，常能参预机务，成了皇帝亲信的顾问和秘书官，时有“内相”之誉。此外，翰林院还有侍读学士、侍讲学士、侍读直学士和书诏学士等，多以大臣充任。

翰林学士的前身是翰林待诏和翰林供奉，是在唐玄宗开元二十六年（738）才改称翰林学士的。大诗人李白在玄宗天宝初年就曾做过翰林供奉（但只是布衣供奉翰林，未授予正式官职），白居易是宪宗元和初年的翰林学士，书法家柳公权也曾在文帝时充翰林书诏学士。北宋时，三馆（广文馆、大学馆、律学馆，宋代教育士子的机构）和诸殿阁（如资政殿、龙图阁）遍置学士，以至于南宋以后，外放的京官多有带学士职衔的。而那时凡被授予翰林学士的，就被认为拥有了当宰相的资望，可见翰林学士的地位与声望之高。

唐翰林学士李白像

有唐至宋、辽、金、元，翰林学士之首又称翰林学士承旨。所谓承旨，原是逢迎意旨的意思，自唐宪宗元和元年（806）任命郑絪为翰林学士承旨之后就成了官名，位在诸学士之上。承旨者多有出任宰相的。

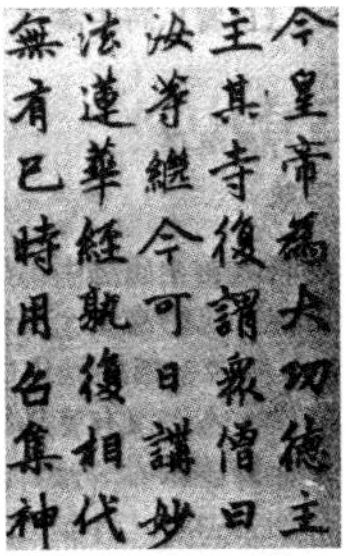

元翰林学士承旨
赵孟頫的书法

元代书法家赵孟頫就曾拜为翰林学士承旨，世称赵承旨。明初还延续，如宋濂也曾官至翰林学士承旨知制诰，但后来被废。

与承旨地位相似的还有大学士，始于唐中宗景龙二年（708）所设的修文馆大学士。宋时沿置，称昭文馆大学士和集贤殿大学士，多由首相与次相分领，地位最高。明洪武十三年（1380）废丞相之后，也设有华盖殿、武英殿、文渊阁、东阁大学士等，多以本官兼任，因能入阁参预机密而称内阁大学士，成为实际上的宰相，史称辅臣，俗称阁老。徐光启在崇祯五年的礼部尚书任上就是“以本官兼东阁大学士，入参机务”（《明史·徐光启传》）的。清雍正设军机处后，大学士的职权虽为军机大臣所替代，但官员中资望特重者仍授予大学士之衔（正一品）以为荣典。

所以，在古代，若从官阶角度说，学士远比博士要高，但从现在学位角度说，学士却远低于博士。虽说博士如今已多如牛毛，但相对恒河沙数般的学士而言，还是比较少的，因而常有听说被授予名誉博士或荣誉博士学位，未闻有被授予名誉学士的。近见周炳辉《周越然与复旦公学》文（载 2014 年 2 月 19 日《新民晚报》），谓其祖父周越然先生（藏书家，言言斋主）于 1907 年在复旦公学读了一年书，未曾毕业就被推荐去苏州英文专修馆任教，但在离校十五年之后的 1922 年，和邵力子等六人被复旦公学授予“名誉学士学位”。可见在二十世纪二十年代是有过名誉学士的。之所以如此，应该是那时学士很少的缘故——恐怕比现在博士还要少得多，所以一个学士学位很珍贵，才会有“名誉学士学位”的授予。

鸣金，“金”为何物？

现代战争中用以传达简短命令的有军用喇叭，称为军号，古代则是金鼓。击鼓前进，鸣金就是收兵。只是这“金”是什么“金”，似乎一直都比较模糊。

现代辞书对“金”的释义大多也笼统地称之为“金器”。如《汉语大字典》和《汉语大词典》都释为：“古代军中一种金器，用以指挥停止。”所引例证也都是《墨子·兼爱中》的“越王击金而退之”。这“金”或“金器”，究竟是什么，两本大辞书都没有说明。查阅古代典籍，发现古人对“金”是有说明的，只是所说略有不同，大致有如下几种说法。

其一认为“金”就是“钟”。《吕氏春秋·不二》“有金鼓所以一耳也”高诱注：“金，钟也。击金则退，击鼓则进。”则“金鼓”就是“钟鼓”，“金”就是“钟”。“金”在古代原属八音之一，是一种青铜制的打击乐器。郑玄注《周礼·春官·大师》“八音：金、石、土、革、丝、木、匏、竹”也说：“金，钟镈（bó，大钟）也。”可见，古代多称“钟”为“金”。

其二认为是“钲”。《荀子·议兵》有“闻鼓声而进，闻金声而退”的句子，《汉书·李广传》附李陵引此句时略作变化为：“闻鼓声而纵，闻金声而止。”颜师古即注曰：“金谓钲也。”“钲”在古代原也是一种青铜制打击乐器，其形“似铃”（《说文》）。则所谓“金声”就是敲击金钲之声。《诗经·小雅·采芑（qǐ）》“钲人伐鼓”毛亨传：“钲以静之，鼓以动之。”郑玄笺：“钲也鼓也，各有人焉。”高亨《诗经今注》说：“古代行军，有钲有鼓。但此钲人似是官名，掌管鸣钲击鼓之事者。”以“钲”与“鼓”对，则“金鼓”就是“钲鼓”，所以“鸣金”也可以叫“鸣钲”。

其三认为是“铙（náo）”。《周礼·地官·鼓人》“以金铙止鼓”郑玄注：“铙，如铃，无舌，有柄，执而鸣之，以止击鼓。”贾公彦疏：“进军之时击鼓，退军之时鸣铙。”“铙”在古代也是青铜制打击乐器，又叫“金铙”，所以“鸣金”又可以说成“鸣铙”，《夏官·大司马》就有“鸣铙且却”的话。

其四则认为是“锣”。《清史稿·乐志八》说“钲，范铜（即铸铜）为之，形如槃，面平”。“槃”就是“盘”，形扁而浅，多为圆形，由铜浇铸而成。《元史·礼乐二》“武舞器”也有“金钲二，制如铜槃，县（悬）而击之”的说法。《文献通考·乐考七》更明确说“鼓吹钲……形圆如铜锣”，则“钲”又另有“铜锣”的形制，与“似铃”的“钲”不同。《汉语大词典》“钲”的第三个义项也说：“古乐器。形圆如铜锣，悬而击之。”并在“鸣金”条释为“敲击钲、铙等金属乐器。后多指敲锣”。《现汉》则直接释“鸣金”为：“敲锣，古代作战时作为收兵的信号。”所以，“金”在古代也有用以指“锣”的。“锣”也是一种铜制打击乐器，用棒槌敲打。只是不知以“敲锣”为收兵的信号始于何时，想来应该是比较晚近的事。

以上所说虽各有不同，但无论哪一种“金”，都属于青铜制打击乐器却是一致的。所以，“鸣金”就是敲击青铜制的打击乐器。至于这乐器是什么，似乎不是绝对的。可以是钟，也可以是钲，或铙，或锣，或者还可以是其他，所以古人对“金”的解释也多有差异。

现代辞书中对“金”的释义相对比较到位的，是《辞源》。《辞源》的相关释义是：“金属之器，或省称金。如言金革，金指戈矛之属；言金鼓，金指钲铙之属。又钟鎛之属，称金奏，金声。”涵盖了古人所说的钟、钲和铙三种乐器，只是没有锣。

最后再说说“鸣金”所传递的信号问题。我们现在对鸣金信号的理解一般都认为只用于收兵，其实不然。“鸣金”还有传令坚守和免战等意思。《管子·兵法》的“三官”说：“二曰金，金所以坐也，所以退也，所以免也。”“坐”就是坚守，“免”就是免战。如此看来，“鸣金”在古代也不只用于传递收兵撤退的信号，还用于指令坚守或免战，它的指令义也不是单一的。

《论语》封面图

《论语》，“论”读何音？

《论语》的“论”字，如今工具书几乎无一例外地注音为 lún。如《汉语大词典》“论”第二个读音 lún 的第一个释义便是“《论语》的简称”，并引王利器《颜氏家训·勉学》“少者不失《诗》《论》”的集释说：“汉、魏、六朝人简称《论语》为《论》。”这是目前对“论”字基本一致的通行读音。但也有人不认同，认为应该读 lùn，如黄怀信主撰的《论语汇校集释》（上海古籍出版社）就认为“‘论’字当如字读”，“传统以‘伦语’之音读‘论语’，实不合宜”（前言第 5 页）。这说明对“论”字的读音现在是有不同看法的。

“论”字究竟应该怎么读？它的含义又是什么？历代学者一直就没有统一过，即便主张同一读音的各家，对“论”字含义的说法也见仁见智，并不一致。以下先考察现在通行读为 lún 的三种主要说法。

其一，“论”义为伦。东汉刘熙《释名·释典艺》说：“《论语》，记孔子与弟子所语之言也。论，伦也，有伦理也。”这是最早以“论”为“伦”的音训之说。按刘熙的说法，《论语》就是“有伦理地说自己想说的话”。其后刘勰《文心雕龙·论说》也说：“圣哲彝训曰经，述经叙理曰论。论者，伦也；伦理无爽，则圣意不坠。昔仲尼微言，门人追记，故仰其经目，称为《论语》。”但这类说法有难以采信之处，所以杨伯峻先生就在《论语译注·导言》中质疑说：“难道除孔子和他的弟子以外，别人的话都不是‘有条理的叙述’吗？”

其二，“论”义为仑。章太炎《国故论衡·文字总略》说：“论者古但作仑。比竹成册，各就次第，是之谓仑。……《论语》为师弟问答，乃亦略记旧闻，散为各条，编次为帙，斯曰《仑语》。”太炎先生以竹简按次第编就而释义为编次有序之“仑”。则编次有序的著作也所见皆是，何以只拿来命名《论语》呢？此说似也有难合情理处。

其三，“论”有纶、轮等多义。宋邢昺《论语正义》说：“论者纶也，轮也，理也，次也，撰也。以此书可以经纶世务，故曰纶也；圆转无穷，故曰轮也；蕴含万理，故曰理也；篇章有序，故曰次也；群贤集定，故曰撰也。”这种解释实为刘氏“伦”义的引申，但将“论”字解释得无所不包，太过神秘，难说就是《论语》命名的初意。

以上三种按释义读音为 lún 的说法都有难以让人认同的地方。以下接着考察“论”作如字读为 lùn 的几种说法。

其一，“论”义为论纂。汉班固《汉书·艺文志·诸子略》说：“《论语》者，孔子应答弟子、时人及弟子相与言而接闻于夫子之语也。当时弟子各有所记，夫子既卒，门人相与辑而论纂，故谓之《论语》。”

但“论纂”之“论”何义？班固未作解释。《隋书·经籍志》说：“《论语》者，孔子弟子所录。孔子既叙六经，讲于洙泗之上，门徒三千，达者七十。其与夫子应答，及私相讲肄，言合于道，或书之于绅，或事之无厌。仲尼既没，遂缉而论之，谓之《论语》。”这“缉而论之”是由“辑而论纂”而来的，“论”字虽也没有确指何义，但已大致可认为是“论定”的意思。

其二，“论”义为讨论。元何异孙《十一经问对》说：“孔门师弟子讨论文义之言也。……皆所以讨论文义，故谓之《论语》。”今人钱穆也持此说，他在《论语新解》中说：“论者，讨论编次义。经七十子后学之讨论编次，集为此书，故称《论语》。”认为“论”是孔门弟子后学之间的讨论编次。

其三，“论”义为议论。清袁枚《小仓山房文集·论语解四篇》说：“论，议论也。……自‘学而’起，以至卒章，皆与人议论之语，而非夫子之咄咄书空也。”但《论语》多为问答体，重在记孔子之教言，难说全书“皆与人议论之语”，袁枚之说也有以偏概全之嫌。

综上所述，“论”字就《论语》的文本义而言，应该就是论定的意思。“论”义多侧重分析推理，其结果多为作出某种判断和定论。《说文》说“论，议也”，议就是商议分析，商议分析也是要寻求一个定论，所以以上诸说中，无论就文义还是就事理说，班固的“论纂”说都是最合理的。所谓“论纂”就是论定和纂集，《论语》就是一部孔门弟子商议论定而编辑成的孔子语录。

这应是最符合《论语》实际的一种说法。按此说法，《论语》的“论”就应该读为如字的lùn，而不是lún。唐陆德明《经典释文》卷第二十四《论语音义》的注音就是“论，如字”。然而，现在的实际情况却是作如字读去声的人很少。

“论”字究竟怎么读，有点纠结。最合义理的读去声的人很少，多数人却都读为阳平，包括所有工具书的注音。原因何在？按太炎先生所说，“论者古但作仑”，则“论”源自“仑”，读音当与“仑”同，且与“伦”“纶”“轮”等字都具同源关系。《庄子·齐物论》中“有伦有义”句，清人王先谦《庄子集解》引《释文》说：“崔本作‘有论有议’。”则“伦”与“论”可同源假借。那么，把《论语》解作《伦语》，如刘熙所说的，应该也不能说完全没有道理了。刘熙的“伦语”说和太炎先生的“仑语”说或许就是现在约定俗成地读“论”为lún的一个原因吧。

附录一：沈善增2013年7月25日网上来信

陈璧耀先生：

我在微博上发出了你关于《论语》的考证，有人上来“讨教”如下。@白云出岫：关于《经典释文》中的读音，讨教一下。卷二十四《论语音义》解释“论”：“轮也，宋本同，蜀本轮作伦，是也。”如何看出是读去声的？

请回答一下好吗？

沈善增

附录二：答沈善增书

善增兄：

好几天没有上网收信了，所以昨夜才刚看到你25日的来信，迟复为歉。

所垂询之“论如字”为何读去声的问题，记得几天前电话中也曾说起，问“根据何在？”当时我回答比较简单，只说是按常用义的读音，说不上什么根据，“论”的如字就是读去声的。现再根据你信中所提及的一些问题，补充说明如下：

“论”字的基本词性古今都是动词，这应该不会有异议。现代常用词如“议论”“评论”“论述”等，古代如“论道经邦”“论天下事势”“每与臣论此事”乃至“廷论”“论难”等，所有这些“论”，都是动词性的常用义，都读为去声，因而注“如字”，意思就是按此常用义的读音，读为去声。陆德明此注或许就是针对当时多有读阳平现象而注的，否则似无此必要。

譬如“好”字，一般不需要注音，但在一些特殊语境中，有时也需要注音。如《大学》的“如好好色”，《经典释文》就注为：“好好，上呼报反，下如字。”两个“好”的读音不同，所以就注了音，第一个变读为去声，第二个如字就是读本来的上声。

再就“论”字读音看，除了《论语》的“论”之外，没有再读为阳平的词了。王充《论衡》的“论”也是读去声的。《说文》释“论”为“议也”，“议”就是动词，则“论”之本义就是动词性的“议”。注“如字”，就是强调要按其本义的读音读去声。这就是“论”字常用义通常的读音。但当时读音已经有分歧，而且可能还是读阳平者众，所以陆德明要特别加注“如字”来强调“论”不应读为阳平。

许慎《说文》对“论”的注音是“从言，仑声”，但这个“仑声”的音应该怎么读？

所附的徐铉反切是“卢昆切”，按此反切就读为阳平。这或许也是古今多读为阳平的一个很重要的原因。但丁声树《古今字音对照手册》另收有反切为“卢困切”的读音，那就读为去声了。徐铉的反切或有可商议之处，关键在“仑”字的读音。

《汉语大字典》“仑”字注有两个读音，一为阳平，一为去声“同‘论’”，且引章炳麟《国故论衡·文学总略》“论者，古但作仑”为证。则“仑”也有去声的读音，这就和“论”读去声一致，也和“卢困切”的读音一致了。这或许就是陆德明注音“论”为“如字”的原因，意谓强调“论”在这里是作动词用的。这在他的《经典释文》中有着比较明确的表述。

@白云出岫那段引文不知出自何处？陆德明《经典释文》卷二十四《论语音义》关于“论语”一词的

文字是这样的，兹引录于下：

“论，如字。伦也，轮也，理也，次也，撰也；答述曰语。撰次孔子答弟子及时人之语也。”

陆德明于注音“如字”之后，先引录几种释义，这可看作是历来几种不同观点的要述，其中“伦”和“轮”是名词，“次”和“撰”是动词，“理”则在两可之间。从陆德明最后对“论语”一词的释义看，他所选用的“次”和“撰”都是动词，说明他倾向于“论”作动词用，所以就注音为“如字”，认为《论语》的“论”应按常用义读为去声。

善增兄，谨以此作答，不知所说是否能接受？

陈璧耀

2013年7月31日

翻译，换易言语使相解也

翻译是一种语言活动，是把一种语言文字转换成另一种语言文字而不改变其意义的语言活动。翻译有口译，也有笔译。翻译的初义原是不同语言之间的对译，现在也常用来指称同种文字之间的古文今译。只是两者有着明显区别：同种文字的古文今译，主要用来克服古今异言的障碍，只含古今的时间因素，所以有时与注兼行而称注译或译注；不同语种之间的对译则是兼含地域因素的。这里所说的翻译，指的是后者。

在我国，此类翻译早在《周礼》中就已见记载。《周礼·秋官·司寇》有这么一段文字："象胥掌蛮夷闽貉戎狄之国，使掌传王之言而谕说焉，以亲和之。若以时入宾，则协其礼与其辞言传之。"意思是说，象胥是负责与周边蛮夷、闽貉、戎狄之类藩国交往事务的官，他们要负责传达王所说的话使周边藩国明白，以此密切王和藩国的关系。如果有使者来到王国，就要做好有关礼仪的协调和语言的翻译工作。文中所说的"与其辞言传之"就是现在所说的翻译的意思了。"象胥"便是最早的翻译官，"象"就是最早用来表示翻译意思的术语。只是当时所翻译的还只是周边藩国的语言，其范围大致与现在所说的少数民族地区和方言区相当。

那时，除了“象胥”和“象”用于表示翻译官和翻译的意思之外，还有一些其他名称，《礼记》有比较详细的记载。《礼记·王制》说：“五方之民，言语不通，嗜欲不同。达其志（表达他们的意思），通其欲（了解他们的想法），东方曰寄，南方曰象，西方曰狄鞮（dī），北方曰译。”这“寄”“象”“狄鞮”“译”就是当时负责翻译东、南、西、北四方民族语言的翻译官名，也可作翻译术语用。四者合称的“象寄译鞮”也是用来指称翻译的，或省称为“象寄”“象鞮”“象译”“译象”“译鞮”等。

其中，以“象”和“译”的使用面最广，为当时通称翻译意思的主要术语，既特指南方和北方，也常用来通称翻译。和“象胥”一样，翻译官也有称“译胥”的，后来多称“译官”。“译”原是“易”之音训。贾公彦疏《周礼·秋官·序官》“北方曰译”说：“译即易，谓换易言语使相解也。”所以“译”就是指一种语言转换变易的活动。

我国有文字记载的翻译始于汉武帝通西域之后的佛经翻译，即古印度梵语翻译。然就文献记载而言，目前所见最早的“翻译”用例，是南朝梁慧皎《高僧传·译经下·佛驮什》的“先沙门法显于师子国得《弥沙塞律》梵本，未被翻译”。那时也有单用“翻”的，如北周庾信《奉和法筵应诏》的“佛影胡人记，经文汉语翻”。这“翻”就是“译”，就是翻译。

从佛学史看，第一个翻译佛经的是古印度高僧迦叶摩腾。他于汉明帝永平十年（67）与另一位印度僧人竺法兰应邀以白马驮经来到洛阳，次年就在城西汉明帝新建的白马寺合译《四十二章经》。这是汉译佛经之始。这以后大约又有一百多位来自印度和巴基斯坦等国的学者从事佛经翻译，其中最著名的是来自龟兹（qiū cí，汉西域国名，今新疆库车一带）的鸠摩罗什，他翻译了《法华经》和《金刚经》等很重要的佛经。一些本土西行求法的僧人也有从事佛经翻译的，最著名的是东晋法显和大唐玄奘。法显西行求法历时十五年，在公元412年七十几岁时带回大批经典，从此潜心佛经翻译。玄奘西天取经历时十七年，于公元645年回到长安后也专事翻译，共翻译了佛经七十五部，一千三百三十五卷，成为佛经翻译史上的集大成者。

玄奘出行图

所以，“翻译”一词的形成，与古印度佛教关系密切。早期我国翻译的主要内容，就是佛经。直至晚明西学东渐时，才开始较多地转向欧洲的天文、几何和医学等新科技方面的翻译。五四以后，中国新文化运动的兴起，也是与翻译密不可分的。

在古代，“翻译”还曾有过一些不同写法，如宋陆游《南唐书·浮屠传》的“繙译精审，莫能及者”的“繙译”和《儿女英雄传》第一回的“可以考繙绎”的“繙绎”等。

点心，初义为早晨小食

点心如今是正餐之外的小食，《现汉》定义为“糕饼之类的食品”，所以有时也叫“糕点”。这是现在的常用义，“点心”是一个名词性词语。但其旧义，最初却也曾是动词性的，意为“吃点心”，犹如现在所说的“点饥”。

“点心”这个名称，一般认为最早出现在唐朝。宋人吴曾《能改斋漫录》卷二《事始·点心》说：“世俗例以早晨小食为点心，自唐时已有此语。”他举例说：“唐郑傪（cān）为江淮留后，家人备夫人晨馔，夫人顾其弟曰：‘治妆未毕，我未及餐，尔且可点心。’”

这段文字，后人多以为就是“点心”一词的记载之始，并且“由此可知点心古时即是晨馔”（周作人《南北的点心》）。所以，“点心”的初义就是“早晨小食”，即“晨馔”，也就是现在所说的早餐。这个初义恐怕是与先秦时一日二餐的饮食制度密切相关的，即早餐还不算正餐，被视为“小食”，因而称为“点心”。所以“点心”的初义与今义略有不同，虽说现在很多年轻人的早餐也常常就是点心一类的糕点而不是正餐。

文中“尔且可点心”的“点心”，就是“吃点心”的意思，这是古文中常见的名词活用为动词的语用现象。但在古文中，“点心”也是经常直接用作动词的。

如唐人孙頠（wěi）《幻异志·板桥三娘子》："三娘子先起点灯，置新作烧饼于食床上，与诸客点心。"又如宋人庄季裕《鸡肋编》卷下："上觉微馁，孙见之，即出怀中蒸饼云：'可以点心。'"这些"点心"都是动词用法，意思就是"点饥"。

"点心"的名称虽说始见唐人记载，但吃点心的饮食习惯，却是早在汉朝就已出现了，只是那时称为"寒具"。

所谓"寒具"，按北魏贾思勰《齐民要术·饼法》的说法，就是"环饼"。环饼的制作"须以蜜调水溲（拌和）面。若无蜜，煮枣取汁。牛羊脂膏亦得；用牛羊乳亦好——令饼美脆"。按此说法，"寒具"就是环饼，一种味美而脆的环形面食。

明李时珍《本草纲目·榖部四·寒具》又称寒具为"捻头"，认为"即今馓（sǎn）子也"，其做法是"以糯粉和（huò）面，麻油煎成，以糖食之"。这又说明"寒具"是一种甜食，是油炸的糯米面食类点心。

这类被称为馓子的点心，就文献记载而言，似战国时就已有了。屈原《招魂》中"粔籹（jù nǔ）蜜饵"的"粔籹"，按清蒋骥《山带阁註楚辞》"粔籹，环饼也"的说法，就是环饼，也就是汉时所说的寒具，今天所说的馓子一类点心。而此类点心，最初都是早晨小食，所以宋人吴自牧在《梦粱录》十三《天晓诸人出市》中说，当时小贩于清晨"有卖烧饼、蒸饼、糍糕、雪糕等点心者，以赶早市，直至饭前方罢"。孟元老《东京梦华录》卷之三《天晓诸人入市》也有酒店五更时“多点灯烛沽卖……并粥饭点心……直至天明”的记载。

所以，点心原来所指的只是“晨馔”（有时也指进食充饥），后来词义发生变化，就成了某些食品的代名词，时间也不再局限于早晨，如元陶宗仪《南村辍耕录》卷十七《点心》所说：“今以早饭前及饭后、午前、午后、餔前小食为点心。”现在则不管什么时候，哪怕半夜，凡正餐之外的小吃都可以称之为“点心”。如今快节奏的社会生活，年轻人正儿八经在家吃早餐的已经很少，大多是和各类干湿点心合二为一而称之为“早点”。

周作人在《南北的点心》一文中说，点心还有干湿之分，馒头、馄饨、包子等是水点心，唐朝已有此名，干点心则叫茶食，为喝茶时所吃。所以，“点心”这个词，除了糕饼之类干点心，还应有馄饨和包子之类水点心。《现汉》的释义未包括水点心，似略有欠缺。

秋千，原或为祝寿语“千秋”

秋千作为一种游戏，现在多为儿童所喜爱。1986年，国家体委曾制定过《秋千竞赛规则》（草案），此后秋千便被列为全国少数民族体育运动的正式比赛项目。

关于“秋千”的定义，各家辞书说法不一。《辞海》说是“体育活动用具”，《辞源》说是“传统游戏器械”，《现汉》说是“运动和游戏用具”。三者之中，似以《现汉》所说为好，比较全面。

关于秋千的起源，历来大致有两说。

一说秋千源自山戎。清翟灏《通俗编》卷三一引《古今艺术图》说：“秋千，北方山戎之戏，以习轻趫者。齐桓公伐山戎，传入中国。”山戎是我国古代北方的一个少数民族，其活动区域大致在今北京市及其周边地区。作为一种游戏，秋千在山戎原是用于训练身手敏捷的，后来据说也用于军事训练，成为军训强身的一种工具。山戎被中原霸主齐桓公打败之后，秋千随之传入中原，因其设备简单、学习较易而深受中原民众喜爱，并很快南传，一般认为南北朝时就传到了南方。南朝宗懔的《荆楚岁时记》说：“春时悬长绳于高木，士女衣彩服坐于其上而推引之，名曰打秋千。”可见南朝时南方的荆楚已经有了此类游戏。但也有认为迟至南宋始传入南方，至明朝才蔚为习俗的，如明朝王问《秋千行》所说："此戏曾看北地多，三三五五聚村娥。今日江南初见此，丽人如花映瑶水。"

另一说则以为源自汉武帝的后庭之戏。宋张有《复古编》说："词人高无际作《秋千赋》。汉武帝后庭绳戏，本云千秋，祝寿词也。语讹转为秋千，后人讹为秋千。"唐代词人高无际认为"秋千"原来叫"千秋"，取义千秋万寿，是专用于祈祝汉武千秋之寿的。当时后宫之所以盛行千秋绳戏，无非是讨个利口，迎合武帝长生的欲望。后来不知何故颠倒了词序，错讹成"秋千"，一直错到了现在。

除了以上两种传统说法之外，也有学者以为秋千源自古代西南的彝族，进而推论源头在古印度，是从东南亚传到中国来的。只是此说未见文字记载，尚属推测之辞。

总之，不管哪一种说法，都说明了秋千这项运动或游戏是由来已久的，至少已有两千多年的历史。

作为一种游戏，秋千在唐宋时很盛行，是当时类似狂欢的一种娱乐节目。五代王仁裕《开元天宝遗事·天宝下》有一节文字叫"半仙之戏"说："天宝宫中，至寒食节，竞竖秋千，令宫嫔辈戏笑，以为宴乐。帝呼为半仙之戏，都中士民因而呼之。"宫中妃嫔体态轻盈，在秋千上凌空飘荡时身上的彩衣和绣裙随风飞舞，犹如飞天仙女自天而降，所以唐明皇看得高兴，就赞之为"半仙之戏"。俗话说"上有所好，下必盛焉"。皇帝有此喜好，长安市民自然竞相仿效，于是风靡一时。

杜甫《清明》诗句“万里秋千习俗同”，所反映的便是当时这种风靡全国的景象。

到了宋朝，秋千又翻出新的花样来，从陆地移到了水上，被称为“水秋千”。宋孟元老《东京梦华录》卷七有一节文字“驾幸临水殿观争标锡宴”，其中描绘了水秋千的表演：“又有两画船，上立秋千，船尾百戏人上竿，左右军院虞候监教鼓笛相和。又一人上蹴秋千，将平架，筋斗掷身入水，谓之‘水秋千’。”在画船上竖好秋千架后，先由杂耍艺人在船尾表演上竿，类似引子，然后引出水秋千的表演。表演者登上秋千架即奋力荡悠，荡到踏板与秋千架横梁将平之时，双手脱开绳索，借助秋千的荡力，腾身跃至空中，并在空中翻个筋斗入水。这种被称为水秋千的入水表演，和现在跳水运动非常相似。

荡秋千

历代词人多有吟咏秋千的佳句，如南唐冯延巳《鹊踏枝》“泪眼问花花不语，乱红飞入秋千去”，又如李清照《点绛唇》“蹴罢秋千，起来慵整纤纤手。露浓花瘦，薄汗轻衣透”。小说戏曲也多有描写，如《金瓶梅词话》二十五回“吴月娘春昼秋千”，具体而生动地描写了西门府中众姊妹在花园中扎秋千架和荡秋千的经过；《牡丹亭》也写到杜丽娘家后花园的景致，有“秋千一两架”；《剪灯馀话》更有一则《秋千会记》，写元时官员女眷在“园中设秋千之戏，盛陈饮宴，欢笑竟日”。看来，旧时官宦之家后花园多设有秋千架，秋千那时几乎就是大家闺秀“释闺闷”的主要娱乐游戏。

秋千之为女性喜爱，应该是和当时女性深受封建礼教束缚、长期闭锁深闺院落有关，同时似也与女性的生理特点和相对较弱的体质有关。因为秋千作为一项游戏或活动，运动量总体不大，时间长短比较随意，姿势也可站可坐；而身体随着秋千在空中荡悠起落，除可活动筋骨之外，还可排解闺闷，健身又健心，所以深受女子的喜爱。

在古代，秋千原是一种季节性活动，一般在寒食清明期间比较多。《古今艺术图》说“每至寒食为之”，欧阳修《越溪春》词也说：“三月十三寒食日，春色遍天涯。越溪阆苑繁华地，傍禁垣珠翠烟霞。红粉墙头，秋千影里，临水人家。”之所以如此，唐人段成式《酉阳杂俎》解释说是“寒食有内修之虞，故令人作秋千蹴鞠之戏动荡之”。意思是说，寒食节吃冷食难以消化，所以用秋千和蹴鞠的方式来活动筋骨，帮助消化。蹴鞠多为男子的活动，但到明代就已逐渐衰微了；秋千多为女子的活动，却一直盛行到现在，且由女子而演变为全民，由季节性活动演变为经常性的娱乐和竞技活动。

拴秋千的绳索，古人为求坚牢，有以兽皮制成的，所以“秋千”后来也写成以“革”为形符的“鞦韆”。“革”就是没有毛的兽皮。汉字简化后又还原写作“秋千”了。

九族，历来说法不一

古代律法有“一人造反，九族全诛”的重刑，史书因此常有“刑九族”或“株连九族”之类记载。只是这“九族”究竟是哪九族，汉以来学者的说法却并不一致。汉今文派学者持异姓说，认为九族是父族四、母族三、妻族二，不都是同姓之人，是包括异姓姻亲的。古文派学者则持同姓说，认为九族只是同姓宗亲，从高祖到玄孙九代人，不包括异姓姻亲。现代辞书一般都取同姓说而兼及异姓说，《现汉》的释义最具代表性：“旧时指本身上及父、祖、曾祖、高祖，下及子、孙、曾孙、玄孙的亲属。也有包括异姓亲属的说法，即父族四代、母族三代、妻族两代。”

我们不妨先从九族的“同姓宗亲说”说起。

《辞源》说：“明清刑律服制图，均以高祖至玄孙为同宗亲族的范围。九族以自己为本位；直系亲，上推至四世高祖，下推至四世玄孙；旁系亲，则横推至三从兄弟，即以族兄弟、再从兄弟、堂兄弟，兄弟，同为高祖四世子孙。”按此说法，九族除了同宗直系亲之外也包含旁系亲，因此横向和纵向都有九层。

纵向的九层直系亲比较简单，都是和自己有直接血缘关系的长辈（父、祖、曾祖、高祖）和小辈（子、孙、曾孙、玄孙），而且长辈都只是一个，小辈可能会较多，但总体上人数也不会很多。

横向的旁系亲就比较复杂了，人数也相对较多。有同父所生的自己的亲兄弟；有父亲的兄弟（伯父、叔父）和他们的儿子，即自己的堂兄弟；有祖父的兄弟（伯祖、叔祖）和他们的儿子（堂伯、堂叔）以及他们的孙子，即自己的再从兄弟；还有曾祖父的兄弟（曾伯祖、曾叔祖）和他们的儿子（堂伯祖、堂叔祖）、他们的孙子（再从伯父、再从叔父）以及他们的曾孙，即自己的三从兄弟，也就是族兄弟。这些人都是同一个高祖的四世子孙。朝下还要包括兄弟、堂兄弟、再从兄弟和三从兄弟的后代侄子、堂侄、再从侄，侄孙、

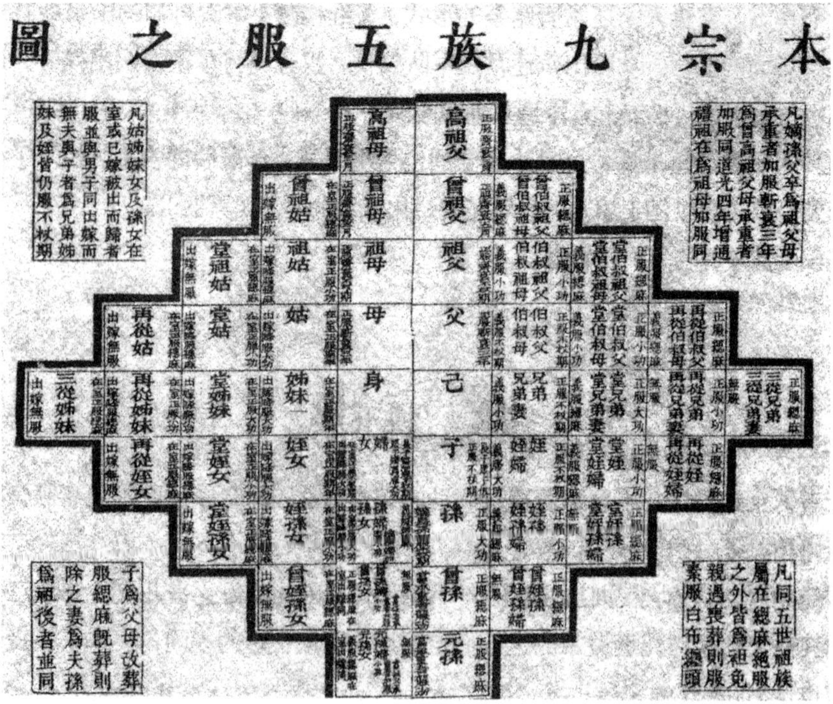

本宗九族五服之图

堂侄孙以及曾侄孙等。这个范围就很大了。

这是古文派学者所说的同姓宗亲的九族。只是按此说来“九族全诛”完全没有可操作性，因为一个家族绝无可能九世同堂。所以，从可操作的角度说，异姓说似乎才比较可取，只是具体所指又有几说。以下试按许慎《五经异义》的说法略作梳理。

许慎《五经异义》引汉今文派学者的九族说为：“父族四：五属之内为一族，父女昆弟适人者与其子为一族，己女昆弟适人者与其子为一族，己之女子子适人者与其子为一族；母族三：母之父姓为一族，母之母姓为一族，母女昆弟适人者与其子为一族；妻族二：妻之父姓为一族，妻之母姓为一族。”

吕思勉《吕著中国通史》上编《族制》解释说，这就是“周代的九族：（一）父姓五服以内。（二）姑母和她的儿子。（三）姊妹和她的儿子。（四）女儿和她的儿子。是为父族四。（五）母的父姓，即现在所谓外家。（六）母的母姓，即母亲的外家。（七）母的姊妹和她们的儿子。是为母族三。（八）妻之父姓。（九）妻之母姓。是为妻族二”。

明代的方孝孺因不为成祖草拟即位诏书，被诛灭了包括朋友门生在内的十族，共八百七十三人。据《明史纪事本末》卷十八《壬午殉难》“初，籍十族……乃及母族林彦清等、妻族郑原吉等”的有关记载，这被诛的十族中有母族和妻族。所以，九族所指的亲属，应该不只是同姓的宗亲，是包含母族和妻族的。

八卦，小道的隐私传闻

所谓“八卦”，原是指阳爻和阴爻排列组合后所形成的八个符号。三阳称乾，三阴称坤，其余六个分别称震、巽、坎、离、艮、兑。

八卦中的每一卦都代表了一定的事物。乾卦代表天，也代表父亲和西北等；坤卦代表地，也代表母亲和西南等；震卦代表雷，也代表长子和东；巽卦代表风，也代表长女和东南；坎卦代表水，也代表中男和北；离卦代表火，也代表中女和南；艮卦代表山，也代表少男和东北；兑卦代表泽，也代表少女和西。八卦互相配搭，又可形成六十四卦，用以象征自然和人事的各种现象。

相传八卦为伏羲所造，周文王又以八卦组合为六十四卦，后人多用于占卜以预测吉凶祸福，军事家也有借以演化为八阵图的。有人认为，如今电子计算机的1和0就是取法于阴阳二爻原理的。因此，现代文明似乎也可追溯到八卦。

但本文所说的“八卦”，不是这八个符号，而是现在常见诸报端的“八卦新闻”的“八卦”，现代辞书释义为“没有根据的，荒诞低俗的”，而通常所说的“八卦”，大多是某个明星或社会名流的隐私之类传闻。

八卦

八卦中的两个基本符号是“—”和“--”，叫爻画，分别称为阳爻和阴爻。三个爻画可排列组成八个经爻，称八卦。只是组成八卦的两个爻画的原始意义是什么，易学家却有着许多不同的说法。

一般认为“—”代表阳，“--”代表阴；但也有认为阳爻原是筮占中一根长的蓍草，阴爻是两根短的蓍草；又有认为阳爻像混为一体的天，阴爻像水陆两分的地；还有认为阳爻代表奇数，阴爻代表偶数；或阳爻代表男根，阴爻代表女阴；或阳爻代表结绳的一个大结，阴爻是两小结，如此等等，说法很多，莫衷一是。

或许正是因为两个爻画的内涵莫衷一是的丰富性，以及它们所蕴含的无穷衍生功能的缘故，人们就拿来形容那些没有根据甚至是荒诞的传闻，尤其是关于明星和社会名流的隐私之类，于是就形成了如今所说的“八卦”新义。但“八卦”的这个新义，虽由《易经》八卦而来，其内涵却与原义毫无关系，只能看作是一种借用，两者并无意义上的联系。而民间对此新义的来源，大致又另有三种不同说法。

其一认为来自粤语。八卦在粤语中原有饶舌的意思，所以娱乐圈就把狗仔队所挖到的明星隐私广为传播，这些被广为传播的明星隐私，就是所谓的“八卦”新闻。

其二认为来自香港。据说香港早年的黄色书刊，在报道明星私生活时，多于封面照片的敏感部位贴一幅八卦图，因此就有了意在揭示隐私的“八卦”之说。

其三认为来自民国。有人认为民国时期有茶楼为招揽生意，在楼外的墙上，按八卦形状贴放各种小道消息，因而此类为招揽生意的小道消息，就被称为“八卦”了。

这些有关“八卦”来源的说法，大都只是些民间传说，还有待考证。然就目前所说的八卦内容看，似已较多地集中在男女的情感纠葛上。

《新民晚报》有一篇关于以萧红为主角的电影《黄金时代》的对话，题目就是《八卦也可以“非常堂正”地表现——许鞍华王安忆昨做客“新民艺谭”对谈“爱情去哪了”》。王安忆说，这部电影对萧红的爱情展现得十分到位。她认为，对人们普遍存在的萧红与四个男人之间情感纠葛的八卦心理，影片也是“非常堂正”地表现出来的。

所以，有关男女之间情感纠葛的心理、细节或传闻，恐怕就是当下对“八卦”这个新义的最基本的理解。

房东，从何而来

城镇市民现在多有兼以房东身份的，这似乎是近一二十年来新出现的一种社会现象。所谓房东，就是有房出租的业主。但有房出租为何要叫“房东”而不叫“房西”？这称谓从何而来？

“房东”这个称谓如果推究起来，应该是由“东家”衍生出来的，而“东家”这个称谓却和我国传统的交际礼节——以“东南西北”四个方位以示尊卑——密切相关。南与北相对时，以南向为尊；东与西相对，则东向为尊。似乎很少例外。

南向为尊就是人们常说的“朝南坐”，这是尊者的座位。但朝南坐只是堂上的礼节，如清人凌廷堪《礼经释例》所说：“堂上以南向为尊。”天子上朝，官员衙门办案，这“朝”和“衙”都是堂，天子和官员就是尊者，所以朝南坐。之所以如此，恐怕和我国地处北半球，朝南一面多阳光有关。而此礼节之形成，推源起来，又可能与周公有关。

《淮南子·氾论训》说：“武王崩，成王幼少，周公继文王之业……负扆（yǐ）而朝诸侯。”汉高诱注：“负，背也。扆，户牖之间，言南面也。”周公辅佐成王摄政时朝见诸侯，是背靠北墙面朝南接受朝见的。所以“南面”就成了尊位，后来也就成了称王称帝的代名词。如《魏书·李谧传》所说“丈夫拥书万卷，何假南面百城”之“南面”即是。

但古人在交际中更多的却是东向为尊的礼节，《礼经释例》就有“室中以东向为尊”的说法。因为就居住实际而言，室远比堂多，所以“室中以东向为尊”的礼节更具普遍性。顾炎武《日知录》卷二十八“东向坐”条中也强调说：“古人之坐以东向为尊。”这就不完全局限于室了。《史记·廉颇蔺相如列传》：“今括一旦为将，东向而朝，军吏无敢仰视之者。”说明军帐之中也是“以东向为尊”的。“东向”就是尊者之位。

东向的尊者之位，在有宾客来访时，多为宾客的尊座，主人则于西向卑位作陪。《史记·项羽本纪》描写鸿门宴的座次安排是：“项王、项伯东向坐；亚父南向坐——亚父者，范增也；沛公北向坐，张良西向侍。”这种自坐尊位的座次安排是有悖古礼的。

唐人赵璘《因话录》卷五说：“人道尚右，以右为尊。礼先宾客，故西让客，主人在东，盖自卑也。今之人，或以东让客，非礼也。”我国古代虽有乘车“虚左”的礼节，但其他场合却大多以右为尊。所谓“西让”与“东让”，就是“尚右”与“尚左”的礼节问题。古代宫室建筑一般都朝南，因此从方位上说，庭院和堂室的座位，就是以西为右，以东为左的。右面的西座就是尊位，左面的东座则为卑位；西座东向，东座西向。主人庭前迎宾，按礼节也应站在左面的东阶，自处卑位示谦，而让宾客走右面的西阶示敬，这就是迎客时所谓“西让客”的礼节。当时有人却“东让客”，赵璘认为不合古礼，批评为“非礼也”。在进入庭院或堂室之后，客人所坐的位子，按礼节也是右面的西座，脸朝东；主人则在左面的东座。这又是落座时“东向坐”的让客礼节。按此交际礼节，项羽鸿门宴上的座次安排，就是“非礼”的做法，完全不合敬重宾客的古礼。

其实项羽并非不懂此类礼节。《汉书·王陵传》写他为招降王陵，把王母劫来军中，而在王陵使者到来时，又故意让王母东向坐，说明他是懂这种“东向坐”的礼节的。鸿门宴上的座位安排，在项羽显然就是一种藐视，一种不把刘邦视为贵宾的故意。

以东向为尊的座次礼节，在古代是很普遍的，不只是室内宴客时如此，“即交际之礼，亦宾东向而主人西向”（顾炎武《日知录·东向坐》）。如前所说的“西让客”，迎送宾客时主人总是走在东阶上的。《仪礼·士相见礼》早就说过“主人揖，入门右（出门时左为东，入门时右为东）。宾奉挚（拿着礼物），入门左（西）”的话，《礼记·曲礼上》对此有更明确的说明：“凡与客入者，每门让于客。……主人入门而右，客入门而左；主人就东阶，客就西阶。”《史记·魏公子列传》写魏无忌窃符救赵之后，赵王为表谢意，亲自去迎接他，“引公子就西阶”。这说明赵王也是以主人应有的礼节，让魏公子无忌由西阶登堂的。可见古人迎宾待客的礼节，哪怕是君主，有时也不例外。

所以，在古代人际交往中，“东”通常借指卑位，主人一般也总是自处卑位示谦，这或许就是房主人后来被称为“东家”的由来。只是原先房主人借以自示谦卑的意思，在后来“东家”这个称谓中已经不复存在了。

与“东家”相对的是“西席”，旧时多用以尊称受业之师。清人梁章钜《称谓录》卷八：“汉明帝尊桓荣以师礼，上幸太常府，令荣坐东面，设几。故师曰西席。”

如果“东家”有房出租，那就兼称“房东”了。所以“房东”这个称谓，应该又是由“东家”衍生出来的。当然，现在“房东”这个称谓中已经没有自示谦卑的意思了。

附录一：也说“房东”

《咬文嚼字》2012年9月号刊载有陈壁耀先生《“房东”从何而来》一文，认为“房东”由“东家”衍生出来，而“东家”来源古代“东向为尊”的礼仪。此说不对。“东家”其实来自“东道主”。

《现代汉语词典》“房东”条：“出租或出借房屋的人（跟“房客”相对）。”《辞海》不收。《汉语大词典》与《现汉》同。可见，房东就是房主。

房主怎么与“东家”搭上了关系？再查“东家”。《现汉》：“旧时受人雇佣或聘请的人称他的主人；

佃户称租给他土地的地主。”《辞海》：“房东；寓主。”《汉大》同《现汉》。

三本权威辞书都将“东家”与“主人”挂上了钩，而与古代礼仪中的“坐西向东”“东向为尊”毫无关系！

再说，礼仪中的“东向为尊”是指坐在西边的那一位，即西座为尊。上述文章引唐人赵璘《因话录》：“礼先宾客，故西让东，主人在东，盖自卑也。”主人是房主，家中以他为尊，所以日常居西位，客人来了，他从西位让到东位，以尊客人。既然主人日常居西位，那就不应该是“东家”！

关于“东道主”，《现汉》释为“请客的主人”。五个字，很“现代”。《辞海》稍详，字不多，且抄全段：“东道主本指东路上的主人。《左传·僖公三十年》：‘若舍郑以为东道主，行李之往来，共（供）其乏困，君亦无所害。’按：郑在秦东，可以随时供应秦使的困乏，故称为‘东道主’。后亦用以指房东。”

看！这最后几个字可是《辞海》原文，不是我妄加的！

“东道主”本义是东边道上的主人，后指招待客人的主人，由此衍化出“东家”一词，指雇工及佃户的主人，进一步衍化出“房东”一词，指房屋的主人，不是顺理成章吗？

——原载《咬文嚼字》2012 年第 12 期

作者：李也白

附录二：“东家”真与古代礼仪无关？——再说“房东”从何而来

拜读了李先生的质疑大文《也说“房东”》，多有不敢苟同者。兹就以下三个主要问题略作申说。

其一，关于“东家”就是“主人”的问题。

这其实是一个生活常识，人人都知道，而且拙文也多次说及，如：“在古代人际交往中，‘东’通常借指卑位，主人一般也总是自处卑位示谦，这或许就是房主人后来被称为‘东家’的由来。”但不知何故，李文却还是援引了“三本权威辞书”，才最后“将‘东家’与‘主人’挂上了钩”。拙文并未说过东家不是主人的话，如此援引真有点莫明其妙。东家当然就是主人，还需要多说吗？而主人为什么叫“东家”，这才是需要多说的问题，这也正是我与李先生的分歧所在。所以下面接着说第二个问题。

其二，关于“东家”是否源自“东向为尊”的问题。

李先生以为“东家”不是来自古代“东向为尊”礼仪，引三本权威辞书释义，断然否定“东家”与古代礼仪之“坐西向东”“东向为尊”有关，口气强硬地说两者“毫无关系！”。此说不免武断。

辞书释义，即便再权威，也只是给你一个解释，告诉你一个意思，一般不会告诉你为什么会这样解释，因为辞书不负责说明如此释义的缘由。因此，“主人”为何称“东家”之类问题，一般的辞书基本不负责说明，权威辞书同样如此。所以，以权威辞书的一个解释就轻易否定“东家”与古代礼仪之间的关系，真就是很武断。辞书并未说两者“毫无关系”，怎么就能断定两者真的“毫无关系”？根据何在？

以下试用一件材料，再次说明“东家”称谓的由来并非与古代礼仪“毫无关系”。

《幼学故事琼林》是大家比较熟悉的启蒙读物，卷二《朋友宾主》中有这么一条：“东家曰东主，师傅曰西宾。”很清楚，“东家曰东主”就是对应于“西宾”的一个称谓。至于为何如此，文下引魏朝人如淳的说法作了说明。如淳说：“君臣位南北面，宾主位东西面。”如淳就是从宾主座次方位的礼仪角度来解释主人为何称东家的原因的。按古代传统的座次礼仪，君臣的位置南北相对，君坐北面南，以南向为尊；宾主的位置东西相对，宾坐西面东，以东向为尊。东向为尊就是西座为尊，所以称西宾。与此相对，主人西向的东座就是卑位。这就是“东家”的由来。

东家指东座，不是东向的西座，李先生这点似乎也误解了。“东座”所体现的正是传统礼仪文化中自谦和自卑（自处卑位）习俗，所以不是“毫无关系”的。

其三，关于“东道主”与“东家”和“房东”的一些问题。

李先生断然认为“东家”和“房东”都来自“东道主”，又是以权威辞书《辞海》的释义“后亦用以指房东”来做自己观点的论据，但未见示例。而《辞海》

这个说法，其他权威辞书如《辞源》和《汉语大词典》都未采纳，应该还未形成共识。

关于“东道主”的问题，拙文刊发前编辑也曾问过我，我认为与“东家”不是一回事，所以文中并未提及。

就“东道主”而言，古代多用以指称“居停主人”，赵翼《陔余丛考》卷三九就有“俗称居停主人为东道”的说法。所谓居停，就是临时歇足寄居的处所，后来也用以指租寓之所。从这个角度说，居停主人也就是“房东”（请注意不是“东家”），所以《辞海》会有“亦用以指房东”之说。至于李先生所引《现汉》以“请客的主人”释义“东道主”，则已经是东道主的现代引申义了，只是指请客时买单的主人，和“东道主”的原义无关，与“东家”更是毫无关系。所以这个引证说明不了什么问题。

其实，就“东道主”的原义说，也只是东面道上能提供临时歇足休息地方的主人，原来也并非房东。而得以临时歇足休息的地方又不只是东道，西道、南道、北道也都有。《容斋随笔》（卷七）、《陔余丛考》（卷三九）和《七修类稿》（卷二七）等著作对此都有考证。所以古代除东道主之外，还有西道主、南道主和北道主，都是居停主人。这些东西南北道上的主人，也就不妨认为是房东的另一个来源。所以，房东称谓的由来，既可以和古代宾主的座次礼仪有关，是一种与敬辞西宾相对的自谦，也可以和以东道主为代表的东西南北道居停主人有关，由临时歇足寄居而来。为什么一定要很绝对地肯定一个就否定另一个呢？这两种说法并不是很对立的。

此外，李先生在引用《因话录》时不知何故竟把“西让客”改成了“西让东”？这应该不是排印错误，因为作者下文就是顺着这个错误推衍的。于是这一字之改后，再望“错”生发的结论“主人是房主，家中以他为尊，所以日常居西位，客人来了，他从西位让到东位，以尊客人。既然主人日常居西位，那就不应该是‘东家’！”这番说辞又难免让人感到莫明其妙了——您根据什么刻意说主人是“日常居西位”的？“主人日常居西位，那就不应该是‘东家’！”难道称主人为“西家”才对？而“东家”原是与“西宾”相对的一个概念，没有了相对的“西宾”，又何来“东家”呢？

——陈璧耀

自卑，自低处起步

卑

金文

篆书

“自卑”这个词是常用的，人人都知道它的意思，指的是一种心理状态。《现代汉语词典》释义为：“轻视自己，认为不如别人。”指一种心理上过分看轻自己的状态。它的反义词是“自傲”，“自傲”的意思是“自以为有本领而骄傲”，指一种过分看重自己因而自以为了不起的心理状态。这两种心理状态都是不健康的。健康的人应该既不自卑也不自傲。

但“自卑”原来与心理无关，也不是一个词，早期是两个单音词组合的短语。

“自”原是名词，指的是鼻子，象形字，假借后虚化为介词，意思就是“从”。

“卑”的意思是贱，《说文》释义为“贱也，执事也，从𠂇（zuǒ）甲”。“𠂇”同“左”。段玉裁认为古人尊右卑左，甲像人头，而𠂇在甲下，所以本义就是与“尊”相对的卑贱和低下。原指社会地位低下，是所谓“执事”，即具体办事的人，如诸葛亮《出师表》“先帝不以臣卑鄙”，韩愈《师说》“位卑则足羞”等，指的都是社会地位低。但也借指地理位置低下，如《易经·系辞上》的“天尊地卑”，《史记·贾生列传》的“闻长沙卑湿”等。

“自”和“卑”连用时，“卑”之所指多为社会地位或地理位置，意思就是“从低的地方（开始）”，这和现在形容“看轻自己”的意思完全不同。如果不明白这一点，那么在阅读古书时就容易犯错。

曾经有一本大学生读本《追问历史》，被称为是“一部反思中国历史的力作”。只可惜白璧微瑕，作者对“自卑”一词也未能有确切理解，因而今义古用作了错误发挥：“一句诗，登高必自卑。也许真的如此。自卑便生疑，不相信别人会与他同舟共济，不相信别人会与他同甘共苦。甚至不相信别人能看到他看不到的危险。其实，这句诗还可以改作登高必自负。登高的人往往认为只有自己才看得见奇妙的景致，甚至只有自己才配看这些景致。”作者在这里完全误解了“登高必自卑”的意义，因而这借题发挥的议论就没有了根。

此句原文出自《礼记·中庸》：“君子之道，辟如行远必自迩，辟如登高必自卑。”《中庸》所引是孔子的话。孔子的意思是说，君子所应该遵循的道（是循序渐进的），就好像要到远方去，必定从近处起步一样，又好像要登上高处，也一定是从低的地方开始的。这“登高必自卑”和“行远必自迩”，讲的都是怎么做人和做事，也就是“君子之道”的顺序问题，和心理状态是完全无关的。而作者在作了错误的理解之后，又继续生发，就让人难以理解了。但即使退一步说，若真把“自卑”理解为一种看轻自己的心理状态，那么登高就一定会自卑这个说法也不合常情和逻辑，也是让人难以理解的。

散步，源自五石散

所谓“散步”就是随便走走，有时也说成“散散步”。

从运动的角度说，散步是最简单经济又最安全易行的运动方式，可以锻炼身体，随时随地都可进行。若从调节紧张的生活节奏角度说，散步也可视为一种休息方式。所以现代辞书说散步是一种休息或锻炼身体的方式。但这随便走走为何要叫“散步”？“散”是什么意思呢？

原来“散步”最初是叫“行散”的，“散”是散发的意思，指一种借行走来散发药性的药物反应行为，与“五石散”有关。

五石散是一种以五石（紫石英、白石英、赤石脂、石钟乳、石硫磺）为主要成分的药物，因而称五石散。此药宜冷服，所以也叫“寒食散”。据说此药服食之后不仅能治病，还会感到“神明开朗”。只是由于其中有一些成分含有毒素，因此服后必须借行走的方式来调适，刺激药性发作使身体发热，以减轻毒性对身体的伤害。当时就称这种行走的方式为“行散”，也叫“行药”。这种类似散步的行走，原是服散后刺激药物反应的必需，和如今随便走走的意思是完全不同的。

“五石散”和“行散”行为，是魏晋名士何晏首创而“首获神效”的。鲁迅先生在《魏晋风度及文章与药及酒之关系》中说，何晏“喜欢吃药，是吃药的祖师”，原因是“他身子不好，因此不能不服药”，而他吃的就是这个“五石散”。鲁迅说，“‘五石散’是一种毒药，是何晏吃开头的。汉时，大家还不敢吃，何晏或者将药方略加改变，便吃开头了”。但“吃了之后不能休息，非走路不可”，因为药效需要“散发”，只有走路才能散发,所以走路就叫“行散”。六朝人诗“至城东行散”，说的就是这个意思。《世说新语·德行》也有殷觊“行散”的类似记载。

所以，“行散”原是魏晋名士服散之后为使药效散发所必须的一种步行，并非单纯散步式的步行。这种行散风气，一直延续到隋唐。但唐以后人们感到服散并不能延年益寿，相反，药性如果不能及时散发，还会中毒或染成痼疾，甚至危及生命，所以就没人再吃了。但由此形成的“行散”习惯却并未因此消失，被后人延续了下来，如唐代诗人韦应物《秋夜寄丘二十二员外》诗所说：“怀君属秋夜，散步咏凉天。”只是这“散步”已经衍变为随便走走的意思了。

因此，“散步”就其源头说，源自魏晋名士“服散”之后的“行散”风气，而如今所说的“散步”，也早已与“行散”毫无关系了。

黄牛，露天的掮客

有关“黄牛”的新闻时有所见，如某歌坛巨星演唱会，有“票务人员竟给黄牛拉生意”（《新民晚报》2014-02-24），某韩星见面会入场券，有“黄牛提早10小时来兜售”（《劳动报》2014-03-24）。这里所说的“黄牛”，指的就是票贩子。

黄牛乃牛之一种，主要用于耕地和拉车，因其敬业的缘故，人们常在“黄牛”前冠一“老”字，形容勤恳工作的劳动者，何以又用来喻指票贩子呢？

票贩子现象不见于文献记载，也不清楚倒票行为始于何时，想来是现代都市文化的一个附生物。按目前一般的说法，把票贩子称为“黄牛”，最初应该形成于二十世纪二三十年代时的大都市上海。

那时上海的十里洋场上曾有一些作家，如汪仲贤、李阿毛，在报上连载一种名为“俗语图说”的文字，如《上海俗语图解》和《洋泾浜图说》，以记录当时流行于上海的一些俗语。今人孟兆臣整理选录了那部《洋泾浜图说》，易名《老上海俗语图说大全》出版，其中就有一则关于“黄牛”的图说。

该《图说》认为：“上海的黄牛党，有组织，也很负责，在电影院门口出卖的票子，虽然价钱贵些，绝不是假票子，一定可以看得到电影。譬如我们到实在弄不到票子时，只要去找黄牛的头脑，他也总有办法给你想的。”文章因此认为，“上海的黄牛”是和“田间的黄牛”一样“无不负责”的，两者在“负责到底”的精神上完全一致，因此就把他们比喻为“黄牛”了。这是二十世纪三十年代有关“黄牛”由来的一种说法。这种说法对黄牛还真有点褒的含义。

从新闻报道看，票务给黄牛拉生意时信誓旦旦地担保说“他们的票绝对是真的”，似也间接证明了这一点（撇开可能有的内外勾结的利益分成不说）。但若就某韩星见面会入场券被查出不少假票的报道看，则黄牛出卖的“绝不是假票子”的“负责”精神现在也已大不如昔了。

另据薛理勇《上海闲话碎语》的说法，认为“黄牛”在沪语中原是喻指掮客的。

“掮客”是一些居间介绍买卖以赚取佣金的人，即所谓经纪人。民间对这些经纪人的习称就是掮客。这个习称在晚清的几部小说中已有所见，如《二十年目睹之怪现状》八十五回的“是个掮客（经手买卖者之称，沪语也）”、《海上花列传》四十一回的“我末赛过做仔掮客”以及《官场现形记》第九回“上海的这些露天掮客真正不少”等。所以，“掮客”最初指的就是一般经纪人，“露天掮客”则是指那些没有店铺的流动掮客。

《碎语》说，十九世纪九十年代，由英国商人创办的上海证券交易公所（The Shanghai Sharebrokers

Association）最初也是译为“上海掮客公会”的。这是因为现在译为“经纪人”的“Sharebrokers”，最初就曾被译为“掮客”。

按《碎语》的说法，以“掮客”习称经纪人原来也“并无贬义”，只是“传统的中国人认为经纪人所从事的是一种买空卖空以牟取利润的行为”，而掮客就属于那种“无本经营而又不承担风险的买卖人”，所以就被比喻成像“黄牛肩胛塌而如同无”一样的“不敢承担风险和责任的人”，因而在沪语中就被赋予了贬义。

大概是在二十世纪二十年代中期，便开始称那些没有登记注册的 “无证、无固定经营场地，利用供需不平衡进行倒卖”的掮客为“黄牛”了。而被称为“黄牛”的掮客，主要就是那些“露天掮客”。他们以倒卖为生，解放前倒过银元，解放后也倒过外汇和其他紧俏票券。

以上是有关“黄牛”称谓由来的两种说法，虽角度有所不同，却都是抓住某个相似点来取譬的。如今所说的“黄牛”，主要就是指那些票贩子了。

孩提，知孩笑可提抱者

孩

篆书

“孩提”就是幼童，也就是儿童，这意思大家都知道；但幼童或儿童为何要叫“孩提”，却未必都知道了。

“孩”字按《说文解字》的说法，原来是写作“咳”的。许慎说：“咳，小儿笑也。孩，古文咳。”但“小儿笑”又是什么意思？马叙伦《说文解字六书疏证》卷三说：“然咳者小儿为人所引逗而最初回答之声。”意思是说大人引逗小孩时，小孩虽然还不会说话，却能以笑来回答了。所以“咳”的“小儿笑”的意思，就是小儿以脸部笑的表情，作为对大人引逗时的“最初回答之声”。后来“咳”写成了“孩”，“孩”就成了“咳”的后起区别字。“咳”是动词，所以“孩”原来也是动词，如《老子》二十章“沌沌兮，如婴儿之未孩”。“未孩”就是还不会笑。人都是哭着来到人间的，没有谁笑着出生，所以人之始生只会哭，还不会笑，“婴儿之未孩”指的就是初生时还不会笑的婴儿，“孩”在这里是作动词用的。但后来用以指代刚刚会笑的孩子，就成了名词。

咳

篆书

“提”字按许慎的说法就是“抱”。《说文》：“提，挈也。”许慎对“挈”的解释是“县持”。“县”就是“悬”，“悬持”就是腾空抱起来。高诱注《淮南子·俶真训》“提挈天地”说：“一手曰提。”所以“提”就是单手抱持。

“孩提”连用最早见于《孟子·尽心上》：“孩提之童，无不知爱其亲者。”赵岐注解说：“孩提，二三岁之间，在襁褓知孩笑可提抱者也。”所以“孩提”指的是二三岁的孩子。清人焦循《孟子正义》说：“赵氏以二三岁之童未可牵行而提挈，故以抱解之。”二三岁大小的孩子还不能牵着一起走，还是经常要父母抱的，所以“孩提”原来指的就是提抱于胸前的刚刚会笑的孩子。

但后来范围有所扩大，多借以泛指未成年的小孩，十几岁的孩子也可叫孩提。如韩愈《祭十二郎文》：“汝之子始十岁，吾之子始五岁，少而强者不可保，如此孩提者又可冀其成立邪？”韩愈之子五岁，十二郎之子十岁了，都称孩提。又如《红楼梦》第五回：“那宝玉也在孩提之间，况他天性所禀，一片愚拙偏僻，视姊妹兄弟皆如一体，并无亲疏远近之别。”第二回介绍宝玉时说他“如今长了十来岁，虽然淘气异常，但聪明乖觉，百个不及他一个”。则宝玉其时已有十几岁，已是少年了，却也称孩提。近期有一本书叫《孩提时代》，是一位七十几岁的作者对自己六十年前儿时的回忆，回忆了诸如“斗蟋蟀”“滚铁环”等儿时游戏。这个“孩提时代”指的也是十岁前后的少儿时代。所以“孩提”后来所指的范围比较大，辞书一般释义为“幼儿时期”和“儿童”等，其实宽泛地说，也可以包括少年的。

“孩提”之所指虽是幼童，却不是人生最早的阶段，因为那时已经会笑了，对大人的引逗也已经能有反应和表示了。人生最早的阶段我们称之为“婴”。“婴”所指的人生阶段略早于“孩”，是出生后还不会笑的那个阶段。“婴”字从女，说明最初还有性别之分。《玉篇·女部》引《仓颉篇》：“男曰儿，女曰婴。”但后来这个性别之分渐趋淡化，男孩女孩都是婴，称男婴和女婴，又进而合称婴儿。

东汉刘熙《释名·释长幼》说：“人始生曰婴儿，胸前曰婴（通膺），抱之婴前，乳养之也。”称刚出生的孩子为婴儿，古今都是一样的。而人之所以于初生取名为“婴”，按刘熙《释名》的说法，是取义于“膺”的。膺就是胸，刚出生的孩子多怀抱于母亲的胸膺之前喂奶，因而谐音取名为婴。

首级，以敌首晋升爵级

人的头有许多不同称说，单音的如“首”“颅”，双音的如“首级”“头颅”“头脑”“脑袋”“脑壳”，还有多音的如“脑瓜子”“脑袋瓜子”等。

“头”的繁体作“頭”，许慎《说文解字》说：“頭，首也。从页豆声。”“頭”以“豆”表声，其实“豆”也表义。《说文》说“豆，古食肉器也”，而人头似豆，头盖骨在古代也常作饮器为人所用，如《战国策·赵策一》“赵襄子最怨智伯，将其头以为饮器”，又如《史记·张骞列传》“时匈奴降者言匈奴破月氏王，以其头为饮器”。可见头像豆一样是有使用价值的，所以古代也常被用作进献的礼品，《韩非子·内储说上》就有“请以头献王者岁十余人”和“是岁人有自刭死以其头献者”的记载，荆轲刺秦王时献给秦王的礼品之一，也是“樊於期之头”。

首

甲骨文

金文

篆书

头又称“首”，这容易明白，因为“首”字金文或篆文就像人头上有毛发之形，本义就是“头”，所以许慎释“头”为“首”。但头何以又称“首级”？“级”是什么意思？这就有点难以理解了。而要说清这个问题，就要从战国时的商鞅变法说起。

商鞅变法中有一个很重要的内容，就是以军功入仕的军功爵制度。《商君书·境内》说：“能得甲首一者，赏爵一级。”意谓能斩获敌国甲士一“首”者，就赏赐他爵位一“级”。《韩非子·定法》更明确地说：“商鞅之法曰：‘斩一首者爵一级，欲为官者，为五十石之官；斩二首者爵二级，欲为官者，为百石之官。’官爵之迁与斩首之功相称也。”

在商鞅的军功爵制度中，斩获敌首之多少与官爵的升迁有着非常密切的关系。“级”是爵级，“首级”就是“以敌首晋升爵级”之谓，看你所斩获的敌首之多少来确定你爵位可以升至哪一级。秦制就是用这种斩获敌首之多少来论功晋级的。后来商鞅的这个军功爵制度被延续下来，就成了古代的军级制度。

其实，春秋时期的军级制度，最初并非“以首记功晋级”，而是“以耳记功”的。如《左传·宣公二年》：“囚华元，获乐吕，及甲车四百六十乘，俘二百五十人，馘（guó）百。”这“馘”的意思就是指割取敌人左耳来计数记功的一种方式。这种记功方式在汉魏时依然盛行，《三国志·魏书·武帝纪》载有献帝策命曹操为魏公的诏书，在称颂曹操功劳的文字中，就说他“殄之渭南，献馘万计，遂定边境”。可见那时斩敌多少依然是“以耳计数记功”的。割耳相对比较轻便，割头就笨重多了，何以商鞅的军级制度会舍此轻便而取彼笨重？难道只是因为头像豆可作饮器有使用价值的缘故？但不管出于何种原因，商鞅所确立的这种“以首记功晋级”的军级制度，后来还是被延续下来了。

这种“以首记功”或“以耳记功”的军级制度，

其实先天就存有不少难以避免的弊端，譬如容易造成滥杀无辜来冒功或虚报等情况，严重的甚至还会因争功而互相残杀。据出土文献的有关记载，秦军在攻打邢丘时，就曾发生过这种争功残杀的案例。据说，北宋名将狄青的部下也曾发生过此类事件，狄青因此上书仁宗，阐述其弊端，所以不久就废止了。而这种制度的废止，其实早在后汉时已初见端倪。《后汉书·朱祐传》写朱祐“将兵率众，多受降，以克定城邑为本，不存首级之功”。朱祐的做法虽是基于仁厚的好生之德，但也不能说完全没有避免滥杀或争功的因素在。《三国志·魏书·国渊传》也有“破贼文书，旧以一为十。及渊上首级，如其实数”的记载，可见这种制度确实已造成了很严重的虚报现象。

所以军级制度最终就被废止了，但“首级”一词却沿用了下来，只是“级”字成了衬词，“首级”就是“首”，也就是“头”，这三者成了同义词。《三国演义》二十五回，写关羽刺杀颜良之后，说他“忽地下马，割了颜良首级，拴于马项之下”，但之后把颜良首级献给曹操时却说“公献首于操前”，而在称赞其弟翼德之勇时却又说他“于百万军中取上将之头，如探囊取物耳”，前文第五回写关羽温酒斩华雄，说的也是“云长提华雄之头，掷于地上。其酒尚温”。一会儿说“首级”，一会儿说“首”，一会儿又说“头”，可见已完全同义了，只是在色彩上还略有区别：“首级”与“首”为书面语，“头”为口语。

喝彩，原与赌博有关

何为“喝彩”？现代辞书释义为“大声叫好”。为何“喝彩”呢？说是为了“表示赞赏”。所以，“喝彩”就是“为表赞赏而大声叫好”。这是现在通行的常用义，或者说就是当下最基本的意思。

只是“大声叫好”为何要说“喝彩”？这“喝”的是什么“彩”呢？

从相关文字材料看，“喝彩”的意思，最初并非表示赞赏的“大声叫好”，而是与赌博有关的一种呼喊，即掷采时呼喊所盼望的某个骰子的“彩”（最初写作“采”，“喝彩”也多有写作“喝采”的）。

唐人段成式《酉阳杂俎》卷五的“怪术”篇，记载了一个宋居士的掷采咒语云：“伊谛弥谛弥揭罗谛。”说是只要把这个咒语“念满万遍，彩随呼而成”。这个“彩”就是赌徒最渴望的骰子的好的齿采，博戏中是被称为“贵采”或“王采”的。

成语有“呼卢喝雉”，就是形容掷采时狂呼乱叫渴盼赌胜的情景的。《晋书》卷八十五《刘毅传》有一段文字写刘裕和刘毅“于东府聚樗蒲（chū pú，古代博戏之一种）大掷”，说众人所掷皆黑犊，惟“毅次掷得雉，大喜”，于是夸口“非不能卢，不事此耳”。刘裕心恶之，“因按五木（以樗木所制的五枚椭圆形骰子）久之，曰：‘老兄试为卿答（我来替你掷一个卢）。’”传文说是“既而四子俱黑，其一子转跃未定，裕厉声喝之，即成卢焉”。果然“喝彩”成功，刘裕掷了一个卢。

卢和雉是樗蒲戏中的两种齿采，都属贵采。按唐人李肇《唐国史补》卷下的说法，樗蒲戏的五枚骰子分为黑白两色，以黑为上，白为下，其中两枚黑色刻为犊，两枚白色刻为雉，“掷之全黑者为卢，其采十六（谓齿采所对应的筴数，即棋子可移动的步数）；二雉三黑为雉，其采十四；二犊三白为犊，其采十；全白为白，其采八”，这四种都是贵采。卢和雉位列前二，所以后人多以“卢雉”泛指掷采赌博的行为。掷采而喝采，喝的就是贵采的采名。因此，或许可以这么说，“喝彩”的初义其实就是成语的“呼卢喝雉”。

掷采的骰子原来是叫“投子”的，因其材质多为玉石，所以也叫“明琼”，唐以后改为兽骨或兽角，就改称骰子了。如今流行的正方体骰子，六个面上分别镂刻有从幺到六的圆点，其中幺和四为红色，其余是黑色。因骰子有此红黑二色，所以也叫色（shǎi）子，掷骰子因此又叫掷色或掷采的。唐代则称“彩战”或“投琼”。

据清人赵翼《陔馀丛考》卷三十三引《言鲭》所说，“唐时投琼，惟‘幺’一点加红，余五子皆黑色”，则“四”原来似非红色。后来“四”之加红，说是因玄宗“赐绯”的缘故。《言鲭》说，一次玄宗与贵妃彩战，眼看要输了，惟一的希望就在那枚还旋转着的骰子上，如果是“四”，便可反败为胜，于是玄宗“连叱之”，不断地喝叫，最后果真停在了“四”上。玄宗很高兴，就“顾高力士令赐绯”，让高力士把黑色的四改成了红色，“遂相沿至今云”。赵翼因此认为，“今骰子于‘四’上加红”，此即其“所本”。宋张端义《贵耳集》卷下也有“唐明皇与贵妃喝采，若成卢即赐绯”的说法，这或许可以看作“喝采”一词最早的出处。

“采”原是骰子上点数的色采标记，但掷采却是以骰点图案所组合的各色采名来决定胜负的，而不是简单的点数相加。所以喝采，喝的就是骰点的采名，也就是像卢或雉之类的贵采。后来词义扩大，喝彩就有了如今用以表示赞赏而大声喊好的意思。最初多用于演艺界，是对伶人高超演技的赞赏，如《京本通俗小说·菩萨蛮》写郡王府的新荷姐，“手拿象板，立于筵前，唱起绕梁之声，众皆喝采”。又如元人马臻《西湖春日壮游即事》诗之“新腔翻得梨园谱，喜入王孙喝采声”，则是对梨园子弟翻唱新腔的赞赏。

艺人如果在表演中出现失误或差错，也会有人故意大声叫好以示嘲笑的，这就是“喝倒彩”了。如张天翼《谭九先生的工作》：“演戏呢，也一定会弄得一塌糊涂，台底下的人都喝着倒彩。”鲁迅《集外集·“说不出”》说：“看客在戏台下喝倒采，食客在膳堂里发标（意谓耍威风，是江浙一些地方的方言），伶人厨子，无嘴可开，只能怪自己没本事。”伶人遇到喝倒彩，是怪不得看客的，唯有退而自省，赶紧长点本事才是。

革命，原是王者易姓

《汉语外来词词典》收有“革命”一词，认为汉语的“革命”源自日文借词，而日文的“革命”，又是英语“revolution”的意译，释义为“人们在改造自然和改造社会中所进行的重大变革，是事物从旧质向新质的飞跃”。这是我们现在所说的“革命”。凡属重大变革，即所谓质变，就是“革命”。

但日文译自英语的“革命”，却是汉语的旧瓶新酒。因为“革命”原是汉语旧词，传到日本后被灌注了新义，再借回来已不同于旧义了。

汉语中的“革命”原是“变革天命”之义，很早就见诸典籍，《周易》《尚书》《逸周书》都有记载。以下试就《周易》之《革卦》，对“革命”旧义略作分析。

《革卦》的彖（tuàn）辞说：“革，水火相息；二女同居，其志不相得，曰革。”又说：“天地革而四时成；汤武革命，顺乎天而应乎人。”前一段解释“革”，后一段说“革命”。

什么是“革”？

彖辞认为“革”就是“水火相息”。之所以这么说，是因为革卦下离上兑的物象就是泽（水）与火，呈下火上水之象：火在水下烧。火在水下不断地烧，水会被烧干；但若水大于火，则水溢出也会浇灭火。这就是所谓的“相息”，即水火有交互更革之象，一旦相遇就预示了变。“息”原有长（zhǎng）义，也有作“熄”而有灭义的，其实无论是长还是灭，都是一种变。

“二女同居”也是革卦的物象。在这里，兑所代表的是少女，离代表了中女。二女原可和睦相处，但由于有悖于正常秩序而使少女在上，中女在下，于是“志不相得”而发生矛盾与冲突，也预示着变。“革”之初义原是去掉兽皮上的毛，兽皮去掉毛成了革，就是变。所以“革”的基本意思就是变。

那么，什么是“革命”呢？

象辞认为，自然界正是因为不断地变才有春夏秋冬四季的周而复始，人类社会也当如此。夏桀与殷纣已不适应天道人心了，人心就会思变，这才有商汤与周武的革命。所以“革命”也是变，是所谓天命之变，或曰王命之变，就像四季更替一样，是很正常的。“汤武革命”便是顺应了天命而又符合民意的一种变革。

《尚书·多士》也有“殷革夏命”之说，《逸周书·周月》也说商汤“用师于夏，除民之灾，顺天革命”。所以，“革命”即“谓实行变革以应天命也。古代以王者受命于天，故称王者易姓，改朝换代为革命”（张舜徽《爱晚庐随笔》）。帝制时代的所谓“革命”，就是此类所谓“顺乎天而应乎人”的“王者易姓，改朝换代”。

《三国志·吴书·吴主传》写孙权称帝，说自己是“承运革命，君临万国”的；《明史·太祖纪》写朱元璋的话“前代革命之际，肆行屠戮，违天虐民，朕实不忍”。

他们所说的“革命”，都是“王者易姓”的改朝换代。武则天称帝时也曾改唐为周，历史上也有称之为“武周革命”的。这些都是“革命”的旧义。

“革命”的新义，一般认为是由孙中山先生首先倡议而自日本引入的。据说1895年他东渡日本时，在神户一份日文报纸上看到一则有关自己的新闻：“支那革命党领袖孙逸仙抵日。”他于是对身边人说：“日人称吾党为革命党，意义甚佳，吾党以后即称革命党可也。”于是，原来被视为“造反”的行为，就此改称“革命”了。这个“革命”，就其本质而言，原也是一种变革天命的政治与社会意识，与旧义的关系相当密切。因为造反式革命就是要改朝换代。只是这次已非简单的“王者易姓”，而是要变帝制为共和的性质完全不同的“革命”，是一种“王者易姓”的质变。这或可视为“革命”旧义向新义的一个过渡。

现在，“革命”早由社会与政治延伸至其他各个领域，有了诸如“技术革命”“思想革命”“产业革命”“生态革命”之类的时代新语，这些都是广义的“革命”了。套用章太炎先生在《革命的道德》中所说“吾所谓革命，非‘革命’也”的话，我们现在所说的“革命”，与“王者易姓”的旧义也已经完全不是一回事了。

家风，故家遗俗

家风也叫门风，按现代辞书的释义，是“指家庭或家族的传统风尚或作风”。这种“传统风尚或作风”，就是家中或族中长辈对小辈实施教育的一种风尚或作风，包含诸如家规、家训和家教等辅佐手段。为保证家风的传承，凡败坏者旧时都会按家法受到惩处。

北周庾信《哀江南赋序》有“潘岳之文采，始述家风”的说法。潘岳是西晋文学家，写有《家风诗》，自述从小所受之家教家训是“曰祇（zhī，敬）曰祇，敬亦慎止”——为人处事应该恭敬谨慎。又说自己的家族风尚和家学传承是“义方既训，家道颖颖”——行事以道义为训，家道因而昌隆。这家教和家训便是家族风尚得以形成的重要因素。近年出土的一些北朝墓志铭中多有诸如“少禀家风”“克传家风”“昌我家风”等文字，《周书·王罴传论》也有王罴之孙王述“不陨门风，亦足称也”的说法，说明南北朝时期，尤其北朝，整个社会对家风都很重视，所以颜之推会在那时写有《颜氏家训》。在《颜氏家训》中，颜之推也有对某人“笃学修行，不坠门风”（《风操》）之类的赞语。

王利器先生在《颜氏家训集解》叙录中说：“河北江南，风俗各别，豪门庶族，好尚不同。”这“好尚”

就是家风。不同的地域自有不同的风俗，不同家庭的“好尚”也不会全同，这就形成了各自不同的家风。唐诗人徐夤《赠垂光同年》说：“逸少家风惟笔札，玄成世业是陶钧。”王羲之是书法家，他的家风就是书法艺术；韦玄成是做官的，其父韦贤汉武帝时为相，他的家风就是做官，而且是做大官，要传承相业（陶钧的意思就是做宰相治理国家）。所以“传承家风”就是指在各自家族所从事的某一领域内能有所成就，这或许就是《礼记·学记》所说的“弓冶箕裘”——好的子弟能承继父业，并有较强悟性触类旁通而使父业得以光大的“弓冶之传”吧。

清袁枚《随园诗话补遗》卷六说：“惺斋乃诗人韬（tāo）园（汝霖）司马之子，落笔绰有家风。”张惺斋是清代诗人张如霖的儿子，诗人的儿子遗传有擅长写诗的家风，在文学史上是不乏其例的。至于宋周密《武林旧事》卷六所说的“又有卖玉面狸、鹿肉、糟决明、糟蟹、糟羊蹄……者，谓之家风”（《酒楼》），则家风在古代似也用来特指一些有独家风味的食品。

但不管因何种家业所延续的家风，在古人眼里，最看重的还是道德上以礼法齐家的传承，此即所谓“家业事小，门户事大”（吴麟征《家诫要言》），“居处有法，动作有礼”（《宋史·司马光传》）。严于礼法、以礼法齐家的家风，在古人心目中是看得比家业还重的。

《旧唐书·李晟传》说西平王李晟“理家以严称，

诸子侄非晨昏不得谒见，言不及公事……尝正岁，崔氏女归省，未及阶，晟却之曰：‘尔有家，况姑（婆婆）在堂，妇（媳妇）当奉酒醴供馈，以待宾客。’遂不视而遣还家，其达理敦教如此。”过年时节，已出嫁的女儿回来看看父母原是常情，但女儿还没进门就被父亲赶了回去，说是有公婆在家，此时正要你招待宾客，怎能回来？这做法虽有点不近人情，却可看出他以礼法治家之严。这就是古人所看重的“门户事大”的家风。

《世说新语·贤媛》有一则东晋名臣陶侃母亲湛氏的故事：“陶公少时，作鱼梁吏（管渔业的小官），尝以坩鲊（gān zhǎ，一罐腌鱼）饷母。母封鲊付使，反书（回信）责侃曰：‘汝为吏，以官物见饷，非唯不益，乃增吾忧也。’”陶母所教诲的便是礼法中最基本的官德——做一个廉吏，不“以官物见饷”。或许正是受到母亲此类教诲的影响，陶侃又养成了凡事节俭和处处爱惜物力的品德。《晋书》本传说他在荆州刺史任上监造船舰时，下令把所有废弃的“木屑及竹头”都收集起来，众人“咸不解所以”。后来他在一个下雪天用木屑铺了湿地，桓温伐蜀时又用竹头做成无数竹钉，全都派上了用场。这就是陶侃著名的“竹头木屑”故事，或许可看作一个官员因母教而养成的节俭的家风和政风。

如今为官的年轻人不少，家中老母都应健在，只不知如陶母湛氏者能有几个？一百年前刚兴办女学时曾流传这么一句话：“健全的国民，有赖于健全的母教。”

从中国历史看，健全的母教确实非常重要。孔孟之伟大，就是和孔母孟母的教诲密不可分的。类似的还有欧阳修之母和岳飞之母等，都是些与陶母一样平凡而伟大的女性。当下贪腐官员如此之多，或许与长期缺乏此类健全的母教和严于礼法的家风不无关系吧。

西汉武帝时有一个位居三公的大臣张汤，死时“家产值不过五百金，皆所得俸赐，无它赢（馀）”，死后其母还以薄礼葬之，“载以牛车，有棺而无椁”，武帝闻之也感叹说“非此母不生此子”。其后七代显贵，门风不坠，一直绵延至东汉，班固说是“其推贤扬善，固宜有后”的缘故。可见好的家风是能泽被后代的。反之则可能祸延子孙。司马光在《训俭示康》中与儿子谈家风时强调“有德者皆由俭来”，并说“近世寇莱公（寇准）豪侈冠一时，然以功业大，人莫之非，子孙习其家风，今多穷困”，因而告诫儿子司马康要“以俭立名”，不要“以侈自败”。当今社会现状，正如司马光家训中所说“近岁风俗，尤为侈靡”，某些已惯于豪侈的官二代和富二代，不知是否会以此作殷鉴而不“以侈自败”？

“家风”一词，从词的源头说，潘岳《家风诗》是如今所见最早的文献记载，但如果再进一步溯源，那么孟子文章中已有类似意思了，如《公孙丑上》所说“纣之去武丁未久也，其故家遗俗，流风善政，犹有存者”。这里的“故家遗俗”与“流风”，是可以看作“家风”一词的最初语源的。

爆竹，源于驱鬼避凶

我国民间每逢喜庆佳节，为营造热闹气氛，有燃放爆竹的习俗。尤其过年，更是如此：“爆竹声中一岁除，春风送暖入屠苏。”燃放爆竹也因此成了送旧迎新的一种特别方式。如今，为环保和减少雾霾等缘故，各地对控制燃放爆竹已多有新规出台。

爆竹就其形制而言，都是些硬纸裹着火药的东西，爆的是纸，未见有把火药灌在竹筒里引爆的。因此，称之为“爆竹”似有点名不副实，应按其形制称“爆纸”才对。但大家依然称“爆竹”，原因何在？

原来，“爆竹”是个历史很悠久的古语词，最早的爆竹，爆的就是竹。所以从名称上看，其名实在形成之初原是非常相副的。

相传为汉东方朔所著的《神异经·西荒经》中有一则“山臊”故事，说在西方的深山里有一种长得像人一样的鬼怪，身高仅一尺多，只有一条腿，总是裸着身子，以捕食虾蟹为生。见到人并不害怕，在人入睡之后，常借着人留下的火堆烤虾蟹吃，甚至还会偷些盐来蘸着吃。这种鬼怪的名字就叫山臊。据说人若被它侵犯了就会生病。人们因此就“以竹著火中”，把竹子放在火堆里，用竹子燃烧时“爆烞（pò）而出”的爆裂声来吓唬它们，于是“臊皆惊惮”，都被吓跑了。

这办法似乎还真有效。

这是有关爆竹的最早的文字记载。后来，南朝梁宗懔（lǐn）《荆楚岁时记》也有类似说法：“（正月初一）鸡鸣而起，先于庭前爆竹，以避山臊恶鬼。”只是时间上演化为正月初一这个特定的节日，也就是在过年的时候爆竹了。

山臊也叫山魈（xiāo），是一种猿猴类的山中精怪，也有认为是一种恶鬼，因而其字就有从鬼作山魈的。鬼是要害人的，所以人们就用竹燃烧时发出的爆烞声来吓唬它们。有人以为“年”也是一种山鬼，所以后来爆竹就和年发生了关系。

燃爆竹子

民间最初燃放爆竹，只是驱鬼避凶，并无喜庆的意思。而且“爆竹”原来也非偏正结构的名词性词语，而是一个动宾结构的短语。“爆竹”的意思就是燃爆竹子，因而也有叫“燎竹”的，如宋人袁文《瓮牖闲评》所说：“宗懔云：‘岁旦燎竹于庭。所谓燎竹者，爆竹也。’”这“燎竹”就是爆竹，也就是烧竹。所以，那时所说的“爆竹”，就语词结构而言，和我们现在所说的“爆竹”有所不同。

大概在唐朝时，人们开始把硝装在竹筒里引爆，这就和现在的爆竹相近了。据说，唐代李畋（tián）是第一个这么做的人，后人尊之为爆竹的祖师。到了宋代，为追求更好的声响效果，就开始使用火药，竹筒也改为纸制的，就和现在的爆竹一样了。

清翟灏《通俗编》说：“古者以真竹著火爆之……后人卷纸为之，称曰‘爆仗’。”这“后人”按《通俗编》的说法就是宋人。因为翟灏认为“爆仗”这个名称“前籍未见”，是“自宋有之”的，至宋周密《武林旧事》等始有“少年竞放爆仗”和“岁除爆仗”等有关“爆仗”名称的记录。所以“爆竹”自宋以后就又称“爆仗”了。但按宋高承《事物纪原》“魏马钧制有爆仗”的说法，“爆仗”之名似早在“元魏（北魏）已有”了，只是那时的爆仗“犹以竹爆也”，还不是纸制的。因此，就纸制的“爆仗”而言，应该是始于宋朝。

爆竹之改称爆仗，按黄侃的说法是“‘仗’亦‘竹’之转音”的缘故，认为是一种语言的音转现象。“仗”字《说文》未收，《玉篇》释为“器仗”，初义应是刀戟之类兵器的总称，然后引申出仪仗、仪卫，即宫廷御前供奉的意思来。所以，爆竹之转称爆仗，最初也可能是与宋朝的宫廷娱乐活动有关。后来流入民间，爆竹也因此改称为爆仗，并转为民间婚娶寿诞和年节喜庆时的一种文化娱乐习俗而沿用至今。

爆仗自宋以后在材质上发生了很大变化，如黄侃所说“古制以竹，今制以纸耳”。按邓之诚《东京梦华录注》卷七“爆仗”条引顾张思《土风录二》所说：“纸裹硫磺谓之爆仗。除夕岁朝放之。”那就不只是材质上的变化，用途上也由驱鬼避凶转为迎新喜庆了。而按宋人施宿《会稽志》的说法：“除夕爆竹相闻，亦或以硫磺作爆药，声尤震厉，谓之爆仗。”则爆仗与爆竹在声响上还略有不同，爆仗的爆裂声更“震厉”些。孟元老《东京梦华录》对爆仗的说法也是“忽作一声如霹雳，谓之爆仗”的。或许正是因为爆仗声响之震厉，后来便又借用威力巨大的“炮”的名称而称“爆仗”为“炮仗”了。

如今，“炮仗”又多称“鞭炮”。《现汉》释义为：“①大小爆竹的统称。②专指成串的小爆竹。”释义②所说的小爆竹，原来叫作“鞭爆”，如鲁迅《野草·好的故事》中就是“鞭爆的繁响在四近”的写法。旧版《辞源》释义为：“编小爆竹成串，燃而放之，则声络绎。俗谓之鞭爆。”所以“鞭爆”原是专指成串小爆竹而言的。之所以称之为“鞭爆”，应该是其形似鞭的缘故。如今改称“鞭炮”，并借以统称大小爆竹，或许也是因为其声更为“震厉”的原因吧。

国家，诸侯封地与大夫食邑

国

甲骨文

篆书

什么是“国家”，今人众说纷纭，莫衷一是。一般认为，“国家”的现代意义是阶级统治和社会管理的工具，是由军队、法庭和监狱等暴力机器组成的一个政治概念；它要“安内”，也要“攘外”，是民族利益的忠实捍卫者。但从历史上看，“国家”原来却不是一个概念，最初也不是一个词。

“国家”原是“国”和“家”两个不同的政治概念

“国家”最初是两个不同层级的政治概念：“国”指诸侯的封地，即诸侯统治的区域；“家”指大夫的食邑，即卿大夫统治的区域。

“国”的古字作“或”，字从戈。《说文》分析为：“从口从戈以守一。一，地也。”意思是用干戈守卫某一居住地（“或”加土也作“域”）的民众，这就是远古时代的“国”。那时国的规模很小。《战国策·赵策三》说：“古者，四海之内，分为万国。”可见国的规模是很小的。这所谓的“万国”，可能只是些氏族村落。后来“或”加意符“囗（wéi）”就成了“國”，“國”字“从或从囗”。按徐锴《说文系传》对“囗”的解释是“其疆境也”，则国与国之间是有疆界的。

“国”作为一个政治概念，应该是开始有私有财产和阶级时的产物。从我国的历史看，一般认为在夏启之后。原始氏族时期，还没有国的概念，有的只是部落。

就目前的文献资料看，国在西周之初似多用以特指天子的国都和诸侯封地“邦”的国都，如《国语·周语》的“国人莫敢言”和《左传·隐公元年》的“大都不过参国之一”等。“国人”就是国都之人，“参国之一”就是国都的三分之一。上古时，“国”多以一个城池为中心，所以“国”初时所指就是国都。后来扩大范围泛指诸侯的封地，所以《说文》说“国，邦也”。邦和国浑言时无别，析言则有不同。《六书故·工事二》说：“城郭之内曰国，四境之内曰邦。”可见国原是邦中之国，周围是有城墙的；邦则是王所分封的封地，范围比国大。后来邦为国所取代，国就成了西周时期分封建国的一个政治概念。

“家”字从“豕”，历来有许多说法和非议。其实，“家”之所以从豕，可以看作上古从游牧走向蓄养定居的一个农业文化符号。先民的蓄养或许正是从养猪开始的。

“家”现在指家庭，在古代却有广狭之分。“长铗归来乎，无以为家”（《战国策·齐策四》）和“万乘之国，弑其君者必千乘之家”（《孟子·梁惠王上》）中，两个“家”的含义是不同的。广义的“家”包含现代意义的家庭，即“无以为家”的“家”；狭义的“家”则是一个政治概念，指卿大夫所管辖的封地，包括他们的家族和所管辖的领地，以及受其管辖的奴隶或农奴等。郑玄说“有夫有妇然后为家”，这个意义古今是相同的；而《字汇》所说“大夫之邑曰家”，这个意义却是现在所没有的。《孟子·梁惠王上》“王曰‘何以利吾国’，大夫曰‘何以利吾家’”句中“家”“国”并举，这“家”所指的就是卿大夫的家族及其封地。所以狭义的“家”和“国”一样，也是西周分封制度的产物。

战国时“国”“家”始合二而一成为复合词

战国时代，分封制度开始瓦解，诸侯先后强大起来，卿大夫也随着一起扩大了势力范围。当时礼崩乐坏，王室式微，诸侯国的政令也逐渐由“国”而移至“家”，“国家”开始连用，如《冯谖客孟尝君》中田文说自己“沈（沉）于国家之事，开罪先生”（《战国策·齐策四》）。

因为家的逐渐强大，家就成了国中之国。卿大夫不但执掌国政，在家内还有了自己的家臣，其名称也仿国之大臣，称总管，所属都邑的主管也称宰，宰下也设司马、司徒之类的官，俨然成了王和诸侯之下的一级政权机构。甚至更有家臣强大到发生所谓“陪臣执国命”（大夫的家臣把持了国家政权）的事情。所以，在卿大夫执掌了国之大权之后，家不断发展强大，最后发展为国，也就是顺理成章的事了。三家分晋便是当时最典型的事例。

三家指韩、赵、魏，他们原是晋国的三家卿大夫，因其逐渐强大，最后协议分解了原先的强国晋。于是，晋国卿大夫的三个家就成了战国七雄中的三个诸侯国。

"家"扩展为"国"，而"国"就是原先的"家"，"国"和"家"这时就统一了起来。随着历史进程的发展，"家"和"国"渐趋合一，就形成一个联合结构的复合词"国家"。只是这里的"家"不是小"家"，而是卿大夫的大"家"与诸侯"国"的结合。现代意义上的"国家"一词也应作如是观，只是原来大"家"的意义已经淡出。

秦以后的"国家"等同于周王朝的"天下"

秦以诸侯身份一统天下之后，"国家"又替代了原先周王朝的"天下"，因此，秦以后所说的"国家"大致等同于先秦时的"天下"，如柳宗元《封建论》所说的"今国家尽制郡邑"，这"国家"就是"天下"。

与此同时，因为秦行郡县，卿大夫的家便不复存在，所以"国家"一词中"家"的内涵也就此发生了变化，成了一家一户的小家，和国不在同一政治层面。于是，"家"就被表现为与"国"的对立，被理解为"私"；家之"私"与国之"公"，就成了两个对立的世界。只是这两个对立的世界又是统一的，所以就形成了一种新的"国家"秩序。

但是，在这新的国家秩序中，帝王之"家"却又是"公"，而且等同于"国"。秦帝国建立之后，始皇《峄山刻石》就有"乃今皇帝，壹家天下"的话。所以帝王之"家"就称"皇家"。在古人心目中，皇家就是"公家"，就是"国家"，所谓"溥天之下莫非王土"。

因为皇家就是国家，所以"国家"有时就被用来特指皇帝个人。《资治通鉴·晋纪十七》“官家难称”，胡三省注曰：“称天子为官家，始见于此。西汉谓天子为县官，东汉谓天子为国家，故兼而称之。”其实，早在西汉就有“谓天子为国家”的称呼了，如《汉书·匈奴传下》“今单于上书求朝，国家不许而辞之”，这“国家”指的就是天子。

现代意义的“国家”早已不是皇帝之家了，家的意义更趋弱化。虽说我们现在也可以把“国家”解释为某一领土上政府与民众的共同体，但其实际意义却是多偏于国的，家的含义已经淡出，“国家”成了偏义复词。我们常说的“国家利益”，其实就是“国之利益”，“家”只是衬字。这是以国为本位的国家。

然而，一个民主和法治意识健全的国家，应该是以民为本位的“家国”才对。因为从历史上看，家是先于国的，国的建立原就是为了保卫家。一个国家，只有家富了，国才能强。

世界 | 宇宙

“世界”与“宇宙”，现在都是汉语常用词，只是在今人的概念中，这两者基本上不是一回事，前者指地球上的所有地方，后者是包括地球在内的整个天体，是一切空间和时间的总合。因此，“宇宙”是一个远比“世界”要大得多的概念。但就词义演变的历史轨迹看，这两者的内涵曾经有过重合。

就汉语而言，“宇宙”是本土固有的旧词，早在战国时代就已有了，“世界”则原非汉语词，而是印度佛教传入中国之后的佛语新词，是晚至东汉才出现的。

按佛教的定义（参见《楞严经》卷四），“世界”就是“宇宙”。因为“世”的意思是“迁流”，是流动的时间，佛教称“流数”，指过去、现在、未来三段时间，即无始无终的无穷时间；“界”的意思是“方位”，佛教称“十方”，即东、西、南、北、东南、西南、东北、西北和上、下十个方位的空间，也是一个无边无际的无穷空间。因此，“世界”便是无穷的时间与空间的总合，这就和总合一切时空的“宇宙”同义了。

世

金文

篆书

汉语原先没有“世界”，但有“世”和“界”。按许慎《说文》的说解，“世”的初义是三十年，因为“世”的古文字形是三个“十”合并而成的，所以

界

篆书

许慎说“三十年为一世”。三十年大致是一代人的时间，所以一世就是一代，“世”与“代”因此常连称“世代”，或叠称“世世代代”，意思就是一代又一代。秦嬴政做了始皇帝之后，曾想把天下传至万世。万世就是万代，未料想二代就亡了。《桃花源记》中有“问今是何世”的句子，这“世”字今人多解为“朝代”，却是误解。因为前文已有“自云先世避秦时乱”句，“先世”即“先代”，指前代祖先，则“何世”当作“何代”讲，问的是外面现在是秦朝第几世，也就是第几代皇帝。这才符合文意和情理。所以“世”的初义与“代”同，指的就是时间概念。至于“界”，原作“畍”，其字从田，《说文》释为“境也”，指田的边界，那么“界”原来指的是空间。

所以，汉译佛经用新造的“世界”一词对译佛语，应该是“世”和“界”原来就是时间和空间概念的缘故。只是新组合的“世界”一词，所表达的已是无限的时空了，比原来“世”和“界”的内涵大了许多。

但这个新造的“世界”却与汉语旧有的“宇宙”义相近了。清人赵翼在《陔馀丛考》卷四十三说到佛教的“世界”时，就说“世界”一词中所蕴含的“方位有十，流数有三，犹《淮南子》所云往古来今谓之宙，四方上下谓之宇也”。他也认为佛语新词“世界”在引入中土时，与汉语固有的“宇宙”义大致是相同的。

“宇宙”一词始见《庄子·让王》之“善卷曰：‘余立于宇宙之中。’”，成玄英疏文谓善卷是隐者，说他“自得天地之间，逍遥尘垢之外”，那么这里所说的“宇宙”就是“天地”了。高诱注《淮南子·原道训》“纮（hóng，维系）宇宙而章三光”，对“宇宙”一词更有明确解说：“四方上下曰宇，古往今来曰宙，以喻天地。”按此说解，用来比喻天地的“宇宙”就不只是空间，也含有时间因素，与汉译佛语新词“世界”相同了。其中“宇”与“界”同，都指空间；“宙”与“世”同，都是时间。只是汉语中用以表空间的“宇”字在前，先空间后时间；佛语则以表空间的“界”字殿后，先时间后空间。

然而，“宇宙”最初指的却是与房屋有关的构件。这可以从“宇”和“宙”二字都从“宀”的形体结构上看出来。许慎《说文》释“宇”为“屋边也”，初义就是屋檐，如《诗经·七月》的“八月在宇”，此外还可组词如“屋宇”“庙宇”“楼宇”等。许慎又释“宙”为“覆也”，王筠《释例》谓“犹言天之所覆”，高诱注《淮南子·览冥训》“不能与之争于宇宙之间”，释为“栋梁也”，段注也说“宙之本义为栋”，则其初义就是承载屋顶覆盖的大梁。因此，“宇宙”最初的意义就是与房屋有关的屋檐和房梁，这就与佛语新词“世界”毫无关联了。但在《庄子》中，“宇宙”却开始被借来喻指天地，之所以有此借喻，或许就是因为以屋檐和房梁为代表的屋顶都覆盖于上，而其基础则在地下的缘故。于是，喻指天地的“宇宙”才和佛语新词“世界”的意义大致相近了。

只是“世界”自融入汉语之后，其内涵也逐渐发生了变化，只侧重于表空间的“界”义，从而成为一个偏义复词。我们现在所说的“世界”，如“周游世界”等，都是空间概念。这就和曾经同义的喻指天地兼含时空的“宇宙”不再同义了。

所以，从词义演变的历史轨迹看，“宇宙”的初义和“世界”并不同义；“宇宙”在喻指天地的比喻义时才与“世界”同义。如今两者又非同义关系了。

此外，从梵语“lokadh ā tu（路迦驮都）”的意思看，“世界”原来也只是指日月照临的范围，似乎也不含时间的意思。据《长阿含经》和《法华经》等书的说法，人类所生活的世界，中央是须弥山，有七山八海环绕，海中有四大洲，海外有铁围山。这个世界被同一个日月照耀着，也被同一个佛教化着。而按佛经的说法，积一千个世界为“小千世界”，积一千个小千世界为“中千世界”，积一千个中千世界就是大千世界了，合称“三千大千世界”，简称“大千世界”。一个大千世界就包含有十亿个世界，而宇宙中有无数个大千世界。

如此说来，无论是“世界”还是“大千世界”，似乎都只是指空间，则佛经所说的“世界”原本也就有了两个意思：一个是总合了无限时空的“世界”，与“宇宙”同义；另一个则是偏义的，即我们现在所理解的“世界”，也就是佛教所说的只是空间概念的“十方世界”。

太监 | 宦官

在今人的概念中，一般多认为太监就是宦官，两者是一回事。其实不然，太监称谓晚于宦官，且初时与宦官并不等同。近来有电视剧称赵高为太监，实属穿越，秦朝还没有太监的称谓。又有批评文章说太监称谓始于唐，也稍有不确。另就宦官称谓看，今人也多有认为就是阉人的，也有误解。以下略作梳理。

以阉人侍候帝王及其家族的习俗，大致始于商周，那时已有称为寺人的阉人了。寺的意思是侍，寺人就是侍候君王的阉人，即所谓内小臣，战国时又称宦者，秦汉时改称宦官。

按许慎之说，宦的意思是“仕”，“从宀（mián）从臣”，段玉裁注为“学官事”，即学习做官。但这其实是引申义，初义原是室内之奴，即在贵族家当奴仆，因为“臣”的意思是屈服俯首。后来引申为做官，就与“官”连用称“官宦”，而以倒序的“宦官”指称阉人。只是宦官这个称谓，东汉之前也还不都是阉人，如《后汉书·宦者传序》所说“汉兴，仍袭秦制，制中常侍官，然亦引用士人……中兴之初，宦官悉用阉人，不复杂调它士”。这“中常侍官”就是宦官，汉初兴时“亦引用士人”的，《汉书·百官公卿表》也说皇后近侍大长（cháng）秋“或用中人（阉人），或用士人”，可见那时宦官并不都是阉人。宦官“悉用阉人”是东汉光武中兴（25年）之后的事，所以宦官最初并非都是阉官。

宦官现在一般都称为太监，只是太监称谓始于何时，目前也有不同说法。

比较多的说法认为始于唐朝，但在新旧《唐书》的《职官志》与《宦官传》中都未见太监的官称，只有监（如内谒者监）、少监（如殿中少监）和大监（如中御大监），就是没有太监，而这些“监”，大多也不是宦官。所以，认为太监始于唐代的说法值得商榷。

监

甲骨文

金文

篆书

“监”的繁体作“監”，是一个会意字，会在盆水上照视自己容颜的意思，引申有考察、督察和主管等义。隋以前，曾以监为官名，如《史记·五帝本纪》说黄帝“置左右大监”、《秦始皇本纪》说“郡置守、尉、监”、《李将军列传》说李陵“迁为建章监”等；炀帝以后，监始成为政府机构名称，如长秋监、少府监、国子监、将作监、都水监等，其中长秋监就是宦官机构，是内侍省的改名。

以“监”为宦官的称谓，似早在战国时就已出现。《秦本纪》说“（卫鞅）因景监求见孝公”，这“景监”之“监”，张守节正义就释为“阉人也”。只是这个“监”既可指阉人，却也是官名，一直都没有很明确的界限。后来所说的“太监”称谓，也同样如此。

从正史的记载看，太监称谓最初出现的时间是辽代。《辽史·百官志三》“诸监职名总目”有“某太监”

清太监塑像

的称谓，辽时以太监为诸监长官。这是太监称谓的最早记载，只是语焉不详，具体情况不太清楚。元代沿续了这个称谓，在太府监、中尚监、秘书监等内廷机构中都设有“太监”。但那些太监有“选世家名臣子弟为之”的，也有“参用宦者”的（《元史·百官志》），因而太监在最初不都是阉宦。

太监与阉宦发生固定关系因而太监就是宦官的时代是明朝。明朝建有庞大的宦官专任机构“十二监、四司、八局，所谓二十四衙门”（《明史·职官三》），在这二十四衙门中，都设掌印太监一员，为宦者之长。所以，到了明朝太监才都由宦官充任。只是明朝的太监都是高级宦官，一般宦官没有资格称太监。虽说有时为恭维或讨好，低级宦官也有被称为太监的，但那只是谀称，不是所有宦官的正式称谓。

太监与宦官完全等同的时代是清朝。清初曾“按十三衙门给太监品级”（《清史稿·职官五》），于是有大太监和小太监的区别，大太监称总管或首领。大致在康熙时代，太监不再是官名，成了阉宦的专称，宦官就都称太监了。所以，“太监”正式成为宦官通称的时代应该是清朝。只是那时的太监们又喜欢别人称他们为“爷”或“师傅”或“公公”了。

扯淡 | 扯蛋

“扯淡”如今也有写作“扯蛋”的，多以为就是“扯淡”的异体写法。其实不然，“扯蛋”并非“扯淡”的异形词。由教育部和国家语委组织编写的收有996组异形词的《异形词规范手册》就未收“扯淡”。从语词规范的角度说，“扯淡”不宜或不应写作“扯蛋”。以下略说原因。

先略说“扯淡”。

所谓“扯淡”就是闲扯淡话。“扯”是闲扯，“淡”是淡话，“淡话”就是无聊的话。《辞源》因此释“扯淡”为“说无意义的话”，“引申为无聊，没意思”；《辞海》释为“胡说乱道”和“闲扯”；《汉语大词典》有两个义项，其一释为“胡说乱道”，“亦指闲扯”，其二说是“没意思”“不相干”；《现汉》则简释为“闲扯；胡扯”，但特别注明是方言词。以上几部权威辞书的释义基本一致，除《现汉》未引语源外，其他几部还都指出“扯淡”是源出《西湖游览志馀》的。

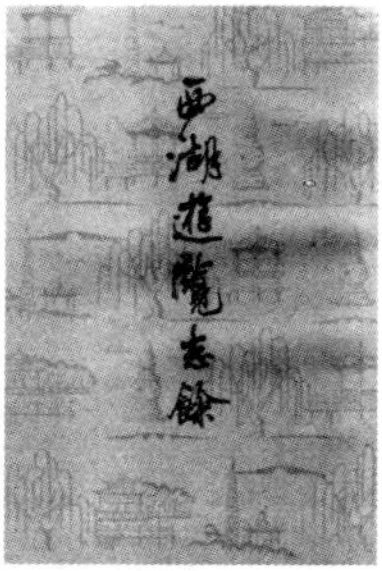

《西湖游览志馀》封面

《西湖游览志馀》是明朝人田汝成辑撰的一部以记载杭州掌故轶闻为主要内容的作品，该书卷二十五《委巷丛谈》说：“（杭人）又有讳本语而巧为俏语者，如诟人嘲我曰溜牙，有谋未成曰扫兴，冷淡曰秋意，无言默坐曰出神，言涉败兴曰杀风景，言胡说曰扯淡，或转曰牵冷，则出自宋时梨园市语之遗，未之改也。”

按田汝成的说法，“扯淡”原是杭州方言，是杭人讳言本语“胡说”的一种“俏语”。相对于直言的“胡说”，“扯淡”确实稍显俏皮。此类俏语，据田所说，最初都“出自宋时梨园市语”，原是宋代演艺圈里流行的行话。后来扩大了流行范围，就成了杭人的俏语，而杭州当时是南宋首都，于是流行范围又扩大成了整个社会的通语，且一直流行到明代“未之改也”。明代又一直流行到现在，也是“未之改也”的。其原因当与两个语素间意义的密切关联相关。

按辞书释义，“扯”的意思就是作无意义的或漫无边际的谈话，如“闲扯”“胡扯”“东拉西扯”；而“淡”的初义则是味不浓，引申有无聊等意思，如上举之“淡话”，又如“淡嘴”（说无聊的话）和“淡事”（无关紧要的事）等。正是因为“扯”与“淡”在意义上的密切关联，就构成了表示胡说义的“扯淡”一词，并且还可倒说成“淡扯”，如《金瓶梅词话》第七回，孟玉楼对其母舅张四所说的“你恁骗口张舌的好淡扯”。“淡扯”就是“扯淡”，意思也一样。

鲁迅先生1935年曾写过一篇《从帮忙到扯淡》的杂文，认为扯淡是迹近帮闲的一种，是帮闲“到末代”时的一些“有其志而无其才”者“乱点古书，重抄笑话，吹拍名士，拉扯趣闻”的种种表现。后来他在致增田涉的一封信中还就其翻译问题解释说：“所谓‘扯淡’一词，实较难译。也就是没有可说而又强要说，既无帮闲的才能，又要做帮闲的事之类。”这或许可以看作是对“扯淡”词义比较形象和具体的一种解释。

以下再略说“扯蛋”。

现代辞书中唯有《汉语大词典》收有“扯蛋”，释义为：“胡扯。刘坚的《“强盗”的女儿》：‘杨团总从五太太手里将报纸夺过，扯个粉碎，狠骂道：“扯蛋！”’浩然《艳阳天》第一二九章：‘韩德大说：“扯蛋去吧，什么他妈的潮流！”’”

释义中没有古代文献的引例，只是两条现代作家的书证，可见“扯蛋”是没有历史渊源的。而所引两条现代例证，能否作为“扯蛋”得以成词的理由，恐怕也大有疑问。关键就在这个“蛋”字上。这“扯蛋”扯的是什么“蛋”呢？“扯”与“蛋”之间有什么意义上的关联吗？

“蛋”的初义是卵，禽鸟或龟蛇之类所生的有硬壳的卵，后来多借以用于骂人的话，如“坏蛋”“软蛋”“捣蛋”“滚蛋”“王八蛋”，但表示“胡扯”意思而说成“扯蛋”，却是完全不通的，因为“扯”与“蛋”在意义的联系上是无论如何都得不出“胡扯”这个意思来的。所以“扯蛋”是很明显的误写，是现代作家一时下意识的误写。之所以有此误写，或如汉郑玄所说是“仓卒无其字，或以音类比方假借为之”（《经典释文·叙录》引）的，匆忙中用同音写了别字，即所谓“本有其字的假借”。这在古代或可称之为通假，现在却只能说写了别字。所以“扯蛋”是不成词的误写，因为“蛋”在所释的“胡扯”义中是完全“扯”不上关系的。

但是，如今网上却多有以此“扯蛋”来组词命名的一些语言现象，如“扯蛋吧”“扯蛋卡盟”“扯蛋小说网”“扯蛋吧匹诺曹”，乃至有特别标明“搞笑版标准虾扯蛋”的，这些又该怎么看呢？

此类网上的语言现象，恐怕只是对“蛋”之别义感兴趣而形成的，如他们自己所说是一种“搞笑版”的网络文字，用意似也只在取其别义搞笑而已。所以，作为网上流行且旨在搞笑的文字，有时写作“扯蛋”玩玩似也无可厚非；但如果从语言规范和纯洁的角度说，那么纸质文字尤其是比较严肃的书面文字，还是以写“扯淡”为是，不宜或不应写成“扯蛋”。

最后再附带说说“牵冷”。

如田汝成所说，“（杭人）言胡说曰扯淡，或转曰牵冷”，则“牵冷”就是“扯淡”的另一种说法。明人陈士元《俚言解》之“扫兴扯淡”条也说：“有谋未成曰扫兴，胡说曰扯淡，又转曰牵冷，皆宋时黎（梨）园市语。”则“牵冷”一直到明朝，应该也是“未之改也”的与“扯淡”同义的俏语。现代辞书中注重源流的《辞源》与《汉语大词典》，都收有“牵冷”一词，都释义为“胡说”，但都没有引例，这无疑说明例证在古代可能已经很少或基本没有了。如今不知民间是否还有此类口语遗存？但作为书面语，“牵冷”已属基本消亡的古词，所以一般辞书，包括大型的《辞海》，都未予收录。

肆

熟语篇

烹小鲜，意谓不可以扰

自中央领导提出领导者“要有‘治大国如烹小鲜’的态度”之后，老子这句名言便注家蜂起，网上网下各有解读。就笔者所见，大致有这么几种：其一，认为这是一种“举重若轻”的态度；其二，认为“表现了一种举重若轻的自信”，治大国“其实就像烹调一锅小鱼汤那么简单”；其三，认为是“不可懈怠，保持勤勉”，“不偷懒”，“不马虎”的意思；其四，认为是强调“大国幅员辽阔，人口众多”，提醒统治者治理大国时不要忽略和抛弃边远地区各阶层的子民，“如同烹调一锅小鱼，要从火候、味道上照顾到每一条小鱼”。此外还有一些说法，文繁不赘述。

以上诸说，似都与老子所要表述的主旨不相符合，其中有增字释义的，也有过度解读的，而且都缺乏佐证，难以成立。其实，老子这句名言很简单明白，只是一个“不扰”的意思，自古以来很少不同说法。兹就文本与古今注家的解读，略作梳理，以正本清源。

“治大国如烹小鲜”是《老子》第六十章的第一句话，但其中“如”为“若”之误，古代也有讹作“苦”

的。此外，“烹”和“鲜”二字，不同版本也多有异文。1973年湖南长沙马王堆出土的帛书甲本和乙本是目前所见最早的抄本，其中“烹”字皆作“亨”（音pēng，同“烹”），此外也有作“享”（通“烹”）的；而“鲜”则有作“鱼”，也有作“鳞”或“腥”的。今通行本的文字是“治大国若烹小鲜”。

魏晋以来，《老子》注本最为流行的是魏王弼的《道德经注》，其次是西汉时伪托河上公所注的古本《老子》，唐开元以后又有《御注》本流行，先后收录了唐玄宗、宋徽宗、明太祖和清世祖四个皇帝的御批，此外还有唐傅奕本和宋范应元本等。对老子这句名言，各家注本与御批其实大同小异，兹先引录如下。

王弼注：“不扰也。躁则多害，静则全真，故其国弥大，而其主弥静，然后乃能广得众心矣。”王弼认为老子这句话的主旨在“不扰”，国越大越要不扰。不扰就是不折腾，这是治国的要旨，符合老子无为而治的思想。

河上公注“烹小鲜”曰：“烹小鱼不去肠，不去鳞，不敢挠，恐其糜也。”“挠”义同“扰”，“不敢挠”也就是“不扰”。鱼小肉嫩，所以不去除鱼肠和鱼鳞，烹时更是小心，不敢扰动，怕鱼肉糜碎，其主旨也在“不扰”。

范应元注：“治大国者，譬若烹小鳞。夫烹小鳞者，不可扰，扰之则鱼烂。治大国者，当无为，为之则民伤。”他明确解读了“烹小鳞”的比喻义，强调的也是老子无为而治的思想：治国不能扰民，扰民则民伤。

《御注》本四个皇帝的说法也大致相同。

唐玄宗说：“烹小鲜者不可扰，治大国者不可烦。烦则人劳，扰则鱼烂矣。”

宋徽宗说：“烹小鲜而数扰之，则溃。治大国而数变法，则惑。是以治道贵清静，而民自定。”

明太祖说：“善治天下者，务不奢侈，以废民财，而劳其力焉。若奢侈者，必宫室台榭诸等徭役并兴擅动，生民农业废，而乏用国危，故设以烹小鲜之喻，为王者驭天下之式。”

清世祖说：“烹小鲜者，不可以扰。治大国者，不可以烦。烦则人劳，扰则鱼烂，必然之理也。”

诸说之中，明太祖之说稍有不同，他是从执政者“务不奢侈”角度解读的，认为王者应从“烹小鲜之喻”中领悟“驭天下之式”：不“废民财”，不“劳其力”；治天下者若“奢侈”就会“废民财”、“劳其力”。这“奢侈”就是一种“扰”，这个说法如今尤其有现实意义。

综上各家之说，主旨无一例外都在“不扰”“不可以扰”或“不可以烦”。而这些说法的源头，又可追溯至战国时的韩非，以及汉代毛亨和淮南王刘安《淮南子》。

韩非是最早研究老子的人，他的《韩非子》中有两篇解释《老子》的文字《解老》和《喻老》。在《解老》中，他就解读了老子这句名言：“烹小鲜而数挠之则贼其泽，治大国而数变法则民苦之，是以有道之君贵静，不重（读

chóng，义为反复多次）变法，故曰：‘治大国者若烹小鲜。’”韩非的意思是说，烹小鱼如果经常扰动就会破坏它的美观，治大国如果经常改变法令就会使百姓感到痛苦，因此有道明君治国注重静，不会经常改变法令。

汉毛亨在注《诗·桧风·匪风》“谁能亨鱼”时也说：“亨鱼烦则碎，治民烦则散，知亨鱼则知治民。”毛亨之注，由烹鱼联想到治民，也就是对《老子》名言的解读，因为治民原就是治国。

刘安《淮南子·齐俗训》则说：“老子曰：‘治大国若烹小鲜。’为宽裕者曰，勿数挠；为刻削者曰，致其鹹酸而已矣。”他提出了两种解读：性格宽容的人说“不要多扰动”，性格刻削的人说“要用好盐、醋之类调料”。只是第二种解读后人多未采纳。

所以，老子这句名言，传统的解读，自战国以来，基本上就是以“不扰”一以贯之的。今人也大多如此译解，如陈鼓应所译的“治理大国，好像煎小鱼”，这是字面直译；他在之后的引述中便揭示了喻义：“它喻示着为政之要在安静无扰，扰则害民。”又如任继愈所译的“治理大国，要像煎小鱼那样（不要常常扰动它）”，这就兼译喻义了。这就是我们今天所应该理解的老子这个警句的意思。治国与烹鱼都重在“不扰”。鱼扰会碎，民扰则散，其间的道理是相通的。

老佛爷，并非慈禧专称

有慈禧的清宫戏，我们总能听到一个比较特别的称呼——“老佛爷”。慈禧非常喜欢人们称她“老佛爷”，“老佛爷”似乎就成了慈禧的专称。

其实，从历史上看，“老佛爷”原是清朝用来指称开国皇帝的。

满人文康所著《儿女英雄传》，开卷第一回说正黄旗汉军一个安二老爷，“他的祖上，也曾跟着太汗老佛爷征过高丽，平过察哈尔”。这“老佛爷”指的便是开国的太宗皇帝皇太极（据说后来也有称康熙、雍正、乾隆等为“康熙老佛爷”“雍正老佛爷”“乾隆老佛爷”的）。所以，老佛爷这个称呼并非始于慈禧，原来也不是慈禧的专称，而是用于指称开国皇帝的。而开国皇帝之所以有此特别称呼，又可能与其“满洲”的族名有关。

“满洲”是清代满族的自称，而满族原来自女真人。努尔哈赤就自称是女真人的后裔，他借复兴完颜金之名，于1616年统一了女真各部，登上可汗之位，国号就叫金（史称后金）。但他儿子皇太极继位后却废了“女真”旧号而定族名为“满洲”，并于次年改国号“金”为“清”。辛亥革命之后，“满洲”又通称“满族”沿用至今。

据清人陈康祺《郎潜纪闻初笔》卷五所说，“满洲初为部落名，国书本作满珠……乾隆四十二年（1777）上谕：我朝肇兴时，旧称满珠，所属曰珠申，后改称满珠，而汉字相沿，讹为满洲”；“其易‘珠’为‘洲’，盖由‘洲’字义近地名，故汉字假借承用之”。这是说“满洲”原是“满珠”的音转假借，因为“洲”更像地名，所以后来汉语中就改称“满洲”了。

范文澜《中国通史简编》则说是因为皇太极“否认自己是完颜金子孙，并禁用女真称号”，才“别创满洲二字为族号”的。他还说“女真、蒙古崇信佛教，文殊（文殊师利）菩萨最为一般人所尊仰，文殊音转为曼珠或满住，明初建州（按：指东北的建州卫，明成祖时所置）名酋有李满住（按：女真人后裔，明英宗正统年间袭封建州卫都指挥，“李”为明朝皇帝的赐姓），努尔哈赤也有满住的尊号。满字，取满住第一字，洲字取建州第二字，州旁加水成洲字”。则“满洲”原作“满住”，而“满住”原是“文殊”的音转，所以“满洲”原来是一个菩萨的佛号。

就史书记载看，“满洲”一词有多种写法，或作满住、满柱、满珠，也有作曼珠（曼珠师利）或曼殊（曼殊室利）的，如陈康祺《曼珠即满洲之转音》条说：“西藏每岁献丹书，称上为曼珠师利大皇帝。……又作曼殊室利。按珠殊同音，曼珠亦即满珠二字。”之所以有此多种不同写法，应是汉译无定字的缘故。而“曼珠师利”或“曼殊室利”就是“文殊师利”，也就是常与普贤一起随侍释迦牟尼佛（如来佛）左右的文殊菩萨，他是佛教所说修行层次最高的四大胁侍菩萨（另两位为观音菩萨与地藏菩萨）之一。

我国古代皇帝的称呼，通常有庙号、谥号、年号或尊号，但不同时期也会有一些不同的特称或专称。如汉朝，除了高祖、文帝、武帝这些庙号或谥号之外，还有称“国家”或“大家”的；晋以后又有称“官家”的，如《水浒传》中就称宋当朝天子为“赵官家”；明代则是称“老爷”或“爷”的，说是凡内臣奏事，前朝皇帝均按年号称“某年号老爷”，当今皇上则称“万岁爷”（明刘若愚《酌中志》自序）。

满清一朝的皇帝，应该是因为崇信佛教尤其是崇仰文殊菩萨的缘故，就以佛号为其特称而称“佛爷”或“老佛爷”的。清宫十三朝中，信佛的皇帝确实也很不少，譬如顺治皇帝福临就是特别痴迷的一个。他曾自号“痴道人”，说什么“朕想前身的确是僧”的话，又有“吾本西方一衲子，为何落在帝王家？”的《顺治皇帝悟道偈》盛传，乃至死后民间还有五台山出家的说法流传。之后的康雍乾三帝也都是很虔诚地信佛崇佛的。

就慈禧而言，虽为人乖戾，“性惨刻反复”（《慈禧传信录》卷中），但对佛似也很虔诚，据说也勤于礼拜，还摄有多张扮作大慈大悲观世音的照片挂于寝宫，并因此以观音菩萨自居而让人称她“老佛爷”。之所以如此，据德龄公主《清宫二年记》所说，“盖

慈禧画像

以太后极愿为男，故命人亦以男呼之”。光绪帝去见慈禧，都是“跪太后前而呼之曰：‘亲爷爷吉祥！’”的，于是“帝宫中自帝以次，率以父称太后”。这恐怕是因为慈禧感到自己虽大权在握，名义上终究还只是一个太后的缘故，于是就想借此称呼来强化自己的权威。

所以，“老佛爷”原来并非慈禧的专称，而是清代开国皇帝的特称，只是慈禧袭用之后逐渐成了她的专称。据蔡东藩《慈禧太后演义》二十一回所说，慈禧自称老佛爷是在光绪二十年（1894）她六十大寿时。说彼时“西太后遂自加徽号，令承值人员等称她作老佛爷，或称她作老祖宗”。吴趼人《二十年目睹之怪现状》九十二回，说一个乌将军“仗着老佛爷腰把子硬”，这“老佛爷”指的就是慈禧。鲁迅《花边文学·略论梅兰芳及其他（上）》中说“谭叫天在剧坛上称雄”，有一个原因也是“因为他是‘老佛爷’——慈禧太后赏识过的”，这就点明了老佛爷就是慈禧。所以自慈禧以皇帝自居而自加徽号称“老佛爷”之后，“老佛爷”这个原来指大清开国皇帝的特称，就逐渐演变为慈禧的专称了。

《汉语大词典》对“老佛爷”的释义是：“清代对太上皇或皇太后的敬称，后专指慈禧太后。”这“皇太后”应该就是后来专指的慈禧太后，只是这“太上皇”不知何所指？大清称太上皇者唯乾隆一人，皇太极并非太上皇，他是大清实际的开国皇帝，“清”这个国号就是他创建的，所以这“太上皇”或许称作“开国皇帝”或“皇帝”会更好些。

如前所说，“满住（满洲）”原是“文殊”的音转，汉译因此也有译为“佛爷”的，所以“老佛爷”或可视为清朝皇帝的一个特称（但并非每个皇帝都有此特称），而以皇太后身份称老佛爷者，仅慈禧一人，因为她是大清王朝最后一个大权在握的实际上的“皇帝”，所以后来“老佛爷”这个大清皇帝的特称，就演变成她一个人的专称了。

口头禅，因禅宗而来

经常挂在嘴上说的话，人们通常称之为“口头禅”，如“差不多”“妥了”之类。但这些话并非禅语，何以要叫“口头禅”？

确实，这些口头禅都与禅语了无关涉，然就口头禅的源头说，却是因禅宗而来的。

禅宗是盛行于唐宋时期的中国化的佛教宗派，“禅”是梵文“禅那”的简称，意思是“静虑”。所以禅宗特别讲究心性之学，以静坐默念的参禅为其修行方法，又以“不立文字，直指人心”的性净自悟为其宗旨，倡言“顿悟”，认为“开口即错，用心即乖”，潜心参悟禅理，以求“明心见性”，“即心即佛”。禅宗所强调的就是内心的参悟。

但到了禅宗的末流，就与此完全不同了。一些现成的禅语或公案常被挂在嘴边，原本只在心里参悟“不立文字”的“禅”，在末流的参禅者那里却成了谈话的点缀。这就完全背离了“顿悟见性”的禅宗宗旨，所以这种现象就被斥之为“口头禅”。《老残游记》第十回中有一段文字就说到了此类口头禅：“不才往常见人读佛经，什么‘色即是空，空即是色’，这种无理之口头禅，常觉得头昏脑闷。”

“口头禅”最初是被用为贬义的，指的就是那些并未真正领悟禅宗哲理，却在那里袭用或模仿禅僧常用语以为谈助的行为。这是口头禅最初的一个基本含义。

此外，口头禅有时也特指某些禅僧只是空谈禅理而不身体力行的行为，如明人洪应明《菜根谭》所说的“讲学不尚躬行，为口头禅”。只是《菜根谭》里所说的“口头禅”已是扩大的引申义了，不只局限于禅僧或参禅者。

我们现在所说的口头禅就是扩大的引申义，都是用来泛指习惯性地挂在嘴上而无实际意义的话，或一些口头的惯用语，已经与禅宗和禅语无关了。如鲁迅在《呐喊·端午节》中说：“方玄绰近来爱说‘差不多’这一句话，几乎成了‘口头禅’似的。”这“差不多”就是习惯性的话，犹如有人说话时常常会下意识地说“这个”“那个”“然后”之类词语一样。鲁迅在《且介亭杂文二集·论“人言可畏”》中又说：“‘有闻必录’或‘并无能力’的话，都不是向上的负责的记者所该采用的口头禅。”这“有闻必录”之类的话便是惯用语的口头禅了。

“口头禅”一词的最初引例，目前各辞书所引的都是宋人王楙（mào）《野客丛书·宋王先生圹铭临终》诗：“平生不学口头禅，脚踏实地性虚大。临归不用求缠裹，趁着帆风便上船。”王楙生于南宋高宗绍兴二十一年（1151），卒于宁宗嘉定六年（1213），则“口头禅”一词的历史至少已有八百年之久了。

替罪羊，救赎世人的负罪山羊

报载我商务部发言人称：人民币汇率不能成为美方国内问题的替罪羊。又有国资委专家分析高房价问题时说：央企是高房价的替罪羊。

近日“替罪羊”一词屡有所见。这替罪羊，顾名思义就是替人受罪者。一个人犯了罪，自己不去承担应负的责任，却找人顶替，顶替者就是替罪羊。《汉语大词典》释义为：

古代犹太教祭礼中替人承担罪过的羊。据《圣经·利未记》载：古代犹太教每年一次由大祭司按手在羊头上，表示全民族的罪过已由这头羊承担，然后把羊赶入旷野。后以“替罪羊”比喻代人受过的人。（1990年第5卷755页）

“替罪羊”最初指的就是羊，即替人受罪的羊，后来多借喻代人受过的人。用羊来替人受罪的做法，源自古代犹太教。按古犹太人习俗，每年七月初十日为赎罪日，这一天要举行赎罪祭。《旧约圣经·利未记》说，这一天“甚么工都不可做”，祭司行赎罪之礼，为众人赎罪，使他们“在耶和华面前得以洁净，脱尽一切的罪愆”。

古犹太人举行赎罪祭，需用一头公牛犊和两只公山羊。两只公山羊还要以拈阄（jiū）方式，决定哪一只与公牛犊一起用于祭典被杀；不用于祭典的另一只，便由大祭司按着羊头宣称，犹太民族这一年所犯的所有罪过，都已转嫁到它身上去了，然后把这只被转嫁了人类一切罪孽的羊“用以赎罪”，放逐到旷野无人之地。这只被放逐的羊，就是我们现在所说的“替罪羊”，也叫“负罪羊”，它负载着被人类转嫁的所有罪孽。

所以，古犹太人的赎罪祭，羊既用作祭品献给上帝耶和华，也承担了这个被放逐到旷野去的为人类替罪的任务。但《现代汉语词典》（第6版）对“替罪羊”的释义略有不同：

“古代犹太教在赎罪日用作祭品的羊，表示由它替人受罪，借指代人受过的人。”

“用作祭品的羊”在犹太教赎罪祭中并非替罪羊，被放逐到旷野去的那只替人“赎罪”的才是替罪羊。替罪只是代人受过，并非代人受罪而替死，1973年初版《现代汉语词典（试用本）》就是称“古代犹太教祭礼中替人承担罪过的羊”为替罪羊的。替罪羊原是活羊，何以新版《现汉》却以“用作祭品的”死羊为替罪羊呢？

难道是因为耶稣的缘故？

《新约圣经》说耶稣为了救赎世人的罪恶，宁愿把自己钉死在十字架上，拿自己作祭品献给天主，就是仿效了古犹太人替罪羊的赎罪祭，所以教会通常就称耶稣为被杀献祭的赎罪羔羊，替罪于是成了替死，成了献祭的祭品。请看1979年版《辞海（修订本）》

对“替罪羊”的释义：

喻指代人受过的人。源出犹太教、基督教《圣经》故事。《圣经·利未记》记载：古代犹太教每年一次由大祭司按手在羊头上，表示全民族的罪过已由此羊承担，然后把羊赶入田野称为“替罪羊”或“负罪羊”。基督教承袭此说，并将耶稣比作替世人负罪而被杀献祭的羔羊。（《语词分册》1496 页）

在基督教的概念中，替罪羊确实就成了“被杀献祭的羔羊”。或许就是这个缘故，替罪就等同于替死了，所以 1989 年以后各版《辞海》，都以“用作祭品的羊”为替罪羊。但要明白的是，替罪羊原来并非用于献祭的，它不是祭品，是因为《新约》以耶稣为替罪羔羊而被处死之后，替罪羊的比喻义才兼含替死之意，兼指承担某人之罪而被害或被处死的人。如今的辞书大多就是如此释义的。

西西汉阳陵出土的陶羊

在我国古代，羊确实也通常就是献祭的祭品，无论太牢还是少牢，都有羊的身影。羊在我国古代祭祀中，也是必不可少的最主要的祭品。儒家《十三经》里就有一个替死的类似替罪羊的故事，只是所替者不是人而是牛，这就是《孟子·梁惠王上》所说的“以羊易牛”的故事：

臣闻之胡龁曰，王坐于堂上，有牵牛而过堂下者，王见之，曰：“牛何之？”对曰：“将以衅钟。”王曰：“舍之！吾不忍其觳觫，若无罪而就死地。”对曰：“然则废衅钟与？”曰：“何可废也？以羊易之。”

齐宣王不忍心看到牛因为要杀了去祭钟而恐惧发抖的样子，就拿羊替换了牛。对此“以小换大”行为，百姓认为是吝啬；宣王不认可，却也不明白是什么心理；孟子说齐王是有不忍之心的缘故，“是乃仁术也，见牛未见羊也”。这究竟是什么心理且不作分析，只从羊的角度说，羊是受齐王指令替牛去祭钟的，也完全是“无罪而就死地”，因而可以说就是一只替罪羊，只是所替的那头牛，原也是“无罪而就死地”，所以羊其实无罪可替，它只是去替死。“以羊易牛”的故事，不同于人类的替罪羊，人类是因为自身有罪才以羊来替罪的。

据说，伊斯兰教的《古兰经》也有类似“替罪羊”的说法。看来世界各地都有此习俗，羊多被用作燔祭或牺牲的替代品，无论东方还是西方文化，人们似都喜欢用“替罪羊”比喻替人受过者。但何以总是羊而不用其他，因而只有替罪羊而没有替罪牛、替罪马或替罪犬呢？是否只在羊相对比较温顺？对人类而言，除了食用似乎一无所用？马能征战，牛能犁田，狗能看家；即便是驴，也能做个坐骑什么的；而羊却真是一无所用啊。从这个角度说，羊之被用以替罪或替死，或许也是物尽其用得其所哉的。

吃豆腐，调笑或调戏女性

豆腐为我国传统美食，李时珍《本草纲目》“豆腐”条说：“豆腐之法，始于汉淮南王刘安。”此说后人多以为根据不足，但据1960年河南密县所发掘的打虎亭一号汉墓（东汉墓）发现有豆腐作坊的画像石看，东汉时已有豆腐生产似是确凿无疑的。所以，我国吃豆腐的历史差不多已有两千年了，现在恐怕不会有谁没有吃过豆腐。只是这“吃豆腐”是怎么和“调戏（妇女）”联系在一起，而且还成了常用义，被《现汉》列为首义的?

要弄清这个问题，恐怕得从我国传统的丧葬文化说起。

在我国传统的丧葬文化中，凡丧事之后，都有请帮忙者和亲邻吃饭的习俗，而这顿饭中必定都有豆腐。以前地道的大户人家还会隆重地发帖子，写上诸如“敬治豆觞，恭请光临”之类客气话。说明豆腐在我国传统的丧葬文化中是不可或缺的。如今，办完丧事请吃饭，也至少会有一道豆腐。

吃豆腐饭的丧俗，最初似流行于江浙一带农村。在那里，凡家中有丧事，村里的乡亲都会来帮忙，而丧家请吃饭之所以都以豆腐为主，是因为豆腐色白，正是丧事主色。所以吃豆腐原与丧葬习俗有关。《现汉》

"吃豆腐"第三个义项："旧俗丧家准备的饭菜中有豆腐，所以去丧家吊唁吃饭叫吃豆腐。也说吃豆腐饭。"这应是"吃豆腐"的源起和初义，与如今调戏妇女的意思是完全没有关系的。

大概在二十世纪三十年代，"吃豆腐"一词开始流行于上海。据孟兆臣新编《老上海俗语图说大全》，说那时上海被丧家请去帮忙的陌生人，"虽称帮忙，其实凑凑闹忙而已。换一句话说，简直是和调。所以在死人人家和调，就叫做吃豆腐。我们想：死人人家，岂是和调的所在？因此，上海人凡对于不应当和调之处而竟和调，便叫做吃豆腐"。

"和调"是沪语，意思是凑趣，一味地随声附和。死了人的人家，原非凑趣之所，在那里不帮忙，却一味凑趣附和，就是"吃豆腐"了。这是当时上海人对"吃豆腐"的一个说法。于是原来丧葬文化中吃豆腐的习俗流行到上海就成了俗语，意义也随之变化，变为凑趣附和，后来又增加诸如"开玩笑、寻开心"之类的内容，直至最后转义为如今专指与女性调笑或动手动脚沾点小便宜之类的意思。

这是"吃豆腐"的通常说法。而另外还有一说却以为是与豆腐店老板娘有关的。

我国民间有一句俗语："世间三样苦——摇船、打铁、磨豆腐。"而在江南城镇又特多豆腐作坊。这些作坊的格局都很小，多为夫妻老婆店，丈夫需半夜起来磨豆腐，妻子则负责清晨卖豆腐。据说生意都特别好，每天都会吸引许多汉子来买豆腐。又据说那些汉子其实买豆腐是假，来与老板娘调情才是真（或许是受豆腐的滋润，老板娘可能都略有几分姿色吧）。于是“吃豆腐”就和调情或调戏等联系了起来。

鲁迅先生在《故乡》中说自己还是孩子的时候，他家斜对门就有一家豆腐店，店里有个被称为“豆腐西施”的杨二嫂，听“那时人说：因为伊，这豆腐店的买卖非常好”，说的就是这种情况。孙中山先生的《建国方略》也特别说到我国“食豆腐”历史之悠久，“造豆腐”作坊之普遍，以至“穷乡僻壤三家村中亦必有一豆腐店”。则豆腐店老板娘之被“吃豆腐”，在江南恐怕是很普遍的。

豆腐还有老豆腐与嫩豆腐之分，所以调戏妇女也有“吃老豆腐”与“吃嫩豆腐”的区别。如今，随着社会进步与男女平等，据说也有女子拿男子寻开心而吃男人豆腐的，这恐怕又是“吃豆腐”新义的再延伸了。

附录一：关于“豆觞”的一点说明

拙文《吃豆腐》在《咬文嚼字》2014年第9期刊出之后，有读者对文中“豆觞”一词产生疑问，以为这不是豆腐饭。

诚如读者所言，“豆觞”所指并非豆腐饭。按《汉语大词典》释义，是泛指酒馔的。豆原是食器，觞是酒器，所以“豆觞”的本义便是豆肉和觞酒，借指酒食。因此，

“敬治豆觞”的说法可以用于各种场合，包括喜庆场合。

但是，“豆”又另有豆类食品的意思。“豆”最早是称为菽的，汉以后称为豆，如曹植《七步诗》的“煮豆燃豆萁”。所以丧家请柬之说“敬治豆觞”，便可视为一种借用。借用的只是名义上请吃饭的习惯说法，实际却是暗取“豆”之豆类食品义。因此，凡收到此类请柬，都一定知道这里所说的“豆觞”，其实就是“豆腐饭”的代名词，尽管丧宴上依然可能会有鸡鸭鱼肉。

所以，“豆觞”的内涵，就丧家而言，就是请吃豆腐饭的意思。

附录二：孙机先生说豆腐

文物专家、中国国家博物馆研究馆员孙机先生在《豆腐问题》（见《从历史中醒来——孙机谈中国古文物》，生活·读书·新知三联书店，2016年版）中认为，豆腐在我国作为普通食品“开始风行”是在宋朝，历来被认为是豆腐作坊的河南密县打虎亭一号汉墓发掘出土的画像石，其实所“刻画的应是酿酒和为饮宴备酒的情形”，与制作“豆腐了不相关”。那么，我国制作豆腐的历史大概就只有一千多年了。但作为一种普通的副食品，其历史也很悠久了。

臭老九，称谓与遭遇

“臭老九”与“九儒十丐”中的“儒”，指的是知识分子。如今知识分子无论社会地位还是经济收入，都比较高，也很受重视，常被作为人才引进。但你是否知道，在我国历史上曾经有过两个时期，知识分子的地位是很低的。一个是四十年前的“文革”时期，另一个是六七百年前的元朝。

“臭老九”这个称呼就是“文革”时期一个很特别的贬称。那时被认定知识越多越反动，所以知识分子就“臭”。知识分子乃至在校青年学生，都被告知要接受工农兵再教育。许多一流的大学者甚至被关进“牛棚”接受审查，或去五七干校劳动改造，有不少还被刻意安排去打扫厕所。所以，那时的知识分子还不只是社会地位低，而是真的斯文扫地，是非常“臭”的。

至于为何称“老九”，那只是因为在专政对象中排序第九的缘故。“文革”期间，有九类人属于所谓的专政对象，排在知识分子之前的八类人分别是地主、富农、反革命分子、坏分子、右派分子、叛徒、特务和走资派。知识分子排位第九，所以就称为“臭老九”。

“九儒十丐”这个说法流行于十三四世纪时的元朝。知识分子也刚好被排在第九，只比乞丐略高一等。所以从排序上看，两者似也略有渊源。但就其实际内涵看，元朝的知识分子仅仅是社会地位低，并非被专政或需要接受再教育的对象。

据史料记载，十三世纪时，蒙古人在征服宋朝之后，心中就升起一股特别的优越感，以为自己是世界上最优秀的民族了，于是就把所有的民族分成四等。蒙古人理所当然列自己为第一等；把色目人等西域诸族列为第二等民族；原来生活在黄河流域金人统治区的汉人，包括契丹、女真和高丽人等，被列为第三等；而那些原来生活在长江流域南宋治下的汉人，则被列为第四等，并称之为南人，社会地位最低。这四等人在权利与义务上都不平等，并在法律上有明文规定。譬如科举考试，当时就是实行两榜制的，“蒙古、色目人作一榜，汉人、南人作一榜”（《元史·选举一》）。以蒙古人与色目人为右榜，以汉人与南人为左榜；右榜在考试难度上明显低于左榜，而在官职委派上却高于左榜。这种制度上的不公平，只是因为有法律上的明文规定，在当时就是合理的。

同样，按照社会职业和分工不同，那时对人也分等，共分了十个等级。

据陈登原《国史旧闻·九儒十丐》引谢枋得《送方伯载归三山序》所说：“我大元制典，人有十等。一官二吏，先之者，贵之也；贵之者，谓其有益于国也。七匠八娼、九儒十丐，贱之也；贱之者，谓无益于国也。”他对知识分子介于娼丐之间的卑下地位深有感慨：“嗟乎卑哉，介乎娼之下、丐之上者，今之儒也！”谢枋得是南宋遗民，宋亡之后就曾留有遗书说“吾年六十余，所欠一死耳，岂有他哉”。《国史旧闻》又引郑思肖《心史》卷下语说：“鞑法：一官二吏、三僧四道、五医六工、七猎八民、九儒十丐。”郑思肖也是南宋遗民，初名某，宋亡之后改名思肖，肖即赵（趙）也，表示不忘大宋的意思。他在《心史》中完整地列出了按职业划分的全部十等人，只是“七匠八娼”变成了“七猎八民”。对此小异，赵翼在《陔馀丛考》卷四十二中说是“民间各就所见而次之，原非制为令甲”的缘故。因为不是法律的明文规定，所以所见会略有不同，但“其轻重大概如此”。大体上是一致的，尤其是知识分子低下的社会地位。

我国知识分子的社会地位，从历史上看，元之前的宋是相对最高的，因为当时的国策是“崇文抑武”。但自宋被灭之后，知识分子的地位便大幅下降，尤其是南人中的知识分子。因为反差之大，所以当时知识分子心里多有失落。而谢、郑又都是元初被称为南人的南宋遗民，地位更卑下，对此必然感触更深。所以“九儒十丐”这个说法，可能就是他们就当时观感所触发的一时悲愤之语，但似乎正代表了元初一般知识分子的普遍看法，因而就流传了下来。

对于知识分子那时地位低下的社会现象，陈登原先生又引录《宋元学案》中一个叫黄泽的学案予以印证。

《学案》说黄泽曾是江州景星书院和东湖书院的山长（院长），最初郡守比较看重他，待遇也还不错，

"月致米六斛，钱三十千"。但在将近六十岁时碰上了连年饥荒，生活很艰难，而此时行部有一个副使来巡行考察书院的办学经费，竟以黄泽不过"一老儒耳"，就决定"月廪（每月所发的禄米）削其三分之二"。登原先生因此评论说："以黄泽所遭遇者考之，九儒十丐，讹言不为无因。"意思是说，"九儒十丐"虽说只是民间传言，并非蒙元法律的明文规定，但绝不是没有依据的空穴来风。

"文革"期间，许多大知识分子也被大幅削减工资，只发给最低生活费，这些做法与黄泽的晚景很相似。所以，虽说在"臭老九"与"九儒十丐"中，知识分子都被排在了第九位，可能只是一种历史的巧合，然就其对知识分子所实行的经济手段说，两者倒也真是一脉相承的，似乎有着某种内在联系。

抱佛脚，为求佛护佑

俗语“平时不烧香，临时抱佛脚”或“急来抱佛脚，有事现上香”等说法，是说平时不努力，事先不做准备，事情急了才临时张罗，设法求助。只是这事急了为何要去“抱佛脚”？“抱佛脚”真能解决问题吗？

从语源的角度看，“抱佛脚”源自西域俗语，有人以为最初也是对佛致敬的一种礼拜方式。

据玄奘法师《大唐西域记》所说，古印度世俗社会的“致敬之式，其仪九等”，后来佛教吸收了其中“俯首示敬”“合掌平拱”“屈膝”“长跪”和“五体投地”等五种，略加改造就成了佛门的致敬之礼，并以“五体投地”为佛门最高致敬礼。“五体”指双膝、双肘与额顶，也叫“五轮”。所谓“五体投地”，就是五轮至地作礼，先正立合掌，右手褰衣，然后屈双膝并双肘着地，翻起双掌以示承接尊者之足，最后是顶礼，以头触地或触尊者之脚。头乃人体最高贵的部位，脚是最低贱的，如今以我之头去承接佛之脚，便是对佛表示极端敬重的一种方式。所致敬的对象一般为佛菩萨，如《无量寿经》卷下所说：“阿难起整衣服，正身西面，恭敬合掌，五体投地，礼无量寿佛。”

有人因此以为“抱佛脚”也是佛门类似的一种礼拜方式，说“佛教徒礼拜时”，“双膝着地而双手捧接尊者之足叫抱佛脚（也叫接足或接脚）”（王垂基《词文化源考》）。但此说未见文献佐证，佛学著作中也未见类似说法。我为此请教了玉佛寺的天消法师。他说佛门中没有这个礼节的，之所以说“抱佛脚”，是因为佛身高大，人只够得着佛脚的缘故。所以，“抱佛脚”并非佛门的致敬礼，但也不是与佛完全无关的。

目前各辞书所引书证，都以孟郊《读经》诗的“垂老抱佛脚，教妻读黄经”为“抱佛脚”的最早出处。按《辞源》的说法，这两句诗是“谓（孟郊）年老方信佛，以求佛佑，有临渴掘井之意”。综观孟郊一生，以潦倒失意者居多，生活经常很贫寒，因而晚年自称“贫孟”“穷老”“病叟”，说他那时转而信佛，应是很自然的事。所以，就“抱佛脚”的初义看，是兼含信佛与求佛护佑之类意思的。

清人翟灏《通俗编》引宋张世南《宦游纪闻》说：“云南之南一番国，专尚释教，有犯罪应诛者，捕之急，趋往寺中，抱佛脚悔过，便贳（赦免，音 shì）其罪。今谚云‘闲时不烧香，急来抱佛脚’，乃番僧之语，流于中国也。”就此记载看，宋时就已形成如今所说的这个俗语了，而且“抱佛脚悔过”似乎也真有用。

一个人，哪怕是一个恶人，于作恶之后只要愿意悔过，从此停止作恶，佛都会保佑的。这或许就是佛教所说“回头是岸”或“放下屠刀，立地成佛”的意思。按张世南的说法，如今流行的俗语“闲时不烧香，急来抱佛脚”，就是来自这“云南之南一番国”的，是那里的番僧用来批评平时对佛不礼敬的人的。

与张安世同为宋人的邵博，在《邵氏闻见后录》卷一九中也有一段关于“急则抱佛脚”的文字，说是“王荆公初执政，对客怅然曰：‘投老欲依僧耳。’客曰：‘急则抱佛脚。’公微笑曰：‘投老欲依僧，古人全句。’客曰：‘急则抱佛脚，亦全俗语也。然上去投，下去脚，岂不为的对邪（谓以“急则抱佛”对“老欲依僧”）？’公遂大笑”。宋刘攽（bān）《中山诗话》也有此类似记载。此外，《水浒传》第十七回中，也有何清对他哥哥何涛笑着说“哥哥正是‘急来抱佛脚，闲时不烧香。’”的话。说明“急则抱佛脚”这个俗语，宋朝时确实是很流行的。只是小说中的说法已经演变为一种比喻用法，其意义也转为临时张罗或求助了。

自宋以后，单说“抱佛脚”也有临时张罗或求助的意思，如李百川《绿野仙踪》五十五回“我于八股一途，实荒疏得了不得。若要下场，必须抱抱佛脚”等。这些与如今所说的“平时不烧香，临时抱佛脚”或“急时抱佛脚，有事现上香”之类，都完全只是一种比喻用法而与佛无关了。

我国明清时期也曾流行过一个类似的俗语叫“搬火”，意思与“抱佛脚”相近，如明人西湖渔隐主人《欢喜冤家》第一回所说：“小弟因宗师发牌县考，一向学业荒疏，故此到馆中搬火。”只是如今“搬火”不见有人使用，而源自番国的“抱佛脚”却成了常用语，这或许与唐宋以后佛教盛行有一定的关系吧。

喝墨水，课试的一种惩罚

民间多有把“墨水”等同于“学问”的，问“你喝了多少墨水”就是问“你读了多少书”，“墨水喝得太少”就是“书读得还不多”。似乎墨水喝得越多，学问就越高，甚至还把留学称为“喝洋墨水”。于是，学问的高低就常以所喝墨水的多少来衡量，“喝墨水”因此成了很流行的一个借指读书的熟语，《现代汉语词典》就释为“指上学读书”。

当然，我们现在所说的“喝墨水”只是一种借喻用法，谁都不会真傻到为提高学问而去喝墨水。但从历史上看，却还真有过喝墨水的事，当时叫“饮墨水”，是官员选拔课试中的一种惩罚。

古代官员的选拔，魏晋南北朝是九品中正制。这种选官方式盛行于魏晋，南北朝时虽基本延续，但已略有变化。如北魏为匡补中正之失，就兼行了课试制度。这种课试制度，北齐时又特别强化。据唐人杜佑《通典·选举二》的记载，“其课试之法，中书策秀才，集书策贡士，考功郎中策廉良”。这是说有三个政府部门来考核三类应试者。考核结果也有三种情况：“字有脱误者，呼起立席后；书有滥劣者，饮墨水一升；文理孟浪者，夺席脱容刀。”有漏字错字的，被罚站于坐席之后；字迹不工整字写得很差的，被罚喝一升墨水；文章内容和条理粗疏一无可取的，被罚离席并拿走随身所带用于装饰的佩刀。

北齐这种课试现象，《隋书·礼仪四》也有类似记载，只是所考核对象为各州郡国赴京的使者，考核者为侍中，有时皇帝也亲临。如此看来，现职官员那时也常有被考核的。按《隋书》所说，考核结果除《通典》所说三种情况之外，还有“文迹才辞可取者”，即考得比较好的，那结果就是“录牒吏部”，为吏部所录用。

这些都说明北齐当时选拔官员的课试，或对官员的考核，还是很认真的。就其中罚“饮墨水”这一条说，原是考核中对写字基本功不好的人的一种惩罚，罚喝的目的，也无非是要求应试者能把字写好。这种做法在古代很可能流行过一段时间。

有传说认为，古墨是用粮食做的，喝下去对身体没有什么害处，因而会有此惩罚性的“喝墨水”。此说似乎没有什么根据。说墨水喝下去没什么害处，大致不错；但说墨是粮食做的，却难以成立，因为文献中未见有用粮食做的墨，即使做成了，也是发不了墨的。

“墨”字从黑从土，《说文》谓“墨者黑也，松烟所成，土之类也”。古墨就都是松烟做成的，后来又有油烟，于是合称烟煤，其制法是合烟煤和胶而成。其中油烟为上等墨，用桐油、菜油、麻油或猪油烧烟，加入皮胶、麝香、冰片和香料制成；松烟墨则是用松树枝烧烟，配以皮胶、药材和香料制成。这些烟墨中都未见有粮食成分，所以说古代墨是粮食做的说法难

墨

楚帛书

篆书

以成立。

虽说墨不是粮食做的，但如果真吃了，却也是“无毒”（李时珍语）的，因为古代就有文人嗜好啜墨。苏轼《仇池笔记》卷上有一条“看茶啜墨”说：“真松煤远烟自有龙麝气，世之嗜者，如滕达远、苏浩然、吕行甫，暇日晴暖，研墨水数合，弄笔之余，乃啜饮之。”他又在《书茶墨相反》一文中说，蔡襄年老时因病不能饮茶，就总是烹茶把玩，而“吕行甫好藏墨而不能书，则时磨而小啜之”。说吕行甫写字不行，却经常磨墨啜饮。看来晚至宋朝，文人中还真有喜欢喝墨水的，但以此作为一种惩罚的做法，据说在唐朝时就已被废止了。

今天，当然也不会再有以“喝墨水”来惩罚写字基本功差的做法了，但原先这种惩罚背后所蕴含的把字写好和学好知识的意思，如今却保留了下来。于是“喝墨水”这个词语，就由原来对写不好字的一种惩罚，演变为如今纯粹是“上学读书”的意思，古今词义有了明显变化。近日有人倡议“多喝墨水，少喝酒水”，就是要求人们尤其是官员“多读书，少赴宴”的，这便是“喝墨水”的当代意义。

与“喝墨水”有关的一条成语叫“胸无点墨”，原或作“胸中无墨”。宋人吴子良在《林下偶谈》的“饮墨”条中说：“俚俗谓不能为文者为胸中无墨。”意谓胸中一点墨水都没有，因而不会写文章。这个成语可能就是由“喝墨水”衍生而来的。

还有一个泛指文化知识的词叫“文墨”，与“饮墨水”似乎也有点关联，如宋人释普济《五灯会元》卷二十“天童净全禅师”所说“文墨胸中一点无”。此说可能也由“饮墨水”衍生而来，只是“文墨”这个词语却早于“饮墨水”之说，《史记·萧相国世家》就已有“徒持文墨议论”的记载了。因此，“文墨胸中一点无”的说法，可能是由“饮墨水”衍生而来，而“文墨”一词则明显与此无关。相反的，若从语词产生的渊源看，“饮墨水”的说法或许倒还是因“文墨”而联想衍生的。

打秋风，或源于秋收

“打秋风”一词是民间流行的常见俗语，辞书一般解释为“假借某种名义向别人索取财物”。只是“假借某种名义向别人索取财物”，为何要叫“打秋风”？从字面上似乎很难看出端倪来。

据《汉语大词典》所引书证，“打秋风”最早见于明郎瑛《七修类稿》卷二十三的“懛（dāi，痴呆）子秋风”条：“俗以干人云‘打秋风’，予累思不得其义，偶于友人处见米芾札有此二字，风乃丰熟之‘丰’，然后知二字有理，而来历亦远。”

所谓“干人”，即“干求于人”，意谓向某人有所求取。但何以要称“干人”为“打秋风”，郎瑛初时也不得其解。直至一次偶然见到米芾书札中的“风”作“丰”字，才恍然有所悟：原来“秋风”即“秋丰”，“打秋风”就是“打秋丰”，秋天粮食丰收了才有物可“打”。按此说法，则“打秋风”是与秋收有关的。

但明人陆啸云《世事通考》却释“打秋风”为“打抽丰”。他在该书“商贾”条中说：“打抽丰，因人丰富而抽索之，故曰打抽丰，俗语谓之打秋风者是也。”按此说法，则“打秋风”又与秋收无关，是随时可“打”的。如《红楼梦》第三十九回：“忽见上回来打抽丰的刘老老和板儿来了。”《醒世恒言》卷二十九：“适值有个江南客来打抽丰。”

“抽丰”就是从丰裕中抽取，向有钱人讨点财物之类。清人萧奭（shì）《永宪录》卷三说：“有无厌之辈，一遇门生升授外职，老师、世兄以及同年、故旧探望索取，名曰：抽丰。”

这是说老师借探望之名向升职的门生“打秋风”。但当时的风气似乎也盛行学生向老师“打秋风”。有一部清代文稿《暖姝由笔》，记载了一个在江南教过书的郭先生，去靖江县（原名马驼沙）上任不久，就有学生来打秋风。他因此写了首诗告诫说：“马驼沙上县新开，城郭民稀半草菜。寄语江南诸弟子，秋风切莫过江来。”

以“秋风”喻指打秋风的学生，语义双关。近来某些借助什么名义或关系讨要钱物，或动辄请人赞助，以及各式变相的索贿等，都与此类似。

“打秋风”这种民间习俗，郎瑛说其“来历亦远”，但未明示远至何时。五代王定保《唐摭言》卷十五“贤仆夫”有云：“李敬者，本夏侯谯公之佣也。公久厄塞名场，敬寒苦备历，或为其类所引曰：‘当今北面官人，入则内贵，出则使臣，到所在打风打雨。你何不从之？而孜孜事一个穷措大，有何长进？’”

李敬因所侍奉的主子官场不顺而“寒苦备历”，他的同类就开导他换个“北面官人”，说这样就可以很风光地跟着到处“打风打雨”了。“风雨”谐音“丰裕”，“打风打雨”就是“打秋风”。《辞源》释“打秋风”

就以这条引文作书证。这应该就是“打秋风”的语源。

“打秋风”有时也简作“秋风”，可以直接作动词用。如《儒林外史》第四回张静斋说：“高要地方肥美，或可秋风一二。”又如《牡丹亭·诀谒》中“生”（柳梦梅）与“净”（老园公郭驼）之间的一段对话：“（生）你说打秋风不好，‘茂陵刘郎秋风客’，到大来做了皇帝。（净）秀才，不要攀今吊古的。你待秋风谁？”这里的“秋风”就是“打秋风”，义同“抽丰”；而以“秋风客”称专事打秋风者。

但要明白，“秋风客”原与“打秋风”风马牛不相及。“茂陵刘郎秋风客”是唐代诗人李贺《金铜仙人辞汉歌》中的诗句，典出汉武帝《秋风辞》。《秋风辞》是武帝行幸河东与群臣中流饮宴时所作，其末句“少壮几时兮奈老何”所表达的，与后来曹操“人生几何”的感慨相同。武帝因作《秋风辞》而被称为“秋风客”，这个“秋风客”是与“打秋风”毫无关系的。李贺诗句是说像汉武帝这样不可一世的大人物，生命也同样很短促，也像秋风中的过客一样，很快就过去了。他所说的“秋风客”也同样与“打秋风”无关。但是，因为柳梦梅借用这句诗时是顺着上句“打秋风”的语义而来的，因而就与“打秋风”有了关联。

“秋风客”特指汉武帝时，原无褒贬之分，被借用引申后就含有了贬意，用来指称专事打秋风的人。旧时科举时代，凡新进学的秀才或新中式的举人，通常都会利用拜客的名义，要人送些贺礼或路费。这些人当时就被称为“秋风客”。《儒林外史》第三回说“会试举人，变作秋风之客”，说的就是这种社会现象。

“打秋风”这个俗语，如果细说起来，是可以细分为多种不同情况的。有穷人无奈求助为捞几分馈赠的，如刘姥姥的打秋风；也有假借名义的索取，如《儒林外史》中张静斋的打秋风；还有凭借权势的敲诈式索取，如阿英在《盐乡杂信九》里所说的盐警借“做生日之类，向盐民弄钱”的打秋风，那是等同于上海俗语所说的“敲竹杠”了。

如果从秋收的角度说，“打秋风”的初义应该也是不含贬义的。农民于秋收之日，用饭菜招待四邻与来客甚至路人，以分享丰收喜悦。这种以饭菜待客的风俗似是最初的“打秋风”。据调查，江浙一带不久以前还保留有这种好客的“打秋风”习俗。这种习俗，我们还可远溯至战国韩非子《五蠹》中“穰岁之秋，疏客必食”的话。丰收之年，关系疏远的过客也能受惠吃一顿饭，这或许就是“打秋风”即“打秋丰”的最初语义。所以，“打秋风”最初应该是不含贬义的。只是后来这种农家好客的习俗，为游手好闲的蹭饭者之流所利用，词义就有了变化，由褒而贬了。这说明语词中所蕴含的感情色彩等，是会随着社会文化和习俗的变化而变化的。

三教九流，宗教与学术

成语“三教九流”是“三教”与“九流”的合称，如今用来泛指社会上各种行业和各色人物，因多指下层社会而略含贬义，但原来所指却是宗教上的三个教派和学术上的九个流派，并无贬义色彩，与各色人物更是完全无关。

以下先说“三教”。

按辞书释义，“三教”所指是儒教、道教和佛教，形成于佛教传入我国的东汉时期，但“三教”一词却是佛教传入之前就已形成的，初义与宗教也无关系。从文献记载看，为以下两个意思。

第一个意思是指夏商周三代不同的国教和礼仪制度，即夏教所尚之“忠”、殷教所尚之“敬”和周教所尚之“文”。此说源自汉班固《白虎通》，该书卷八以“夏人之王教以忠”“殷人之王教以敬”“周人之王教以文”为“三教”，所强调的是夏商周三代各自所崇尚的不同的“庠序之教”与“恭让之礼”（桓宽《盐铁论·错币》）。这就是“三教”最初的意思。孔子说“郁郁乎文哉，吾从周”(《论语·八佾》)之“文”，指的就是周教所崇尚的“文”，这是孔子心心念念所向往的西周礼仪制度。

按班固的说法，“教”的意思就是“效”，强调管理者所具有的某种榜样作用，所谓“上为之，下效之”。古人有“上为下效”乃“道之始也”（《御览》引《元命苞》）的说法，管理者的榜样作用被认为是决定国家制度能否得以完善的基础。这是上古时代的一种社会习俗，诚如吕思勉先生所说：“盖邃古之世，曾以上之所行，即为下所当为，此上行下效之习，所以深入人心也。”（《论学集林·蒿庐札记》）

“三教”初义的第二个意思是指周朝儒家的施教内容，即旧时所谓六德（智仁圣义中和）、六行（孝友睦姻任恤）与六艺（礼乐射御书数）之合称。汉徐幹《中论·治学》说，这些是“先王立教官，掌教国子”的主要内容，“三教备而人道毕矣”，唯有兼备三教所蕴含的内容，才算穷尽了人世间的种种道理。这是从儒家施教角度所说的“三教”。

所以，“三教”初义的两个意思都与宗教无关，但自佛教传入之后便开始转指儒教、道教和佛教。据记载，三国时吴主孙权曾向尚书令阚泽询问儒释道三教之高下。此或为史书所载“三教”新义之始。后来，北周武帝也曾与百官及沙门道士辩论过三教高下，最终定以儒教为先。又据元陶宗仪《南村辍耕录》卷五所载，元翰林国史院编修官孛术鲁翀（chōng）有一次在进讲结束之后，仁宗也和他讨论过三教问题：“上问曰：‘三教何者为贵？’对曰：‘释如黄金，道如白璧，儒如五谷。’上曰：‘若然，则儒贱邪？’对曰：‘黄金白璧，无亦何妨，五谷于世，岂可一日阙哉？’

上大说（悦）。”黄金白璧价虽高，但有或没有对我们生活毫无影响，五谷看似不值钱，却一天都不能少，与我们关系最为密切，因而是最重要的，所以历来都被置于三教之首。只是“儒教”这个名称却是一直最有争议的。主要的争议要点有：儒家学说是否可以称为儒教？儒教是否能视为宗教？我国是否真的存在过作为宗教的儒教？诸如此类问题，学界都有不同看法。此不赘说。

以下说“九流”。

“九流”源自《汉书·艺文志》“诸子十家，其可观者九家而已”，而此九家“亦六经之支与流裔（水的下流或衣裳的末裔）”的说法。班固喻六经为水之源，诸子为水之流，以为诸子之学是由经学衍生出来的水的支流或下流，于是其中“可观者九家”就有了“九流”的说法。

“九流”初义指儒、道、阴阳、法、名、墨、纵横、杂、农这九家（若加上小说家，则为十家），但后来多用于泛指秦汉时所流行的各种学术流派。由此再转义，就被用来泛指社会上五花八门的职业和人群了。社会职业和人群有高下贵贱之分，于是又进一步细分出上九流、中九流和下九流的不同来。而这些与学术流派的初义已基本无关了。

九流最初并不含情感因素，细分为三等之后，上九流与下九流就被赋予了不同的感情色彩。而在语用实际中，“三教九流”的基本意思却是多等同于“下九流”的，如《水浒传》第七一回“其人则有帝子神孙、富豪将吏，并三教九流，乃至猎户渔人，屠儿刽子，都一般儿哥弟称呼，不分贵贱”，又如《苦斗》五三“他们做过船工、土工、烧窑工、搬运工，甚至三教九流，无所不为，一直找不到个栖身的地方”，例句中的“三教九流”，所指都是略带贬义色彩的下层社会的卑贱者。

“九流”之被赋予感情色彩，据说源于唐杨士勋《春秋穀梁传注疏序》对诸子学说的批评。该序文有“盖九流分而微言隐，异端作而大义乖”的说法，以“九流”与“异端”并论，“九流”自此始含贬义。而在合称的“三教九流”中，又因“三教”含义之渐趋淡化，成了只是“九流”尤其是“下九流”的意思，从而就演变为如今多含贬义的一个成语。

八拜之交，异姓结拜之交

异姓之间结为兄弟或姐妹，民间旧时多行八拜之礼，如《京本通俗小说·冯玉梅团圆》“当下徐信遂与刘俊卿八拜为交，置酒相待”，又《醒世恒言·李汧（qiān）公穷邸遇侠客》“祭过了天地，又与房德八拜为交，各叙姓名”。异姓兄弟因此被称为“八拜之交”，元王实甫《西厢记》第一本第一折：“有一人姓杜，名确，字君实，与小生同郡同学，当初为八拜之交。”也省作“八拜交”，元关汉卿《救风尘》第一折：“他有个八拜交的姐姐是赵盼儿。”所以，“八拜”就是旧时异姓结拜所行之礼，结拜后的异姓兄弟或姐妹互相就称“八拜之交”。

但据北宋徽宗时文人邵伯温所说，这八拜之礼最初原是小辈对父辈亲朋好友所行的大礼。邵伯温在其所著《邵氏闻见录》卷十中说了一个故事：“韩魏公（韩琦）留守北京，李稷以国子博士为漕（掌漕运之官），颇慢（轻慢）公。公不为较，待之甚礼。俄潞公（潞国公文彦博）代魏公为留守，未至，扬言云：‘李稷之父绚，我门下士也。闻稷敢慢魏公，必以父死失教至此。吾视稷犹子也，果不悛（quān，悔改），将庭训之。’公至北京，李稷谒见，坐客次，久之，公着道服出，语之曰：‘而父吾客也，只八拜。’稷不获已，如数拜之。”

国子博士出身的李稷为人傲慢，为漕官时，对留守北京的大臣韩琦很不敬重。韩琦秉性宽厚，不与计较。但后来文彦博替代韩琦出任北京守备，还没上任就扬言说，李稷之父是我门客，听说他对魏公没有礼貌，一定是父亲死了缺失家教才如此，我一定要给他点教训。所以到北京后李稷上门来拜谒，就故意让他在客厅里等候很长时间，见面时又很不客气地说：“你父亲是我门客，你就对我拜八拜吧。”李稷因辈分低不敢造次，就向他拜了八拜。

这是见诸文献的有关“八拜”的出典。就此记载看，八拜最初似只是世家子弟谒见长辈所施行的大礼，不知从何时开始竟演化成民间异姓结拜中最重要的礼节和仪式。旧时小说中，凡拜把子、认兄弟，都有行此八拜之礼的，并因此称行过八拜之礼的异姓兄弟姐妹为“八拜之交”。

谒见世家长辈或拜把子，行礼何以要多至八拜？有什么说法吗？有一种看法以为，这是就地理方位的八个方向（东、南、西、北、东南、东北、西南、西北）而言的。因为是分别对着八个方向下拜，所以就有八次，因而就称八拜。之所以要对着八个方向下拜，其用意据说是要告知天地各方神灵，让他们都来见证。但这所谓对着八个方向下拜的说法，也恐怕只是一种意念，并非真的转动着身子下拜；而让各方神灵来见证的说法，又恐怕主要是针对异姓结拜而言的。

这是一般对于行礼多至八拜的一种说法。至于称异姓结拜的兄弟姐妹为“八拜之交”，则据说又是源自拜把子者所崇敬的八种异姓“之交”。

这异姓之交的第一种就是“知音之交”。说的是春秋时俞伯牙善鼓琴，而钟子期善听琴，能分辨其琴音之或“志在高山”或“志在流水”。是为知音之交。

第二种是“刎颈之交”。说的是战国时赵将廉颇，因蔺相如完璧归赵和渑池之会后位居自己之上，于是扬言要羞辱他；蔺相如则以国事为重处处避让，廉颇于是深受感动，“肉袒负荆”登门谢罪而结为刎颈之交。

第三种是“胶漆之交”。说东汉陈重和雷义两人情深意笃，有逾胶漆，乡谚因此有“胶漆自谓坚，不如雷与陈”的赞誉。是为胶漆之交。

第四种是“鸡黍之交”。说东汉范式在他乡曾与张劭相约两年后去劭家相会，届时劭设酒恭候，张母认为两年之前又是千里之外的约定，不一定会来。张劭却坚信范式一定不会负约，范式也果然守时而至。旧时称饷客的饭菜为鸡黍，借指深厚的情谊，五代李瀚《蒙求》诗因有“陈雷胶漆，范张鸡黍”之说。是为鸡黍之交。

第五种是“舍命之交”。说春秋时羊角哀与左伯桃闻听楚王贤而结伴同往，谁知途中为雨雪所阻，而干粮已所剩无多，伯桃感到无法保全两人的生命，就毅然把衣粮并在一起给了角哀，自入空柳中饥寒而死。是为舍命之交。

第六种是“生死之交”。民间传说三国时刘备、关羽和张飞在桃园中祭告天地结为兄弟，不求同年同月同日生，只愿同年同月同日死。是为生死之交。

第七种是“管鲍之交”。说春秋时鲍叔牙与管仲相善，因深知其贤而对他分财利时多自取等行为皆“不以为言”而“终善遇之”，管仲因此感慨说“生我者父母，知我者鲍子也”。是为管鲍之交。

第八种是“忘年之交”。说汉朝祢衡还不到二十岁就显露出非凡的才气，其时已五十岁的孔融，不计辈分和他老幼相交。是为忘年之交。

以上便是民间异姓结拜中所特别崇尚的八种异姓之交。按此说法，则异姓结拜的所谓“八拜之交”，就是以这些古人为其榜样的。意谓凡八拜之交的兄弟姐妹，互相之间必须是感情深厚的，是志同道合的，是真诚守信的，是可以绝对信任的，也是不计辈分大小的，关键时刻更是愿意为对方舍弃一切乃至生命的。这恐怕就是“八拜之交”所应有的真髓吧。

黄道吉日，行事择吉讨口彩

“吉日”一词的古义有二。其一指朔日，语出《周礼·地官·党正》之“及四时之孟月吉日”。按郑玄注，指的就是四季第一个月的初一，与原表示朔日义的“吉”相同（如《诗·小雅·小明》之“二月初吉”、杜甫《北征》之“闰八月初吉”等）。其二指好日子，吉利的日子，语出《诗·小雅·吉日》，写周宣王选了个好日子——“吉日庚午”——出猎。“吉日”的今义只是好日子，所以《诗经》的“吉日庚午”可以视为成语“黄道吉日”的语源。

“吉日”何以要称“黄道”？“黄道”是什么意思？和“吉日”有什么关系？《现汉》释义为“迷信的人认为宜于办事的好日子”，未说明两者的关系，却把“黄道”与“迷信”联系在了一起。难道“黄道”就是迷信？或与迷信有关联？

从文化或科学的角度说，“黄道”与迷信毫无瓜葛，它原本只是天文学上与太阳和地球有关的一个科学术语和天文概念。

我们都知道，地球是绕着太阳转的，但因为有自转，所以从地球上看去，似乎是太阳在绕着地球转。天文概念中所说的“黄道”，指的就是地球绕太阳转一圈的轨道在天球上的投影，也就是我们所错觉的太阳绕着地球移动所形成的那个大圈。而这个被称为“黄道”的大圈，却是人类所假设的一个天文概念，其实不存在。早在九百多年前，宋朝的沈括就已明确指出，这个“黄道”是人类“强名而已，非实有也”（《梦溪笔谈》卷八）的一个概念。而这个“强名”的天文概念，在我国早在公元前一世纪就已有记载了，如西汉刘向《五纪论》中的“日月循黄道，南至牵牛，北至东井”。

在黄道两侧的许多星辰中，有六颗古代星相学家称为“六神”的星星，被认为是吉星。所谓黄道吉日，就是根据黄道上六大吉星的运行来确定的。这六大吉星分别是明堂、青龙、金匮、玉堂、天德、司命。星相学家认为，六大吉星主辰（值班）之日就是吉日。他们以阴阳学说来附会人间时日，说什么凡吉星主辰之时“宜兴众务”，“一切凶恶自然避之”；说什么六大吉星，得之为吉，悖之为凶，以至后来黄历上也都印有今日宜什么或忌什么的吉凶之说。这就是旧时的星命之说。以天上星辰的运行来附会时日与人事吉凶，天文概念的“黄道”就此与迷信发生了非常密切的联系，于是就产生了“黄道吉星”和“黄道吉日”之类迷信的说法。

据说，1941 年日军偷袭珍珠港的时间，就是经过星相学家精心分析的。12 月 8 日被认为是一个难得的黄道吉日，是因为 7 日刚好为凶日，正对应了日本和美国不同的时日——东半球日本 12 月 8 日逢吉之时，正是西半球美国被认为凶日的 12 月 7 日。

当然，这种说法只能看作民间的一种附会。日本偷袭珍珠港之所以成功，是由多种因素决定的，绝非一个黄道吉日那么简单。但如果单从某种信仰或迷信的角度说，也可见出此类天上“黄道吉星”和人间“黄道吉日”的迷信说法，在民间一直都很有市场。譬如古人凡外出从事某项商旅活动，大多会占卜问吉凶，其时更有“三六九，向外走”之类的口头禅流传，指明每月逢三、六、九都是出门的吉日；旧时农民从事各项农事活动，如开耕、下秧、莳田等，黄历也都列有“宜”行的干支日期，以供择吉；即如当下，择吉习俗也依然存在，诸如建房上梁、订婚结婚，民间大多喜欢选个逢六的日子，为的也是取义六六大顺。

在科学昌明的今天，行事择吉讨个口彩似也无可厚非，但如果一味沉迷于此，真以为天上有什么吉星吉神，凡事一定要按星命择吉，那就是迷信了，完全不可取。我们当下的每一天都可以是“宜于办事的好日子”，根本无关乎什么黄道不黄道、吉星不吉星的。

与黄道相对，天上还有一个假想的“黑道”。它两侧也有许多星辰，其中天刑、朱雀、白虎、天牢、玄武、勾陈六颗也称六神，但被认为是凶星。逢凶星主辰，就是凶日，称为“黑道日”。但和“黄道吉星”一样，所谓“黑道凶星”或“黑道日”也是一种迷信，不可当真。“读书人不在黄道黑道，总以事理为要”（《红楼梦》第一回），天上某个星辰的位置与运行，于世间之时日和人事而言，其实是无所谓吉凶的。

猴年马月，原是“驴年马月”

“猴年马月”这个成语，我们平时常用，意思也大致都知道。但为何要叫“猴年马月”，恐怕大多难以说清。几部大型辞书，如《辞源》《辞海》《汉语大词典》，都未收录；一些成语大词典，如上海辞书版《中国成语大辞典》也未收录，商务版《汉语成语大全》虽有收录，释义却很简单，只说“不知哪年哪月。比喻遥遥无期”，1993年长春版《新华成语词典》的释义也是“泛指无可指望的未来岁月”。

猴与马既为生肖，我们平时又习惯以生肖纪年，凡申年就是猴年，何以猴年马月就会是“不知哪年哪月”？且用来“比喻遥遥无期”或“泛指无可指望的未来岁月”？如果说“遥遥无期”或“无可指望的未来岁月”只是强调时间久长的话，那么“不知哪年哪月”就完全是否定有这个时间段了。

猴年就是申年，这个时间段是确定的，怎能否定得了？猴年的一轮不过十二年，似乎也说不上久长得“遥遥无期”或“无可指望”。上述释义似乎有点不合情理，其字面义与内在含义如此矛盾，让人难以理解。

其实，“猴年马月”原来是写作“驴年马月”的。《汉语大词典》未收“猴年马月”，却收有“驴年马月”，释义为“不可知的年月”，但没有古代书证，只引了两条现代用例。其一是梁斌《红旗谱》二九：“即便有点希望，又在那个驴年马月呢？”其二是《新华文摘》1981年第4期：“研究研究，研究到驴年马月！”这两条现代例证都是解放以后比较近的用例。刘洁修《汉语成语源流大辞典》也收有“驴年马月”，释义为：“以十二属（子鼠、丑牛、寅虎、卯兔、辰龙、巳蛇、午马、未羊、申猴、酉鸡、戌犬、亥猪）记年，其中并没有‘驴’，‘驴年’则纯属子虚；生肖不能用来称月，‘马月’亦属乌有，因而‘驴年’或‘驴年马月’表示没有期限。”但是所引例证只有“驴年”，即《五灯会元·四·古灵神赞禅师》的文字：“本师又一日在窗下看经，蜂子投窗纸求出。师睹之曰：‘世界如许广阔不肯出，钻它故纸驴年去！’”则以“驴年”表示没有期限或不可知的年月，是早在宋朝就已有了。

生肖的属相文化不是中国独有的，世界上其他国家也有，尤其是四大古国，都有此类生肖现象。其中与我国最接近的是印度，除了“虎”在印度是“狮子”之外，其余完全一样，包括排序，“猴”在印度也排序第九，称“猕猴”。印度的生肖也同样没有驴。但其他三个古国——希腊、埃及、古巴比伦——却都有驴的生肖属相，有的排位第四，在狮子之后，有的排位第五，在蜣螂之后。所以，就这三个古国而言，说驴年那也是有的，而在我国或印度，说驴年便“纯属子虚”了，所以“驴年马月”就是“没有期限”的“不可知的年月”。

猕猴

从语言演变的过程看，“猴年马月”最初应该就是作“驴年马月”的。因为驴不是生肖，没有相对应的干支年，用以表示“不知哪年哪月”或“没有期限”的“无可指望的未来岁月”才是最恰当的。至于人们最终没有采用“驴年马月”而选了不恰当的“猴年马月”，那应该是语言的一种误用，一种由习非成是而约定俗成的误用。而这种误用之最终得以定型，恐怕又和语音的响亮度有关，因为“猴”是开口呼，“驴”为撮口呼，“猴年”念起来确实要比“驴年”响亮得多。

至于“马月”，刘洁修先生认为“生肖不能用来称月，‘马月’亦属乌有”的说法，或可商榷。因为古人以干支纪年，同时又以十二地支纪月。在古人的观念中，一年的开始是冬至，冬至在农历十一月，古人就以地支首位的“子”与之对应，称“子月”；因为十二地支是与十二生肖对应的，子属鼠，所以十一月在民间也有被称作“鼠月”的。按十二地支顺序推算，午马位居第七，因而五月就称“午月”，也就是“马月”了。生肖虽不用来称月，但因为地支纪月的缘故连类而及，以“马月”指称五月应该也是可以理解的，不似驴年之“纯属子虚”。

因此，“猴年马月”若从字面上说并不是“遥遥无期”。但因为“猴年马月”原是“驴年马月”的误用，其字面义早已因误用而虚化，人们也早已习焉不察，所以“猴年马月”的内在含义也便成了“无可指望的未来岁月”或“遥遥无期”的“不可知的年月”。

这是字面义与内在含义相背离的一个典型例子。

《现代汉语词典》试用本未收“驴年马月”或“猴年马月”，后来则都以“驴年马月”为主条，其第7版之释义为：“农历用代表地支的十二生肖纪年，其中没有驴年。驴年马月用来指不可知的年月（就事情遥遥无期，不能实现而言）。也说猴年马月。”

宁夏版《新编成语大词典》对这两条成语的释义稍详，释“猴年马月”为：“泛指没有盼头的遥远的岁月。参见‘驴年马月’。也作‘牛年马月’。”又释“驴年马月”为：“指不可知的年月。我国习惯以生肖纪年，但生肖中没有驴；马虽为生肖，但很少有人知道还可用来纪月，所以就用‘驴年马月’泛指不可知的岁月了。后演化为‘猴年马月’。”

附说一：关于“猴年”

近读马思周先生所著《俗言俗谈》（商务印书馆2011年10月版），在该书第一条《“猴年”俗解及其他》中，马先生认为“猴年”是东北农村方言“猴拉稀年”的简略说法，但与生肖中的“猴年”刚好重合了。兹引录相关文字如下，聊备一说：

汉语中，按十二生肖排出来的“猴年”，竟然表示“绝对没有那一天”，真是气死人不偿命：“你要发财，那得猴年。”“我请你吃饭？等吧，猴年。”说汉语者，无不纳罕，为此，竟有人专门写文章，揭示其中之奥秘，可惜不贴乎。

笔者曾去东北农村调查方言，听农民唠嗑，一下子捅破了这层窗户纸：“你小子要是娶上媳妇，那得猴拉稀那一年。”“我考上大学，那得猴拉稀年。”向老农请教才知道猴子从来不拉稀。向一个“耍猴的”（指用猴卖艺）打听，他回答说：“没见过（猴拉稀）。”再去查有关动物习性一类的书，比如《生肖趣谈》：“猴子较少患同人类相似的病。”那么，人会泻肚，猴子却无此一说。这才明白，“猴年”是“猴拉稀年”的简略说法，与生肖的“猴年”重合，才闹得人们一头雾水。而当地百姓说“猴年”的时候，它是“猴拉稀年”的意思，心里明镜似的。

附说二：关于“马月”

《中国语文天地》1987年第5期有一篇劼岫《关于“驴年马月”》的文章，作者就“怎么会出现‘驴年马月’的说法”而无“驴年猪月”“驴年狗月”的原因，举了八条书证，都是“以‘马’配‘驴’组成的词语”，因而认为“求助于汉语的构词法，才能找到答案”。兹转录此八条书证如下：

（1）外国胡人皆曰：“驴非驴，马非马，若龟兹王，所谓骡也。”（《汉书·西域传》）

（2）若是一般掠虚汉，食人涎唾，记得一堆一担骨董，到处驰骋驴唇马嘴，夸我解问十转五转话。

（《景德传灯录·云门文偃禅师》。又见《五灯会元》卷十五，中华书局点校本）

（3）僧瞪目视之。师曰：“驴前马后汉！”（《五灯会元·睦州陈尊宿》，中华书局点校本）

（4）世间所贵者，和氏之璧、隋侯之珠，金山唤作驴屎马粪。（《五灯会元·金山瑞新禅师》）

（5）（僧）问：“亡僧迁化向甚么处去？”（师）曰：“驴胎马腹。”（《嘉泰普灯录·镇江府金山达观昙颖禅师》）

（6）彼言性言心，言玄言妙者，皆虚见惑人，所谓驴橛马桩者也。（《袁宏道集笺校·瓶花斋集》，上海古籍出版社，1981 年 7 月）

（7）一段话，说了个乱糟糟，驴唇不对马嘴，更来的不着要！（《儿女英雄传》第 25 回）

（8）我的儿子既死了，我那儿妇是断不能守的，莫若叫他回娘家去罢。这才应了俗语儿了：“驴的朝东，马的朝西。”（《三侠五义》第 37 回）

在汉语词汇中，作者认为像这种“驴 × 马 ×”的结构具有普遍性，而“驴年马月”的结构，就是“完全套用（2）至（6）例的格式”的，“唯一不同的是，如果单从含义上分析，‘马月’纯粹是个配搭儿，处于依附‘驴年’的地位，不能独立运用”。

害群之马，其实与马无关

汉语的有些成语，无论其文字、结构还是意义，也会随着时代的变化而有变化。如出自《诗经》的“桃之夭夭”，明朝时就以谐音方式变为“逃之夭夭”，意思全变了；又如出自《庄子》的“每下愈况”，早在宋朝时其结构就错序为“每况愈下”，意义也发生了变化。“害群之马”从语源上说也源出《庄子》，但原来却是写作“害马者”的，其结构形式和意义也都有所变化。

“害马者”出自《庄子·徐无鬼》。黄帝等七个高人去具茨山寻访一个叫大隗的至人，迷路了，找不到问路之人，只遇见一个牧马小童，就试着向他问路。不料小童不但知道具茨山，还知道至人在哪里。黄帝很是惊讶，进而向他请教“为天下”的大问题。小童遂以“牧马”喻之：“夫为天下者，亦奚以异乎牧马者哉！亦去其害马者而已矣！”认为治理天下和牧马是一个道理，只要除去那些危害马的东西就可以了。文章说“黄帝再拜稽首，称天师而退”。他从小童的话里似领悟了“为天下”的真谛，于是不再去找至人，而对牧童恭敬地再拜稽首，称之为“天师”就回去了。

［徐悲鸿］马

牧马小童或可视为庄子的化身，所说的“害马者”，就是成语“害群之马”的语源。

晋郭象注“害马者”为“马以过分为害”（意谓牧马如若超过了马的自然本性就是有害的），唐成玄英疏为“谓分外之事也。夫治身莫先守分，故牧马之术，可以养民”（所谓害马者就是指马自然本性之外的东西。治身的首要是守住人的自然本性，所以牧马的方法可以用来养民）。这是道家所主张的“无事”“无为”思想，意谓养民的要旨，在不过多地生事与扰民。这便是“害马者”的意思——超过马的自然本性的东西对马是有危害的。而“害群之马”却是专指对马群造成危害的某一匹马，这就与“害马者”所要传达的意思完全不同了。北周王褒《太傅燕文公于谨碑铭》中有“国无害马之伦”（《艺文类聚》四六 826）的说法，这个“害马之伦”的意思与“害马者”倒是比较接近，只是这个说法后来没有被沿用下来。

“害马者”被改写为“害群之马”，始见于北宋刘安世《应诏言事》：“盖此等行为巇崄（xī xiǎn，险恶），若小得志，则复结朋党，恣其毁誉，如害群之马，岂宜轻议哉！”（《续资治通鉴长编》卷二六引刘氏《尽言集》）刘安世改写了庄子原文，很明显是借马来说人事，是一种比喻手法，说的并不是马。

据牧民所说，马虽有优劣，但无论烈马还是驽马，就其对整个马群而言，是不会造成什么危害的，所以不会有什么“害群之马”。其实不但是马，其他动物，如牛羊，也一样，也不会有什么“害群之牛”或“害群之羊”。唯有人，才会对人类或人群造成程度不等的各种危害，所以刘氏借说马以喻人事，就把“害马者”改写成了“害群之马”。就字面义而言，此诚为误改，因为如牧民所说是没有“害群之马”的。但虽说是误改，如今却早已约定俗成，只是要明白，这只是一种借喻，其字面义是不能成立的。

如今一些辞书和成语词典，有释“害群之马”的字面义为“危害马群的劣马”或“危害马群的马”的。此类释义其实可以不必，因为如前所说，这不合实情，马并不会对马群造成什么危害。人们使用这个成语，用的也一直只是它的比喻义，如茅盾《子夜》第五章所说的“我在厂里好比是一家之主，我不能容忍那种害群之马”，杨沫《青春之歌》的“赶走害群之马的走狗”等，都是用来比喻危害社会或集体之人的。鲁迅也曾在《两地书》中戏称许广平为“你这一匹‘害群之马’”（二四），或省称“害马”（三四），或单称“马”（四一），指的也都不是马。

所以，“害群之马”是一条只用其比喻义的成语，与马是无关的。所谓“害群之马”，其实就是“害群之人”。

鸠占鹊巢，本喻新娘婚嫁

“鸠占鹊巢”如今形容强占别人家园或位置等恶劣行径，为典型的贬义成语，然其初义并无强占之意，情感上也不含贬的色彩，而是用来借喻新娘喜庆的婚嫁场景的。

这条成语源出《诗经·召南》的《鹊巢》篇，原文是“鸠‘居’鹊巢”，而非“鸠‘占’鹊巢”。为说明问题，先引录该诗首段如下：

维鹊有巢（喜鹊呀有个窠巢），
维鸠居之（鸠鸟哇要去住它）；
之子于归（这个女子出嫁了），
百辆御之（百辆车来亲迎她）。

鹊

《鹊巢》是《召南》的第一篇。《召南》在十五国风中位列第二，与第一的《周南》合称“二南”，是《诗经》中领头的两组诗。朱熹《诗集传》说，《周南》第一篇《关雎》是“王者之风”，《召南》第一篇《鹊巢》则是“诸侯之风”，写“诸侯之子嫁于诸侯”，“此诗之意，犹《周南》之有《关雎》也”。因而《鹊巢》也像《关雎》一样，是一首非常重要的诗。

以上是传统的古注说法。如今一般认为《关雎》只是一首写男女恋爱之诗，《鹊巢》则是男女婚嫁，只是恋爱与婚嫁双方都是贵族。诗人以比兴手法，把新郎比喻为鹊，把新娘喻为鸠，新郎备好了婚房，去迎娶新娘，新娘就要来住新郎备好的婚房了，如《毛诗郑笺》所说“犹国君夫人来嫁，居君子之室”。这就是“鸠居鹊巢”最初的喻义——女子出嫁之后以夫家为家。

如今年轻人结婚，男方也常被要求先买好婚房，而且房产证上还必须写有新娘名字，甚者据说有准岳母要求准女婿只写新娘一人名字的。此类婚嫁行为，不妨说是现代新版的“鸠‘占’鹊巢”，而非原来喜庆的“鸠‘居’鹊巢”。

“居”字古今都是中性词，“占”则多含贬义。我国传统的宗法社会，男性历来都是社会主体，女性大多依附于男性，因而男婚女嫁的结果便是女方住进男方家里，这在旧时非常正常。《鹊巢》所反映的便是这种传统的社会现象，所以用了中性词“居”。

但“鸠居鹊巢”用于婚嫁初义的比喻用法似仅此一例，后来未见类似用法，而其情感色彩却全都转向了贬义。如唐刘知几在《史通》卷三的《表历》中，对班固《古今人表》把上起庖牺下迄秦皇都编入断代史《汉书》的做法，进行了严厉批评，认为这种把非汉代人物放入汉代史书的做法，无疑就是“鸠居鹊巢”，是非常不妥当的。这里“鸠居鹊巢”的情感色彩就已趋于贬了，后来“居”演化为“占”，就完全成了典型的贬义成语，如纪昀《阅微草堂笔记·如是我闻（四）》之“我自出钱租宅，汝何得鸠占鹊巢？”又有演化为“夺”

和“僭”的，如《三国演义》三十三回：“公孙恭曰：‘袁绍存日，常有吞辽东之心；今袁熙、袁尚兵败将亡，无处依栖，来此相投，是鸠夺鹊巢之意也。’”《醒世恒言》卷十七：“若是小婿承受，外人必有逐子爱婿之谤。鸠僭鹊巢，小婿亦被人谈论。”“夺”和“僭”也都明显带有贬的色彩。

以下再说说“鸠”是个什么鸟。

毛《传》释为“鸤鸠”，而“鸤鸠”古人又有两说：一谓布谷，一谓八哥。今人也或取布谷，或取八哥。王先谦《诗三家义集疏》认为应是八哥而非布谷。他说“今布谷鸟南北多有，小儿聆声能识，其不居鹊巢甚明”，而湖南则有“阿鹊盖大屋，八哥住现窝”的民谚流传，所以应为八哥无疑。之所以会有布谷之说，他认为是“‘布’与‘八’、‘谷’与‘哥’，皆双声字”的缘故，北人“闻南方呼‘八哥’，以为即是‘布谷’”，所以才有此误释。

布谷鸟

至于鸠为何要去居鹊巢，毛《传》说是因为“鸤鸠不自为巢”，所以才去“居鹊之成巢”。朱熹则明确说是“鸠性拙不能为巢”。至于要去“居鹊之成巢”，则是因为“鹊善为巢，其巢最为完固”的缘故。但鹊巢又为何会让鸠住进去呢？王先谦有一个说法，说是“鹊性好洁，鸲鹆（qu yù，鸤鸠之别称）伺鹊出，遗污秽于巢，鹊归见之，弃而去，鸲鹆入居之”。是因为鸠故意弄脏了鹊巢，而鹊是喜欢干净整洁的缘故。看来鸠为了能入居鹊巢，很动了些小脑筋的。

八哥

可能正是因为鸠历来被认为拙于为巢的缘故，常用的自谦语中，就有一个成语叫“鸠巢计拙”，比喻自己不善经营而拙于生计。只是鸠之所谓“拙”，似仅拙于为巢而已，因为从它动脑筋去污秽鹊巢以使鹊“弃而去”以及入居“最为完固”的鹊巢看，它应该是很有些智慧和辨识能力的。因此，“鸠性拙不能为巢”的说法，从本质上去分析的话，或许并非是笨拙而是因为懒。

飞蛾投火，究竟为哪般？

成语“飞蛾投火”或“飞蛾赴火”的喻义，《现汉》和《辞海》都说是“比喻自取灭亡”；一些成语词典也大多如此释义，如《中国成语大辞典》和《成语辞海》。难道飞蛾之“投火”或“赴火”，真就是为了找死吗？

“飞蛾投火”的语源，辞书都取《梁书·到溉传》的“如飞蛾之赴火，岂焚身之可吝”。只是引例太过简略，于是见有“焚身”二字，便说是“比喻自取灭亡”，这其实是脱离了语境的断章取义。

到溉是梁高祖萧衍的大臣，“少孤贫”，但“聪敏有才学”，与高祖君臣关系非常融洽。他有个孙子叫到荩，“早聪慧”，是个少年才子。一次祖孙俩“从高祖幸京口，登北顾楼赋诗”，到荩受诏赋诗立就，高祖览后大为赞赏，开玩笑地对到溉说：“荩定是才子，翻恐卿从来文章假手于荩（恐怕你以前的文章都是他代笔的吧）。”并因此“赐溉《连珠》（古代一种文体）曰：‘研磨墨以腾文，笔飞毫以书信。如飞蛾之赴火，岂焚身之可吝！必耄年其已及，可假之于少荩。’其见知赏如此”。这是说高祖对到溉也很赏识的，认为他文章写得好，就像飞蛾赴火一样，为追求完美，哪怕弄坏了身子也在所不惜。只是如今年岁已大，高祖因此嘱咐他以后就让年少的孙子来代写。梁高祖在此用“飞蛾赴火”作比，而是告诫到溉，不要再像飞蛾赴火那样，太过竭尽心力去追求文章的完美，以致弄坏了自己的身子。

据《艺文类聚》卷九七《蛾》所引晋苻朗《苻子》的说法，飞蛾之赴火是因为“不安其昧而乐其明，是犹夕蛾去暗，赴灯而死也”。这是说飞蛾有趋光性，不喜欢黑暗，喜欢光明，尤其是晚上，但凡有点光亮的地方，就会不顾命地飞去，终至“赴灯而死”。另据所引支昙谛《赴火蛾赋》的说法，飞蛾平时“翔无常宅，集无定栖”，因为趋光，所以一旦“烛曜庭宇，灯朗幽房”，便会“纷纷群飞，翩翩来翔”，乃至“赴飞焰而体燋，投煎膏而身亡”。飞蛾完全是因为趋光而赴火而或“体燋”或“身亡”的，如民谚所说“飞蛾扑火自烧身”。

鲁迅先生《秋夜》有一段很形象的描绘：“后窗的玻璃上丁丁地响，还有许多小飞虫乱撞。不多久，几个进来了，许是从窗纸的破孔进来的。他们一进来，又在玻璃的灯罩上撞得丁丁地响。一个从上面撞进去了，他于是遇到火，而且我以为这火是真的。两三个却休息在灯罩上喘气。”这小飞虫就是飞蛾，之所以会“遇到火”，就是由其舍命的趋光性决定的。因此“飞蛾赴火”的本意只是“趋光”，而非找死。“光”便是飞蛾所追逐的目标。为了这个目标，是可以不顾命地“撞进去”的。

［齐白石］油灯飞蛾

所以，“飞蛾赴火”的初义只在强调飞蛾所具有的趋光性，用作比喻，最初的喻义便是“舍命地奔赴某个目标”。这在古书中有不少例子，只是目标各有不同。如《魏书·崔浩传》载，鲜卑人在慕容垂的号召下，“同类归之，若夜蛾之赴火”。这里的目标就是投军，投奔到慕容垂的军队里去。又如李德裕《虚名论》之“趋之者如飞蛾赴火，唯耻不及”，这里的目标则是追逐虚名了。又《新唐书·李德裕传》载，李德裕曾有谏言说“小人于利，若蛾赴烛”，以及支昙谛《赴火蛾赋》中所说的“悉达有言曰：‘愚人贫身（疑为形误，当作贪财），如蛾投火。’诚哉斯言，信而有徵也”，这里的目标又是逐利和贪财了。所以“飞蛾赴火”的初义只是追逐某个所向往的目标，为了这个目标，是可以不惜献身的。

据说飞蛾赴火时是“知往而不知返，知进而不知退”（南唐·谭峭《化书·三·飞蛾》）的，常因趋光“不知返”而“撞进去”，于是就“遇到火”而“自烧身”，如支昙谛所说或“体燋”或“身亡”，这才引申出“自取灭亡”的新义来。这个新的喻义，如今已成了常用义。

因此，成语“飞蛾投火”或“飞蛾赴火”，从语义演变的角度说，是应该有两个义项的。其一就是如今常用的基本义，“比喻自取灭亡”；其二则是最初的喻义，“比喻舍命地奔向某个目标”。虽说眼下已无此类用例，但如今常用的基本义却正是由这个初义衍生而来的。

塞翁失马，失马者是塞翁吗？

有许多常用成语，意义已经约定俗成，大家也都没有异议，但如果细究起来，却还是会发现一些问题：或原义并非如此，或细节处还有差异。“塞翁失马”就是这么一个细节处还值得探究的成语熟典。首先是塞翁这个人，真是住在边塞上的一个老人吗？其次是他真是丢失马的人吗？如今几乎所有的辞书都是这么解释的。而这些似乎都有作一番探究的必要。

“塞翁失马”的出典，辞书都认为出自《淮南子·人间训》。为说清问题，我们兹先引录该书的相关文字如下：

近塞上之人有善术者，马无故亡而入胡，人皆吊之。其父曰：“此何遽不为福乎！”居数月，其马将胡骏马而归，人皆贺之。其父曰：“此何遽不能为祸乎！”家富良马，其子好骑，堕而折其髀，人皆吊之。其父曰：“此何遽不为福乎！”居一年，胡人大入塞，丁壮者引弦而战，近塞之人，死者十九，此独以跛之故，父子相保。故福之为祸，祸之为福，化不可及，深不可测也。

就《淮南子》这个文本看，其实并无“塞翁”其人，只有一个“善术者”，一个“其父”，即善术者之父。因为所住地“近塞上”，于是“其父”很自然地被人对应为“塞翁”。

但“近”字原有两说，一为时间概念的“近来”，一为地理概念的“靠近”。按前说，“塞翁”就是“塞上之翁”；按后说，则“塞翁”只是“边塞附近的老人”，并非“塞上之翁”，称为“塞翁”就有些欠妥了。

这些暂且不管。只就失马而言，很明显，丢失马的是那个“善术者”，并非“其父”，即不是所谓的“塞翁”。“人皆吊之”当然也就不是“吊”（安慰）塞翁，而是那个“善术者”。后面“人皆贺之”同样如此。所以“其父”原非众人安慰的对象，他只是在众人二“吊”一“贺”之中，论说了失和得的祸福问题。而这个问题正是寓言所要表达的寓意，于是“其父”就此成了主角，以致后人张冠李戴，误以为他就是丢失马的人，而遗忘了那个“善术者”，这就形成了“塞翁失马”这个成语。所以，由《淮南子》寓言所形成的“塞翁失马”，原是误读的结果，因为“塞翁”并非“失马”者，他只是在“论失马”。

而“塞翁论失马”由误读而变为“塞翁失马”，却是由来已久的。从有关文献看，唐以后就如此了，始作俑者是李贤。

李贤就是死后谥称章怀太子的唐高宗第六子。他曾受诏集诸儒共注《后汉书》，在为《蔡邕传论》“得北叟之后福”一语作注时，就引用了《淮南子》的这个典故，但略有变动：

北叟，塞上叟也。其马亡入胡中，人皆吊之。叟曰：

“何知非福？”居数月，其马引胡骏马而归，人皆贺之。叟曰：“何知非祸？”及家富马良，其子好骑，堕而折髀，人皆吊之。叟曰：“何知非福？”居一年，胡夷大入，丁壮皆战死者十九，其子独以跛之故，子父相保。见《淮南子》也。

李贤于注后明确说引自《淮南子》，但却变“善术者”为“塞上叟”的“北叟”，于是，失马者就变成了“塞翁”（即“北叟”）。“善术者”不见了，“塞翁”则由原来只是论失马变为如今既论失马也是失马之人。正是因为李贤注这种有意无意的改写或简写，原先的“塞翁论失马”，就此讹变成了“塞翁失马”。

唐以后就多有此类用例了。如宋陆游《长安道》诗：“士师分鹿真是梦，塞翁失马犹为福。”也有按李贤注径作“北叟失马”的，如《旧唐书·萧瑀传》载唐太宗对房玄龄说，萧瑀在隋炀帝大业年间曾“进谏隋主，出为河池郡守。应遭剖心之祸，翻见太平之日，北叟失马，事亦难常”。于是，认定“北叟”或“塞翁”失马的说法，就一直沿用到了现在。

语言在历史发展的长河中，大多会有变化，或引申，或转义，其中也会有讹变，“塞翁失马”就是讹变之一例。只是如今几乎所有成语词典，所引录的书证都还是《淮南子》，而非李贤《后汉书》注。这种引录其实有点张冠李戴，只是人们似乎早已习焉不察了。

挂羊头卖狗肉，原为“悬牛首卖马肉”

“挂羊头卖狗肉”这条熟语，今人多用以指名实不符的欺诈行为，或以好的名义做幌子，实际却贩卖伪劣的假货等。这是现在的基本喻义。但最初这条熟语的意思却和现在有所不同，而且也与羊头和狗肉无关。

就古代文献记载看，这条熟语始见《晏子春秋》。该书《内篇杂下第六》有一篇《灵公禁妇人为丈夫饰不止晏子请先内勿服第一》的故事，说齐灵公（《说苑》作景公）有一个嗜好，喜欢看宫中女子着男装。谁知宫外女子也都因此穿上男装。灵公不高兴了，就派官员去禁止宫外女子穿男装的风气，并指令说：“如果坚持穿男装，就扯裂她们的衣服，割断她们的衣带。”但是效果不佳，没有办法完全禁止住。于是叫来晏子请教。

晏子对灵公说：“您让宫内女子着男装，却禁止宫外女子穿，这就像在门上挂个牛头，门内卖的却是马肉一样（犹悬牛首于门，而卖马肉于内也）。真要禁止这种风气，只有先让宫内女子不穿男装，宫外自然就不穿了。”灵公按晏子说的去做，一个月后，宫外女子就再没有穿男装的了。

在这个故事中，我们今天所说的“挂羊头卖狗肉”，原来却是“悬牛首卖马肉”；其原意也只是就宫内外女子穿男装一事，批评灵公对内对外的做法截然相反而已，和现在所说的欺诈行为也有所不同。而这个熟语在形成之初，其实写法也多不一致，除上文“悬牛首卖马肉”外，还有如《说苑·政理》的“悬牛骨卖马肉”、《后汉书·百官三》“尚书令史”注引《决录注》的“悬牛头卖马脯”以及《通俗编》卷二十八所引作的“悬羊头卖马脯”等。这些不同写法直至演变为“挂羊头卖狗肉”才最终定型，其喻义也因此变为欺诈和欺骗。如毛泽东在《新民主主义的宪政》一文中批评蒋介石所谓的宪政时说：“他们口里的宪政，不过是‘挂羊头卖狗肉’。他们是在挂宪政的羊头，卖一党专政的狗肉。”这就是现在的基本喻义了。

现在的这个基本喻义，从苏辙《送柳子玉》“岂效相欺谩，衒牛沽马脯”的诗句看，似乎至迟在宋朝就已形成。或许也是在宋朝，这个熟语又在当时佛教的禅宗语录中最终定型为如今流行的“挂羊头卖狗肉”。如宋普济《五灯会元》卷十六《元丰清满禅师》：“有般名利之徒，为人天师，悬羊头卖狗肉，坏后进初机，灭先圣洪范。你等诸人闻恁么事，岂不寒心？由是疑误众生，堕无间狱。”在禅宗语录中定型的这个喻义，与现在也就大致相同了。

最后再说说为什么会定型为“挂羊头”的问题。这推究起来，恐怕又和我国饮食文化中以羊为美食的习俗有密切关系。

羊是人类最早开始狩猎、驯服并加以饲养的动物之一。《说文》释“羊”为“祥也”，而“祥”义为福。许慎认为祥字“从示，羊声”，其实羊除了表声，也表义。示为神，羊兼表献祭义，所以“祥”的意思就是以羊为祭品向神祈福。清人徐灏《说文段注笺》说：“古无祥字，假（借）羊为之。”则羊本身最初也有吉祥义。所以《易经》泰卦的“三阳开泰”，民间就常作“三羊开泰”，就是希望借羊之吉祥义来表达国泰民安的愿望。而羊之选为祭品，又说明作为食物，羊是美味的，所以“美”字就从羊，《说文》释“美”为“甘也”。汉字中与“羊”组合的一些字，也多与美味有关，如“鲜”字，如“羹”字，如“馐”字。而在北方，冬季又以羊肉火锅（涮羊肉）为美食，新疆的烤羊肉串，如今也成了城里的街头美味。

这些都说明，在我国饮食文化中，羊肉是传统美食。正是因为羊既有吉祥之义，又是美食，所以一旦在所挂的羊头招牌之下，买到的却是狗肉，就会有受骗上当的感受。这或许就是“挂羊头卖狗肉”后来衍生出欺诈和欺骗等喻义的缘由。

牛头不对马嘴，不相干或答非所问

俗语有“牛头不对马嘴”之说，意思是不相干或答非所问，谓相互之间毫无瓜葛或关系，多用于指说话或写文章偏离了题旨。但为什么是“牛头”不对“马嘴”，而不是“羊头”不对“马嘴”，或“牛头”不对“狗嘴”呢?

当然，从不相干的角度说，“羊头”与“马嘴”或“牛头”与“狗嘴”之类也是不相干的。只是如今已约定俗成为“牛头”不对“马嘴”，那就和其他的什么“头”或“嘴”都不相干了。但有一个例外，那就是“驴唇不对马嘴”或曰“驴头不对马嘴”。这却是古已有之的一种语言现象，是古人长期沿用并一直使用到现在的一种说法。但是，从“驴唇”（或“驴头”）与“马嘴”的关系看，两者却并非不相干没有瓜葛，因而“驴唇不对马嘴”这个俗语的合理性，似乎是可以商榷的。

以下就先说说这“驴唇”与“马嘴”。

从语源的角度说，“牛头不对马嘴”的源头很可能就是“驴唇马嘴”，语出《五灯会元》卷十五《云门文偃禅师》：“驴唇马嘴，夸我解问十转五转话。饶你从朝问到夜，论劫恁么还曾梦见么？甚么处是与人著力处？”（前三句《景德传灯录》卷十九标点为“驴唇马嘴夸我解问，十转五转话饶你从朝问到夜。”）从文中的语意看，“驴唇马嘴”的意思不是如今所说不相干之类，而是形容众人纷纷询问或夸赞的情状，犹今言之七嘴八舌。而禅师之所以拿驴和马来说事，或许只是因为它们虽属不同的畜类，却相互之间存有某种关系的缘故。

因为从生物学角度说，我们都知道驴和马是会有交配的，它们有共同孕育的后代——骡，或称驴骡（公马与母驴的后代，也叫駃騠），或称马骡（公驴与母马的后代，一般就称之为骡）。所以从驴和马孕育有共同后代骡这个角度说，“驴唇”和“马嘴”是有着某种关系的。据说，驴除了马之外，绝不与其他物种交配，马也同样如此，可见两者关系之密切，因此就不能说“驴唇”对“马嘴”是不相干的。只是后来不知什么缘故，也不知从何时开始，就演化成了“驴唇不对马嘴”，以表示两不相干的意思，如《儿女英雄传》第二五回的“一段话，说了个乱糟糟，驴唇不对马嘴”。这确实是比较奇怪的。

据常理分析，这个意思或许就是由“驴唇马嘴”的七嘴八舌义引申而来的。七嘴八舌的意思并非不相干，而是说人多嘴杂，但或许正是因为人多嘴杂，则你之所说与我之所说也就很可能是不相干的，于是才有了“驴唇不对马嘴”的说法和新义也未可知。当然，这些目前都还只是一种逻辑上的推演，尚无相关文字可以佐证，只是从情理上分析，“驴唇不对马嘴”的说法或许就是这么演化过来的。

以下再说“牛头不对马嘴”。

“牛头不对马嘴”这个俗语应该是由“牛头不对马面”变化而来的，而“牛头不对马面”的语源也可能最初只是并列的“牛头”和“马头”，即语出《楞严经》卷八之“牛头狱卒，马头罗刹”的“牛头”与“马头”。

佛经文字中说的是“马头”，不是“马面”。按鲁迅先生《朝花夕拾·无常》中的说法，“马面”是“中国人自己想出来的”。远的例子如《敦煌变文集·大目乾连冥间救母变文》有目连至地狱后见“狱中数万余人总是牛头马面”，近者如《西游记》五六回之“老者道：‘爷爷呀，一个夜叉，一个马面，一个雷公！’”又如清翟灏《通俗编》卷十九引《翻译名义》之“频那是猪首，夜迦是象鼻”，以为“此谓二使者形状如是，乃亦牛头马面之类”。在我国民间传说中，“牛头”和“马面”的形象历来就是地狱里的两个鬼卒，或可称之为地府中各类狱卒的代表。

“牛头”与“马面”，就其脸部特征看，确实是完全不同的，而两者之间似也从未有过什么瓜葛。或许正是因为这个缘故，后来就产生了“牛头不对马面”的说法，也用来表示不相干的意思，如《文明小史》第二四回“尽其所有写上，都是牛头不对马面”。而这“马面”后来又演化为“马嘴”，很可能又是从“驴唇马嘴”衍变而来的，而又因为“驴唇”与“马嘴”

如上所说并非是不相干，于是再变“驴唇”为“牛头”而成了如今常说的“牛头不对马嘴”，如邓拓《燕山夜话·不吃羊肉吃菜羹》所说：“有人背诵了几篇祭文，背得烂熟。到了考试的时候，题目是祝寿的。他居然生搬硬套地把祭文抄上去，弄得牛头不对马嘴。”

综上所述，汉语中用以表示不相干或答非所问等意思的俗语，有“牛头不对马嘴”“驴唇不对马嘴”和“牛头不对马面”“驴头不对马嘴”等四种说法。历时性的大型辞书《汉语大词典》以“古今兼收，源流并重”为宗旨，收录了全部四条俗语，并分别以前两条为主条，后两条为其相应的副条，显示出两组不同的源流关系；而宗旨为“促进汉语规范化服务”的中型辞书《现代汉语词典》和《现代汉语规范词典》只收了前两个主条，却把它们视为一组主副条关系，而又都以“驴唇不对马嘴”为主条。这种做法似可商榷。因为从“促进汉语规范化”的角度说，现代中型辞书收词是应兼顾其词义内部的意义联系的，而如前所说，驴马之间却是有着许多无法割断的联系，它们之间从来都不是不相干，不是毫无关系的，因此，中型的现代汉语辞书似当只收“牛头不对马嘴”，或以此为主条才比较合适。

人心不足蛇吞象，极言人心贪婪

巴

篆书

俗语“人心不足蛇吞象”，极言人心之贪，是一种修辞的夸张。蛇哪怕粗如蟒蛇，怎能吞下重达数吨的大象？若真能吞下，这蛇又该多大呢？屈原早在《天问》中就有“一蛇吞象，厥大何如”的发问了。

大自然中蛇吞象的现象，恐怕谁都未曾亲见，但《山海经》中还真有此类记载，其《海内经》说：“又有朱卷之国，有黑蛇，青首，食象。”

朱卷国故地在今云南永平县城的老街镇，据《永平县地名志》，远古时该处一个山洞里有条大蟒蛇，专门吞食过往人畜（但没有关于食象的记载），危害极大。有个勇士，身绑利刃，手执铁叉，从蟒蛇口攻入蛇腹，杀死了这条大蛇，但勇士不幸也死于其中。后人敬其如天神，就在山上造了个“天神庙”来纪念他。

郭璞《山海经注》说此“食象”之黑蛇“即巴蛇也”。《海内南经》有关于巴蛇的记载，说是“巴蛇食象，三岁而出其骨”。

食象之蛇为何叫“巴蛇”？“巴”是什么意思？

《说文》释“巴”为“虫也。或曰食象蛇，象形”；章太炎则认为“巴”的本义就是巴蛇。从篆文看，“巴”字确实就像张着大口的蛇。蛇也是虫类，所以如章太炎所说，“巴”就是很形象的食象蛇——巴蛇。

巴蛇食象，象骨竟然需要三年时间才能排出体外（一说是三月，远古以一月为一岁），这巴蛇该有多大多长呢？

柳宗元《天对》说：“巴蛇腹象，足觌（dí，见）厥大。三岁遗骨，其修已号。”巴蛇能把象吞下去，足见其大了；用三年时间才能排出象骨，便足以说明有多长了。这是柳宗元对屈原《天问》的回答。只是巴蛇究竟多大多长，柳文未明说。

唐段成式《酉阳杂俎》前集卷十七也记载有一种类似的蚺蛇，说它“长十丈，常吞鹿，鹿消尽乃绕树出骨”。十丈约合今三十米，已经够长了。而郭璞注“巴蛇”时引《楚辞》“有蛇吞象，厥大何如？”谓：“说者云长千寻。”说巴蛇“长千寻”无疑更是一种夸张。按一寻八尺计，千寻就是八千尺，合今两千多米，那完全是难以想象的。

《海内南经》又说，巴蛇排出的象骨，“君子服之，无心腹之疾”。象骨居然可以医治心腹疾病。所以西晋左思《吴都赋》就有“屠巴蛇，出象骼”的记述，李周翰注曰“杀之以出其骨”。原来杀巴蛇只为取象骨，或许就是因为此象骨能治病的缘故。

以上所说源自《山海经》。《山海经》是神话故事，未必真有其事，但巴蛇食象三年才出其未能消化的象骨之说，却给了后人关于人心贪婪的丰富联想——消化不了的东西为何还要硬吞？神话传说中的巴蛇尚且如此，一般的蟒蛇若也去吞象，那就完全是自不量力了（近日网上刚好流传一个蟒蛇与鳄鱼搏斗的视频，那蟒蛇把鳄鱼吞入肚中后，结果也撑死了自己，便是此类行为）。所以，后来就形成了“人心不足蛇吞象”这个俗语，还因此编出一些民间传说故事来。其中一个故事说，有个名叫阿象的穷苦猎人，一次救活了一条饿昏的小青蛇，精心地把它养大。青蛇知恩图报，一再满足阿象的所有要求，使他成了富翁。但阿象欲壑难填，继续索求，青蛇于是不胜其烦，就把他吞了。

巴蛇

“人心不足蛇吞象”这个民间故事，应该是由《山海经》的“巴蛇食象”改编而来，只是此“象”已非彼“象”，所要表述的意思也与《山海经》不完全相同了。但这个民间故事却与普希金的童话诗《渔夫和金鱼的故事》很是相似，寓意也一样。可见中外文化对人心贪婪是有同感的。

孙锦标《通俗常言疏证》卷二六“人心不足蛇吞象”条引例是：“罗洪先诗：‘人心不足蛇吞象，世事到头螳捕蝉。’又元人《冤家债主》剧语同。”罗洪先是明代嘉靖八年（1529）己丑科状元，则“人心不足蛇吞象”这个俗语，至迟在元明时期就已形成了。

无事不登三宝殿，何谓“三宝殿”？

俗语“无事不登三宝殿”，意思是说没有事就不会上门。但“上门”为何要说“登三宝殿”？这“三宝殿”是什么殿?

要说清“三宝殿”，则要先了解“三宝”究竟是什么“宝”。

按《释氏要览》的说法，三宝“谓佛、法、僧”三者也。赵朴初先生《佛教常识答问》说：“佛陀是佛宝。佛所说的法是法宝。佛的出家弟子的团体——僧伽是僧宝。称之为宝，是因为它能够令大众止恶行善、离苦得乐，是极可尊贵的意思。”

“佛陀”就是佛。“佛”原是梵语“佛陀”的略语，意思是“觉者”和“智者”。佛可用来泛指一切已经觉悟了人生真谛并已证得佛教所修行的最高境界的人，但在佛教中是特指教主释迦牟尼佛的。教主释迦牟尼，就是“佛宝”。

“法”是梵文“达磨”的意译，按佛教解释是“任持自性，轨生物解”。意思是说，世上每一种事物都必然持着它自身特有的性质和相状，有其一定的规则，使人一看便知是何物。所以世间一切事物，佛教就称之为“法”，这就是佛经中常说的“一切法”“诸法”

的意思。“一切法”就是“一切事物”，“诸法”就是“诸物”。而按佛教的说法，佛根据自身对一切法在如实了解之后所宣示出来的言教，也同样具有上述“任持自性，轨生物解”的作用，因而也是法，这就是佛法了。佛法的目的只在引导众生能明白事物本质，以解脱生死烦恼，此即佛经所说苦、集、灭、道四谛法。所谓苦谛，说的是世间之苦；所谓集谛，说的是苦之原因，也叫因谛；灭谛是说苦的消灭；道谛则是消灭苦的方法。四谛法是佛的教导，因而也叫四圣谛。佛教的经籍非常繁多，但都不会超出这四圣谛。谛的意义是真理，所以四圣谛就是佛的“法宝”。而在佛教中，“法宝”通常也是用来泛指佛经的。

“僧”是梵语“僧伽”的略语。这是一个出家佛教徒的团体概念，它的意义就是“大众”，所以必须有四个以上的僧人才能称僧伽。一个人只能称僧人。对佛教来说，出家人为了在学修与生活上能互相切磋和帮助，必须过僧伽的团体生活，并担负起“住持佛法”的责任。所以僧伽也就成了三宝之一的“僧宝”，说明它在整个佛教事业中也是非常重要的。

以上是“三宝”具体所指的内涵。然在实际语境中，“三宝”通常也是用来泛指佛教的，如南朝陈徐陵《东阳双林寺傅大士碑》所说“绍隆三宝”、宋苏轼《真相院释迦舍利塔铭》所说“崇信三宝”，指的就都是佛教。所以，“三宝”从通常的意义上说也可视为佛教的一种泛指。

以下说“三宝殿”。

殿是一种高大的建筑，既然“三宝”所指是佛、法、僧三者，那么“三宝殿”自然就是与佛、法、僧三者有关的建筑了。

与佛有关的建筑就是佛寺中的大雄宝殿。这是佛寺的核心建筑和正殿，也称大殿。殿中供奉着本师释迦牟尼教主的佛像，因而这里就是僧众朝暮集中诵经修持的地方。“大雄”就是用来尊颂释迦牟尼佛的，“大”的意思是包含万有，“雄”是说能慑服群魔，意谓释迦牟尼德隆威高，足以雄镇大千世界。“宝殿”之“宝”，在这里也是泛指佛教的。

与法有关的建筑，在佛家就是珍藏佛经典籍的藏经楼了。只是这个藏经楼，一般人是不能擅自进入的。而与僧有关的建筑，那就是僧人休息和睡眠的禅房。这里也是一个“游客止步”的地方，一般人也难以进入或不会进去。

藏经楼与禅房，一称“楼”，一称“房”，则“三宝殿”之以“殿”称，应该就是由“大雄宝殿”而来的，而且从普通民众的角度说，大雄宝殿也是三宝殿中唯一能随意进出的地方。所以，和“三宝”通常用来泛指佛教一样，“三宝殿”也是经常用来特指大雄宝殿（即佛殿）的。

佛殿是一个清静肃穆的地方。按佛门规矩，进入佛殿者，或礼拜，或诵经，或供养，或求保佑，态度上都必须恭敬，不能随意闲逛或闲聊。所以，如果没有什么事，一般人不会轻易进去。这就衍生出了后来“无事不登三宝殿”的俗语，用来比喻无事不上门的意思。如吴趼人《二十年目睹之怪现状》六十六回写侯翱初对舒淡湖“拍手道：‘你进门我就知道了。……我就知道你是有为而来的了。这才是无事不登三宝殿啊。’”又如张南庄《何典》第四回写雌鬼对和尚说：“我无事不登三宝殿，要问你：可有一件东西么？”真是没有事情不上门，上了门就有事相求。而在这些实际用例中，“三宝殿”其实都只是修辞的一种比喻用法，和其字面所特指的佛教、佛经或大雄宝殿之类意思，基本上是没有什么关系的。

后 记

自去年七月添了个小外孙之后，整天伺候他，陪他玩，没时间也没心情再写新的文章，于是利用晚上空闲时间，把以前所写的旧文略加整理，打算联系出版。由于生性慵懒，一直没有行动。也属机缘巧合，今年八月，上海远东出版社的资深编辑林成兄来电，问可有什么书稿。我如实相告，之后便遵嘱把目录发给他。很快我们就在茶室详谈此书，以及其他一些书的出版意向了。

这部书稿，基本是我退休后的十年间，在上海报纸杂志上所发文章的部分，有一百多篇。报刊对文章各有要求，因而写法不完全一致，内容更是多样，如今汇总在一起，原拟取名《杂谭》，再分文史和字词两个部分。编辑看了目录后，建议以字词为主题精选篇目，而取名叫《汉字里的中国》。

这部书稿中的文章，大部分在《新民晚报》《咬文嚼字》和《中文自修》上发表过。当时因版面等原因，部分略有删改。此次成书，原拟基本按原稿恢复原貌再次与读者见面，现按编辑要求，少数文字略有删改或改写；文章标题则全都重新改写了。此次部分文章还增加了一两个“附录”，就某个话题作进一步探讨，或引录别人文字略作补充，或对某个批评文字再阐说理由；而那篇《替罪羊》，当时刊发之后，因感到所说某些观点略有不妥，就写了一篇很长的“附录”，这次也按编辑要求，把两篇文字糅合在一起，基本是重写了。此外，置于全书之首的那篇《汉｜唐》，也是应要求新写的。

原发表于《咬文嚼字》上的文章，大多为遵命文字，由编辑部出题约写，只有少数如《学士》及几篇探源成语的文字，是自己想着要写的。有些文章在阐述时有疏漏和不够严谨之处，如《司令》这篇文章刊发后不久，编辑部就转来了一封解放军某部研究员徐平大校的来信，指出文中多处阐述不够准确或不够完整，如军队各单位排序比较混乱，有些单位的军事主官不称“司令员”等等。这次都按来函所提供的意见作了相应补正。谨此致谢。

为本书作序的老友正荃先生，1957 年毕业于北大中文系，后来响应号召，支边在《青海日报》做了近三十年编辑、记者。上世纪八十年代调回上海，我们就成了同事和朋友，至今也有三十年了。这次应邀为拙著写序，语多褒奖，实乃对我的鞭策和鼓励。

是为后记。

陈壁耀

二〇一七年十一月于上海凉城寓所